中国の企業間信用

経済発展とオルタナティブ金融

矢野　剛
Go Yano

Trade Credit in China
Economic Development and
Alternative Financing Channel

京都大学学術出版会

まえがき

1. 本書執筆にいたるまで

　著者が中国での現地調査を始めた 2000 年代初頭，中小国有企業・集団所有制企業の民営化が概ね完了し，新たに起業されたものも含め大量の民営企業が中国に出現した。それらの企業への聞き取り調査で普遍的に耳にしたのは，ビジネスチャンスは豊富であるため資金需要は本来的には旺盛にあること，ただ民営企業であるがゆえに外部からの資金調達が困難なため，資金不足は大きな障害となっており，克服できなければ外部からの資金調達を当面は考えずに済ます方法を探る，といったことであった。資金面から考えると中国における民営企業の今後をあまり明るくは思えない話であったが，現実には中国経済における民営部門の成長はめざましかった。どのような金融仲介経路が機能した結果，それは実現しているのだろうか。そのような問題意識から，中国の企業金融，特に正規金融を代替するオルタナティブな金融の研究に傾注していくことになった。企業間信用は，合法性の故に規模が大きく，統計データも企業からの情報も得やすいので，オルタナティブ金融研究の中心に据えた。この研究テーマで取り組んできたことをさらに 2 大別すると，(1) 企業間信用が中国経済において果たしてきた役割及び成長への貢献の解明，(2) 中国における企業間信用を発達させた要因の解明，となる。このうち，本書は，(1) 企業間信用が中国経済において果たしてきた役割及び成長への貢献の解明，についての研究成果をまとめたものである。サブテーマ (1) については先にまとまりをつけることができたと言ってもよい。終章でも述べるようにサブテーマ (2) は未だに継続中であり，これからの大きな課題として取り組みたい。

2. 中国の企業間信用 ── 日本との比較

　本書の基礎となった研究の重要な背景となってはいるが，本編では言

i

及していない1つの重要な事項として日本の企業間信用と比較したときの中国における企業間信用のあり方や歴史的経緯についてここで触れておきたい。これはもう一つの執筆の経緯でもある。

　日本の企業金融における企業間信用のプレゼンスは高度成長期を通じて上昇し続け，その後1974年に高度成長期が終わった後も1970年代末まで高水準を保ち続ける。ここでは企業間信用のプレゼンスを，日本全体でマクロ的に集計した企業の買掛ストック／総資産額を用いて計測している（出所は『法人企業統計年報』財務省）。その後そのプレゼンスは下降していく。企業間信用は，日本においてもその途上国段階から中進国段階の経済発展を支える金融仲介経路だったのである。本書第3章においてみるように，中国経済における企業間信用のプレゼンスは，経済成長とともに上昇してきており現在も下降局面を迎えてはいない。すなわち，途上国段階から中進国段階の経済発展において中国と日本はその金融仲介機能を企業間信用に大きく依存したないしは依存しているという事実において，同様の経験を共有している。両国間には数十年のラグが存在しているだけである。この共有された経験は，資本市場が十分に機能しない経済の発展段階において，企業が銀行借款に次ぐ外部資金源として企業間信用受信に依存し，またそれを受けて企業間での信用創造が活発になされるという状況を反映したものであろう。これらの点で，中国の企業間信用は日本のそれと類似した性質を持っている。途上国が経済発展を成し遂げる過程で，企業間信用が金融の側面で重要な役割を果たす可能性が高いし，開発政策上の視点から言えば企業間信用の活用とそれ自体の発展を政策当局は真剣に検討すべきであるという政策的含意が導き出せそうである。著者の力量不足とデータ利用可能性の制約から，日本の高度成長期やさらにそれ以前の時期における企業間信用の実態を経済学的に十分な水準で解明することは現時点では難しい。それならば，現在進行形で発展している中国の企業間信用の実証分析が，それに替わる研究上のアプローチになるのではないか。そのように考えたことが，中国の企業間信用に傾注していった経緯の1つであった。

しかし当然ながら中国と日本の企業間信用は異なる側面を多々持つ。
　その相違を生じさせている重大な原因の1つが，中国においては未だに国有企業が経済において大きなプレゼンスを持ち，わざわざ国有部門―民営部門の区別をしつつ経済分析をしなければならない現状である。中国経済の成長の主役は少なくとも現在までは明らかに民営企業であるにもかかわらず，資金配分において国有企業は優遇され，民営企業は不利な扱いを受けている。銀行借款を受けることは国有企業に比して民営企業にとってはるかに難しいことである。また上場によって資本市場に参加し株式の発行により資金調達ができるのも主として国有企業であり，社債による資金調達においても事情は同様である。その結果，本編において繰り返し言及するように，銀行や資本市場などの正規金融へのアクセスにおいて不利な扱いをうける民営企業は資金調達のための企業間信用受信に強く依存する傾向を持つようになる。さらに企業間信用を与信するのも企業であるが，中国においては積極的に企業間信用与信を行うのもまた民営企業である（本書第2章を参照）。正規金融を通じる資金配分において差別された民営企業のための民営企業が育ててきた代替的金融チャネルという性格を，中国の企業間信用は持っている。これは国有企業―民営企業の区別にそれほど注意を払う必要のない日本とは異なる，中国の企業間信用のあり方といってよいだろう。
　今もう1つの相違の原因は，工業企業間の取引の仲介に商業企業がどれほど関与しているかに関する日中間の違いである。日本では本質的には工業企業間の売買となるような財取引の流れを，専門商社や総合商社が間にはいるかたちで仲介して作り出す局面が数多くみられる。工業企業は直接には商社と売買の取引をおこない，商社は生産工程の上下流に工業製品の売買をすることにより結果的に生産工程の分業を反映した工業企業間の財取引を成立させるのである。日本の工業企業は商取引機能を外部化し，製造に特化する傾向を持つと考えてもよい。この商取引の中で企業間信用という企業金融が生じてくるし，商取引は金融取引もそのなかに含んだものなっていく。そのため日本の企業間信用中のかなり

の部分が，工業企業と商社をはじめとする商業企業の間で与受信がなされる。それに対し，中国の工業企業には商取引機能を自社内部に抱え込む傾向が強くみられる。工業企業が購買部門と販売部門に多くの人材をはじめとする経営資源を投入し，これも多くは工業企業であるサプライヤー企業や顧客企業との商取引及び金融取引をいかにうまくすすめるかを重視し自社で行う。その結果として工業企業間での直接取引が支配的であり，生産工程の分業中での工業製品取引を商社が間に介在しつつ間接的に行うというスタイルは稀である。さらに言うと，中国経済において商社特に総合商社のプレゼンスは日本のそれに比して遙かに小さなものである。必然的に，中国の企業間信用は工業企業間で生じる金融仲介となっている。

　日中どちらのスタイルの企業間信用も，途上国の経済発展を金融面で支える金融仲介経路になりうるという点では，開発金融のツールとして重要な研究の対象であろう。しかし，中国が途上国からのテイクオフを果たした経験は日本よりもさらに直近の時期であり現在も続いているプロセスであるといってもよい。日本や中国さらには他の北東アジアの経済発展の経験から，より低開発段階にある途上国に有効な政策提言をしたいならば中国の経験を社会科学的に検証するほうが先決ではないか。このような直感を抱いたことが，中国の企業間信用研究を開始したさらにもう1つの経緯である。

　このことを別の角度から言い換えてみる。著者は中国経済の研究に20年近く携わってきたが，中国経済研究を中国の固有性を重視する地域研究の一分野として捉える見方に大きな違和感を抱いてきた。中国が経済発展において目覚ましい成果をあげたという経験は，他の途上国がそれを自らの経済発展のために利用できるように普遍化を目指した社会科学的分析の俎上に乗せられなければならないと著者は考える。経済学は普遍性を強く志向する社会科学であるし，経済学による分析は政策との強い関連性 (policy relevancy) を持つべきである。経済学者の一人としての著者も社会科学的分析が持ちうる普遍性が大好きである。本書は，

まえがき

中国経済研究からの普遍性追求の試みの一つであると理解していただければうれしい。

目　　次

まえがき　i

序章　本書の狙いと構成 …………………………… 1

1　中国経済の成長とオルタナティブ金融　1
2　オルタナティブ金融としての企業間信用　3
3　企業間信用が途上国経済に果たしうる役割 ── 結論　5
4　本書の構成　8

第Ⅰ部　社会的問題から健全な金融仲介経路へ

第1章　企業間信用の変質 ── 1990年代前半期 ………… 17

1　はじめに ── 三角債問題は消滅したか　17
2　検証可能な仮説 ── 三角債と健全な企業間信用の構成要素　21
 2.1　三角債の構成要素　21
 2.2　健全な企業間信用への変化　23
3　企業間信用を説明する理論的枠組みと実証モデル
 ── 売掛と買掛　24
 3.1　売掛についての理論と実証モデル ── 誰が与信するのか？　24
 3.2　買掛についての理論と実証モデル ── 誰が受信するのか？　29
4　データ及び推定方法
 ── 1990年代前半期企業マイクロデータの利用　34
 4.1　使用データ　34
 4.2　推定方法　35
5　推定結果 ── 企業間信用の性質の変化　40

5.1　基本的結果　40
　　5.2　何が企業間信用の性質の変化を引き起こしたのか？　46
6　結論 ── 三角債から通常の企業間信用への変化　52

第Ⅱ部　企業間信用の機能とそのメカニズム
　　　　　── 企業調査からの観察事実

第2章　企業金融において企業間信用が担う機能 ……… 57

1　はじめに ── 企業間信用は良好に機能しているか　57
2　基本的事実の確認　61
3　蘇南企業調査の概要　66
4　中国企業間信用の機能とその基礎条件 ── 仮説の提示　67
　　4.1　中国企業間信用が担う機能　69
　　4.2　中国企業間信用が機能するための基礎条件　73
5　統計と事例が物語るもの ── 仮説の検証　74
　　5.1　中国企業間信用が担う機能　74
　　5.2　中国企業間信用が機能するための基礎条件　89
6　結論 ── 諸側面における企業間信用の機能　95

第3章　企業間信用を機能させるメカニズム ………… 99

1　はじめに ── 企業間信用はいかにして機能するか　99
2　問題設定
　　── 企業間信用の正常な機能とそのメカニズムとは何か　100
3　先行研究の概観 ── 4つの論点　104
　　3.1　売り手側の市場における地位（独占的か競争的か）と
　　　　企業間信用発達　104
　　3.2　企業間信用返済保障はどのようになされているか　105

  3.3 長期的・固定的な企業間取引関係の有無と企業間信用の発達 105
  3.4 契約履行保証のためのフォーマル・インフォーマルな
    制度の機能 106
 4 分析のストーリー ── 仮説の提示 107
  4.1 売り手側の市場における地位と企業間信用発達との関係 108
  4.2 企業間信用返済保障はどのようになされるか 109
  4.3 企業間信用与·受信をめぐる企業間関係 110
  4.4 フォーマル・インフォーマルな諸制度の機能 111
 5 検証結果 112
  5.1 仮説1の検証
    ── 売り手側の市場における地位と企業間信用発達との関係 113
  5.2 仮説2・3・4の検証
    ── 企業間信用返済保障はどのようになされるか 115
  5.3 仮説5の検証 ── 企業間信用与·受信をめぐる企業間関係 120
  5.4 仮説6・7の検証
    ── フォーマル・インフォーマルな諸制度の機能 126
 6 結論 ── 発達・機能するメカニズム 133

第Ⅲ部 企業間信用が果たす役割 ── 計量分析

第4章 企業間信用ファイナンスの効率性 …………… 139

 1 はじめに ── 企業間信用による金融仲介は効率的か 139
 2 実証モデルと推定戦略
   ── 企業パフォーマンスが買掛に与える影響 143
 3 データ ── 沿海部に立地する農村企業 150
 4 推定結果 ── 企業間信用と銀行借款の比較 154
 5 結論 ── 企業間信用を通じる資金配分効率性の高さ 161

第 5 章　所有権，企業間信用，企業家行動 ………… 163

1　はじめに
　　── 所有権保護と金融の中継地点としての企業間信用　163
2　文献レビュー ── 所有権保護と金融の発展　165
3　実証モデル
　　── 民営企業投資の決定要因と企業間信用発達の決定要因　170
4　データ ── 省レベル集計データ　176
5　推定結果 ── 単一方程式推定と同時推定の結果の相違　179
6　結論
　　── 所有権保護が企業間信用の発展を通じてもたらす民営企業投資
　　　　促進　190

第 6 章　企業間信用の進化 ……………………… 193

1　はじめに ── 2 種類の企業間信用と企業活動　193
2　分析枠組 ── 理論モデル，資金調達源の性質，仮説　195
　　2.1.　理論的背景　195
　　2.2.　諸種の資金調達源　198
　　2.3.　仮説　199
3　実証モデル ── 投資関数と日常操業関数　202
4　マクロ統計による概観　207
5　データ ── 民営企業マイクロデータ　208
6　推定結果
　　── 企業間信用による投資ファイナンス及び地域・時点間の相違　212
　　6.1.　基本的な特定化　212
　　6.2.　企業間信用の形態の進化と企業間の信頼　217
7　結論 ── 企業間の信頼の発達と前受金から買掛への進化　227

終章　課題と展望 ･････････････････････････････ 229
　1　課題　229
　2　展望　231

あとがき　235
参考文献　239
索　　引　245

序　章　本書の狙いと構成

1　中国経済の成長とオルタナティブ金融

　途上国経済においては，銀行や資本市場のような正規金融システムが有効に機能することを期待するのは難しい。中国経済もその典型の1つである。一経済で金融システムが機能しないということは，資金，最終的には実物資源を効率的に生産に使用できるはずの部門に，実際には資金・資源を配分できていないということである。中国経済における具体的な現れ方は，非効率である国有企業に銀行融資が過分に配分される，株式市場で資金調達ができる上場企業の多くが同じく国有企業である，実需を伴わない不動産投資をファイナンスする金融仲介を提供する銀行や社債等々，例挙に暇がない。ただしこれらの現象はすでに20年以上もの間指摘され続けていることで，最近の中国経済に初めて現れた症状というわけではない。そして，中国を含む途上国経済において，本当に金融システムが機能せず資金・資源配分が非効率的であり続ければ，その経済成長は停滞し低開発状態が持続する重大な原因になるだろう。しかし少なくとも2000年代までは中国経済は30年にわたる高度成長を達成した。

　後の章でも言及するが，Allen et al. (2005) は，中国では法制度が貧弱な機能しか持たないのに加えて上記のように正規金融システムも未発達であるにもかかわらず，高度成長が達成されたという謎を指摘し，これ

は経済発展における法と金融の役割を強調する一連の研究に対する重要な反証例だと論じている。そして，うまく機能しない正規金融を代替するオルタナティブな金融チャネルと企業統治メカニズムが存在し，それが高度成長の主役である民営企業部門の成長を金融面で支えてきたことがその謎ときとなっていると主張した。この主張のうち，「オルタナティブな金融チャネルの良好な機能」の方に研究者たちの反応は集中した。しかも特定の構図での反応であった。中国における銀行部門のパフォーマンスが貧弱であるとする Allen et al. (2005) の主張に対して，世界銀行や各国の中央銀行所属の研究者達が，中国における銀行部門のパフォーマンスは決してオルタナティブな金融チャネルは劣ってはいないこと，あるいはオルタナティブな金融チャネルが中国経済において果たしている役割が決して Allen et al. (2005) が主張するほどには特筆すべきものではないことを支持する実証結果を提示し反論を行ったのである（具体的な文献については第2章参照）。

　Allen et al. (2005) への反論を試みた研究も，個別の実証成果としては重要な知見を含んでいた。しかし，中国におけるオルタナティブな金融チャネルのパフォーマンスに否定的な統計的証拠を見出すという研究全体の方向では，「それではなぜ正規金融システムが有効に機能していないのに中国経済は高度成長を達成できたのか」という本来の問に答えることはできない[1]。別の言い方をすれば，正規金融システムが効率的な金融仲介機能を発揮するという途上国には非常に難しい課題を回避しつつ，高度成長を達成してきた中国経済の経験を，（多くは中国より低開発の状態にある）他の途上国にとっての政策的含意に普遍化することがで

---

[1]　個別の実証研究のレベルでも，「オルタナティブな金融チャネル」の実証上の不適切な定義，分析フレームワークから構造的に発生しているサンプリングバイアス，不適切な操作変数の使用等，多くの問題をこれらの研究に指摘することができる。通常の基準では専門学術誌掲載のための査読段階で訂正されるか論文の掲載自体が却下されるかというレベルの問題を含んだ論文が多かったが，それでも専門学術誌に掲載されている。

きないのである。開発問題・開発政策としての普遍化ができない途上国経済研究の意義を開発経済学の世界で見出すのは難しい。やはり，正規金融のそれに替わるなんらかの金融仲介経路が機能していたから中国経済の高度成長は達成されたと考える必要がある。また，McMillan and Woodruff (2002) が言うように，移行経済において市場経済が導入された初期段階なら，市場の競争性の低さにより企業の利潤率は高く，それにより貯蓄主体から投資主体である企業への金融仲介を特に必要とせず，市場での財・非金融サービスの取引が自然に企業の手元に資金を集めるという状況も出現するだろう。しかし，そのような初期段階は長く続かない。McMillan and Woodruff (2002) も，中国において非国有（国営）企業の平均資産利潤率が1979年の28％という高水準から，1984年には15％，1991年には6％と10年間で急落していったことを紹介している。中国経済の高度成長の少なくとも1990年代初期以降の持続については，なんらかのオルタナティブな金融チャネルによる金融仲介機能の貢献を考えなければ説明できないのである。

2 オルタナティブ金融としての企業間信用

　本書はその中国経済の高度成長を支えたオルタナティブ金融の重要な候補として，企業間信用を取り上げ，それが中国経済において果たしてきた役割及び成長への貢献を実証的に解明する。そして，中国経済をケースとして得られた実証分析の成果から，他の途上国への政策的含意を引き出すことを試みる。
　企業間信用とは，狭義には売掛・買掛を指し，この掛け売り・掛け買いという信用取引を手形の授受によって行えば，売掛債権が流通性を持ちだす。この場合，売り手（サプライヤー）が信用の与信者すなわち債権者であり，買い手（顧客）が信用の受信者すなわち債務者となる。財・

サービスが供給されてから，支払決済がなされる間での期間が企業間信用の与信・受信期間であり，この期間が0ではなければ当該期間中現物による信用の授受が企業間でなされていることになる[2]。企業間信用を広く定義すれば，狭義の企業間信用である売掛・買掛に，前払金・前受金を加えたものになる。前払金・前受金は言うまでもなく，財・サービスが供給に先立ち現金の支払いが行われ，供給までの期間が与信・受信期間というかたちでの企業間信用である。この場合，買い手（顧客）が信用の与信者すなわち債権者であり，売り手（サプライヤー）が信用の受信者すなわち債務者である。これは現金による貸借の一種である[3]。

　この企業間信用は，インフォーマル金融の一種とされることもあるが，決して非合法なものではない。銀行や資本市場に替わり，相互の信頼関係に基づいた信用の与受信が企業間でなされているのである。ただ正規金融のように銀行や資本市場を支える複雑な諸制度を必要とせず，最低限の条件なら契約履行を法システムではなく企業間の相互監視・評判による動機付けで保証すれば成立する金融チャネルである。そのためオルタナティブ金融の1つとは考えられ，McMillan and Woodruff (2002) は市場経済を支える制度が未整備な移行国・途上国で銀行（や資本市場）ファイナンスを代替するものとして言及している。さらに合法な金融チャネルであるため，売掛・買掛や前払金・前受金は債権・債務ストック項目のそれぞれ1つとしてバランスシート上にその情報が記入され，統計情報を得ることが比較的容易である。おそらくそれを1つの理由として，資金源としての企業間信用すなわち買掛ストック（あるいは買掛と前受金の合計）は，多くの経済の公式統計において債務項目中銀行借款に次ぐプレゼンスを持つ。例えば，工業企業に限定されたものであるが，2012年の中国において対総資産比で最大の資金調達源は銀行借款

---

2)　この期間が0，すなわち供給即決済ならば，それはキャッシュオンデリバリーである。
3)　この狭義・広義の企業間信用とその相違の説明は，後の第6章でより詳細になされる。

で 46.06％を占めるが，債務項目中の第 2 位は買掛ストックで総資産の 11.9％をファイナンスする資金調達源となっている[4]。さらに正規金融へのアクセスにおいて不利な扱いを受けがちな（しかし Allen et al. (2005) が言うように中国経済の成長の主役である）民営企業の資金調達においてはそのプレゼンスはさらに大きくなる。同じく 2012 年の中国工業企業において，非国有企業の数値を民営企業の代理変数と考えると，その買掛ストックの対総資産比は 14.24％で，銀行借款のプレゼンスは 41.43％に落ちる[5][6]。高利貸しや回転型貯蓄貸付講（Rotating Savings and Credit Association: ROSCA），友人・親戚間の貸借，企業間貸借もオルタナティブ金融を構成する金融チャネルであるが，その量的プレゼンスの大きさと合法性から企業間信用に大きな注目を払うのは自然であろう。

3 企業間信用が途上国経済に果たしうる役割 ── 結論

　ここで本書が提示する政策的含意を先に述べることにする。
　第一に，企業間信用は途上国経済において銀行借款等の正規金融が必

---

[4]　『中国工業経済統計年鑑』2013 年版による。また第 2 章で示すように，2004 年時点でも同様の数値が得られる。

[5]　買掛を売掛に替えても同様の数値が得られる。すなわち，買掛と売掛は中国経済全体ではほぼバランスしているのである。また計測を省レベルに落としても，買掛と売掛は概ねバランスしている。

[6]　広義の企業間信用である前払金・前受金の企業金融に占めるプレゼンスについては，近年のマクロ統計では公表されていないが，2003 年までの『中国郷鎮企業年鑑』記載の情報を使えば，企業間信用ファイナンスへの依存度が高い農村企業においても前受金の対総資産比は 2～3％程度，本書で使用される大規模な民営企業マイクロデータにおける平均もほぼ同様の水準である。量的には狭義の企業間信用である売掛・買掛の重要性が顕著である。なお前払金・前受金もバランスする傾向がある。

ずしも有効に機能しない状況下で，それらをかなりの程度量的に補完し，オルタナティブ金融の1つとして経済発展に貢献しうる。

第二に，量的のみならず，企業間信用を受信している企業にとっては，使い勝手の良さという意味で利便性が高い資金調達源でありうる。より具体的に言えば，銀行借款が得られない状況下で，企業間信用は高利子率や貸付・借入期間の短さのためにそれにかわる外部資金源とはなりにくい，というのは必然的な状況ではない。中国の企業間信用の事例はそれを示している。

第三に，企業間信用ファイナンスへのアクセスによって最も恩恵を受けるのは正規金融へのアクセスを制限されている企業である。中国経済においては非国有企業，中でも民営企業の発展は金融面では企業間信用に依存するところが大きい。途上国経済の発展が持続的という意味で健全なものであるためには，そこでの民営企業の発展は不可欠である。途上国経済の発展の担い手として特に重要な民営企業を金融的にサポートする存在として，企業間信用は途上国経済において特に重要な貢献を果たしうる。

第四に，さらに，本来企業間信用は短期資金をファイナンスするものだが，ある条件下では投資という長期資金までをもファイナンスできる。この意味でも途上国の経済発展において企業間信用が果たしうる役割は大きい。

第五に，ただし企業間信用，中でも貸し手企業の現金保有量に制約されずに企業間での信用創造が可能な売掛・買掛 —— 上記の狭義の企業間信用 —— によって投資ファイナンスを行うためには，そこで信用の借り換え（ロールオーバー）が繰り返しなされ実質的に長期信用に転化していく必要がある。そしてその企業間信用の継続したロールオーバーがなされるための重要な基礎環境として，企業間の信頼が十分に強固に形成されている必要がある。また，売掛・買掛を生じさせる信用取引自体が企業間の信頼の上に初めて成立する。そのため，中国経済において売掛・買掛による投資ファイナンスは，企業間の信頼がより発達し，おそ

らくそれを一因として経済発展水準も高い沿海部においてより活発である。さらに，売掛・買掛という狭義の企業間信用自体が沿海部でより発達している。正規金融の機能不全という低開発の一症状を乗り切る金融仲介上の手段として企業間信用に期待が寄せられているにもかかわらず，企業間信用による金融仲介がよく機能するために経済がすでに一定の発展水準に達していることが要求されるのである。従って経済が本当に低開発の状況にある段階では，企業間信用はオルタナティブ金融として機能することは期待できない。それは経済発展の過程において，より伝統的なインフォーマル金融に依存する状況から正規金融が機能し出すまでの間で金融仲介上重要な役割を果たす，中継役と考えるのが適切である。また，前払金・前受金は，最も経済の発展水準が低い段階で機能することが期待できる企業間信用であるが，企業間の信用創造が不可能であるため量的な発達に限界がある。

　第六に，「企業間信用は中継役である」は個別企業の成長においても当てはまる。途上国経済において正規金融にアクセスしにくいのは典型的には小企業・設立されてからの歴史が浅い新設企業である一方，企業間信用が主として金融的支援を提供するのは，中規模企業・設立以来一定の年数を経てある程度成熟した企業だと考えた方がよい。Fisman and Love (2003) は各国の産業レベルデータを用いた分析でこのことを指摘し，本書は中国の企業レベルマイクロデータを用いた分析でより精緻なレベルでこれを確認している。途上国経済において本当に設立されたばかりの小企業がその資金調達源として依存できるのは，正規金融ではないのはもちろんのこと，企業間信用でもなく，やはりより伝統的なインフォーマル金融や内部資金だということになる。

　途上国の政策立案者は，オルタナティブ金融の1つとしての企業間信用を活用し発達させることに十分な注意と関心を払うべきであり，そして同時にその限界も認識した上での政策上の利用を考える必要がある，ということになる。企業間信用は開発政策上決して無視はできない金融仲介経路であるが，正規金融システムの機能不全を補完してくれる万能

の存在でもないのである。

4 本書の構成

中国における企業間信用は健全な金融仲介経路になっているのか？

　第 1 章では，後の各章の分析の大前提として，まず中国における企業間信用は通常の健全な金融仲介経路であると見なして良いかどうかという問題を分析する。かなり長い間，中国における企業間信用は代金支払いの遅延の結果として生じた事前の取り決め無しの受信・非自発的な与信であると見なされる時代と風潮が続いた。「三角債」問題と呼ばれる，中国における企業間信用に対する社会的問題としての認識である。代金支払い遅延を中国企業の取引における悪習として警戒する傾向が日系企業をはじめとする外資系企業に広く見られたし，企業間信用自体が不健全な商慣行の産物であり中国企業との信用取引に最大の警戒を払うよう呼びかける実務家からの注意も多く観察された。

　しかし，近年の中国の企業間信用を考察した諸研究そして著者らによる現地調査の結果は，現在の中国の企業間信用からは三角債的状況は概ね消滅し，健全な金融仲介経路としての機能が観察されることを間接的証拠あるいは逸話的証拠により物語っている。第 1 章のメッセージの 1 つは，そのような間接的証拠あるいは逸話的証拠による「中国の企業間信用の健全化」証明では，人々を説得するのには不十分であろう，ということである。計量分析による直接的証拠により，「中国における企業間信用は社会的問題から変化し，健全な金融仲介経路となった」ということ及びそのプロセスを提示することで，中国おける企業間信用を金融仲介機能を担うオルタナティブ金融の 1 つとして扱う本書の姿勢が初め

て正当化できるであろう。

　そして第1章は，1990年代前半の中国において企業間信用は社会的な問題としての三角債から既存の企業間信用理論が適用可能なより健全な経済の一機構へと徐々に変化していったことを計量的に明らかにしている。また1990年代前半の市場競争の激化がこの変化を引き起こした主たる原因である可能性が高いことも第1章が見出した知見の1つである。

企業間信用の機能とそのメカニズム

　第2章及び第3章では，中国の企業間信用が担っている企業金融上の機能とそれを可能にしているメカニズムを聞き取り調査のレベルで明らかにすることを目指している。ここで見出された観察結果の多くは，後の章でより厳密な計量的検証の対象とされる仮説構築に使用される。この聞き取り調査は，中国における経済的先進地域の1つで，そのため企業間信用の使用も活発である江蘇省南部において，また企業所有タイプの中でも企業間信用の使用が活発な民営企業を対象として行われた。

　第2章は，次のような中国の企業間信用が果たしている企業金融における機能を見出している。第一に，中国において企業間信用は銀行借款に劣らず企業にとって利便性の高い資金源となっており，この意味で企業間信用は銀行借款を代替できる金融仲介経路となっている。第二に，かなりの頻度で本来は短期の信用（授受）である企業間信用が長期資金をもファイナンスする事例が観察された。投資機会に恵まれている一方銀行借款へのアクセスが難しい小規模企業において特に頻繁にみられる現象であった。また，与信主体は取引企業の支払い遅延によりやむなく受動的に与信を行うという結果に陥っているという三角債的状況は過去のものとなっているという第1章の知見が，第2章の聞き取り調査においても追認されている。すなわち，与信主体は企業間信用与信をあくまでも自らの経営目的達成のために能動的に行っていることが確認され

ている。

　第3章は，今日の中国において企業間信用を発達させその正常な機能を可能にしているメカニズムを提示している。第一に，中国において売り手企業が直面する厳しい市場競争環境が企業間信用の与受信を促進している。これはFabbri and Klapper（2008）の分析結果を追認するものである。第二に，売り手・買い手双方の企業が特定の取引関係への投資を行っていることが，企業間信用におけるデフォルト・支払い遅延を防止している。第三に，取引関係の流動性が，時間節約のため金銭的コストを関係への投資に使用し，短時間で信頼できる取引関係を形成・維持しようとする動機付けを中国企業に与えている。これは，取引関係の長期化・固定化により特定の信頼できる取引関係を形成するより低開発の経済における企業間信用をめぐる企業行動とは明確に異なっている。第四に，中国では企業同士の自助的行動と政府が提供する公的制度の支援の双方が企業間関係への投資コストの軽減に貢献し，関係投資の実現を助けている。一例として，本来はプライベートな企業情報が何らかの情報流通網により流通するという情報の共有化が生じる中で，企業間取引・所有権保護に関する法制度が一定程度機能していることは，中国における活発な信用取引を促進しているという現象が挙げられる。

中国において企業間信用ファイナンスは効率的資金配分を実現できているか？

　第2章・第3章で企業間信用が中国経済においてポジティブな機能を果たしていることを聞き取り調査のレベルで明らかにしているが，その金融仲介の結果としての資金配分は十分に効率的といえるだろうか？

　この問に答えるため，第4章は企業間信用による金融仲介が効率的な資金配分を実現しているかどうかを計量的に検証する。農村企業を対象とした企業レベルマイクロデータを用いた分析である。また，銀行借款についてのデータも利用可能であるため，企業間信用ファイナンスと銀

行ファイナンスの資金配分における効率性比較も行った。

その分析の結果は，第一に，良好なパフォーマンスを示した企業が企業間信用をより多く受信することを示している。企業間信用による金融仲介の効率性の高さを示すマイクロレベルでの観察事実である。また銀行ファイナンスと比較においても，企業間信用ファイナンスの効率性の高さは明らかである。銀行借款の企業パフォーマンスと無関係な資金配分が計量分析の結果明らかにされ，銀行借款を通じた資金配分の非効率性を証拠立てている。第二に，企業規模に注目すると，小規模企業・新設企業は銀行借款が困難であるばかりではなく，企業間信用受信難にも直面している。一方大規模企業は銀行ファイナンスへのアクセスが十分に行えるため，企業間信用ファイナンスへの需要自体がそれほど大きくない。企業間信用が主として金融的支援を提供しているのは，まだ銀行借款はあまりできないが，企業間信用における融資上の評判を確立した中規模企業・設立以来一定の年数を経てある程度成熟した企業だということになる。

所有権の法的保護と金融の発展の中継地点としての企業間信用

第5章は，中国経済における活発な企業活動にとって所有権の法的保護と金融の発展のどちらがより重要かという問題の考察において，企業間信用が決定的に重要な役割を果たすことを示している。

Johnson et al.（2002a）を嚆矢として，移行経済・途上国経済の発展に対して所有権の法的保護と金融の発展のどちらの貢献が決定的であるかを実証的に考察してきた研究の流れがある。中国経済に限っても，あるいは考察対象を他の経済にまで広げても，それらの諸研究は実証的コンセンサスに到達していない。しかしそれら実証研究の共通の弱点は，所有権の法的保護と金融という2つの制度の発展の重要性を比較するだけで，それらの間にある関連を見逃していることである。より具体的に言えば，2つの制度の発展をつなぐ中継地点としての企業間信用に十分な

注意が払われていないのである。

　第5章では、企業活動の活発さを民営企業による投資で計測している。これまでも述べてきたように、銀行借款へのアクセスに制限がある民営企業にとって、企業間信用は特に重要な外部金融チャネルである。そして企業間信用は金融仲介経路の1つであり、従ってその発達は金融の発展の一部をなしている。同時に所有権の法的保護はより信頼性の高い契約履行強制を通じて企業間信用の発達を促進する可能性がある。従って、金融仲介を銀行を通じるものと企業間信用を通じるものに区分した上で、所有権の法的保護と金融の発展の企業活動にとっての相対的重要性を計量分析する際には、企業間信用の内生性問題あるいは因果性の問題に十分な考慮を払う必要がある。

　このように良好な機能を持つ法システムが企業間信用の発達の要因でもありうるという企業間信用の内生性を考慮した計量分析を行うと、中国において所有権の法的保護変数は民営企業による投資にそれほど有意な直接的インパクトは持たなくなる。一方、企業間信用の発達は民営企業投資に直接の正の影響をもたらすことも明らかにされた。法システムによる所有権保護は、企業間信用の発達を通じてあくまでも間接的に民営企業投資を促進しているのである。さらに、企業間信用は民営企業投資の促進に対して明確に有意な貢献をしているのに対し、金融の一構成要素としての銀行ファイナンスの発達は民営企業投資に対してずっと小さなインパクトしか持たないことも見出された。

　ここから引き出される政策的含意は、移行経済・途上国経済における政策決定者が企業家活動を促進するためには企業間信用の発達を直接の政策目標とすべきであり、そのための重要な一手段として所有権の法的保護を位置づけるのが適切である、ということになる。

中国における企業間信用の形態の進化

　第6章においては、第2章において聞き取り調査レベルで見出された、

本来短期資金をファイナンスするための企業間信用が，中国経済においては投資という長期資金のファイナンスもしているかが計量的に検証される。その際，どのようなタイプの企業間信用が投資をファイナンスしているのかに特別な注意が払われ，それが中国における企業間信用の形態の進化とその原動力を明らかにする。ここでも企業レベルマイクロデータが用いられ，それは中国全土を網羅する大規模なものである。

上述のように，企業間信用を広く定義すれば，そこには現物による信用の授受である売掛・買掛と現金による貸借の一種である前払金・前受金が含まれる。前者は銀行ではなく企業によって創造される信用であり，後者は貸し手企業の現金保有量の制約を受ける一種の企業間貸借である。受信側企業の立場からみれば，買掛による信用調達はそれが長期にわたり繰り返されて初めて，投資資金源となりうる。無論，それには貸し手企業の現金保有量の制約を受けずに企業間で信用創造をしていくことが可能であるというメリットも伴っている。この買掛を生み出す信用取引は企業間の堅固な信頼を必要とする。サプライヤー企業には売上代金回収が困難であるという事態に直面する可能性があるからである。従って，顧客（買い手）が買掛部分の代金を支払ってくれると確信するのに十分なほど顧客に対する信頼が強いときのみ，サプライヤーは信用売りをする。

得られた観察結果は次のとおりである。

第一に買掛と前受金からなる企業間信用を通じる受信は，中国において民営企業の短期資金のみならず長期資金の調達源も提供している。第二に，経済的先進地域である沿海部と後発地域であるである内陸部との比較を行うと，買掛の形態での企業間信用は，内陸部と比して沿海部でより発達し投資をファイナンスする傾向も強い。それに対して，中国内陸部では前受金が企業の資金調達においてより重要な役割を果たしている。第三に，この両地域間の差異は時間の経過につれて小さくなり，企業間信用の形式が前受金から買掛へと進化することの時系列側面での証拠になっている。第四に，企業間の信頼の発達が，前受金から買掛へと

いう企業間信用の形態の進化を生じさせている。それを地域差に置き換えて表現すれば，沿海部と内陸部間での買掛と前受金の重要性の差は，両地域間での企業間の信頼の発達格差に帰着できる。別の言い方をすると，途上国経済で企業間の信頼が未発達な状況においては，買掛（売掛）よりもむしろ前受金（前払金）形式の企業間信用の方がオルタナティブ金融チャネルとして機能するということである。

第Ⅰ部
社会的問題から健全な金融仲介経路へ

第1章 企業間信用の変質 —— 1990年代前半期

1 はじめに —— 三角債問題は消滅したか

　Demirgüc-Kunt and Maksimovic (2001) は，低質な法システムを持つ経済において企業はより企業間信用に依存する傾向があることを見出している。ほとんどすべての途上国経済は非効率な法制度しか持たない。従って，企業間信用を考察することは中国を含む途上国経済において大きな重要性を持つのである。

　本章は2つの目的を持っている。

　第一の，そして主たる目的は，中国における企業間信用の性質が1990年代前半に変化し，その結果企業間信用は健全で既存の企業間信用理論で説明可能なものになったのかを検証することである。検証されるべき仮説は，「その時代に，中国における企業間信用は社会的問題（いわゆる三角債）から次第に変化し，健全な金融仲介経路となった」である。我々は「社会的問題としての企業間信用」あるいは「健全な企業間信用」を構成する諸要素を実証的に検証可能な形で取り出し，計量モデルとして構成する。従って，この仮説は中国における企業間信用与受信の決定要因が変化したかどうかを計量的にテストすることより実証的に検証可能なのである。

　中国における逸話的な観察結果は，かつて企業間信用が回収不可能な債権の企業間での押し付け合いの連鎖の結果，すなわち三角債問題とし

てよく知られた現象であったと語っている。その逸話は，企業間信用を受信した企業が大きな政治的影響力を持つ企業 —— 通常は大型国有企業 —— であり，そのような企業が資金を調達する必要に迫られていたという事実を1つの根拠としている。企業間信用を与信した企業はそのような国有企業に強制されて消極的にそうしたに過ぎないというのである。当時の企業間信用は企業同士の互いの利益の収奪のし合いという色彩が強かったというストーリーである。過重な税負担とその他の要因による内部資金不足をカバーするため，国有企業は川上企業，すなわちサプライヤーに企業間信用与信を強要する。そのような三角債的状況があったのなら，既存の企業間信用理論による企業間信用与受信の決定要因は当時の企業間信用に対して説明力を持たないであろう。そして三角債的状況を反映した他の要因による決定メカニズムが示されるはずである。例えば，企業間信用の受信に対して政治的要因が有意な説明力をもつであろう。さらに，内部資金不足に直面している企業（おそらく国有企業）は，可能ならばより多くの企業間信用を受信するはずでもある。逆の言い方をすると，もしこれらの決定要因が本当に実証計量モデルにおいてワークしていれば，三角債にかんする逸話的観察結果が事実として計量経済学的に確認されたことになる。

　しかし，近年の中国における企業間信用を考察した諸研究は，三角債とは異なった現在の状況を報告している。それらがどのような企業がその企業金融において現在企業間信用に強く依存しているかを明らかにしている点が重要である。

　Garnaut et al. (2001) は近年の中国民営企業について詳細な分析を行っている。彼らは，民営企業は流動性不足に対処するため企業間信用を使用する点で共通していることを見出している (Garnaut et al., 2001, p. 56)。企業間信用は民営企業にとって資金調達難問題を解決する1つのツールになっているのである。Brandt and Li (2003) は，銀行の民営企業に対する融資差別の1つの結果として，民営企業は 1994-1997 年の観察期間において企業間信用ファイナンスに頼る傾向があったことを指摘して

いる。彼らはまた，その期間に民営化した企業は公有（集団所有）企業よりも企業間信用をより多く受信できていたことも見出した。サプライヤーからの企業間信用受信へのアクセスは民営化企業と公有企業間の信用アクセス格差を縮小することに貢献していた。具体的には，民営企業及び民営化企業（以前は公有企業）はその債務の 30％以上を企業間信用（買掛）の形で持っており，それは債務中最大の比率を占めていた。同様に Ge and Qiu (2007) も，国有企業と比較して，非国有企業は銀行借款へのアクセスにおいて不利な状況にある一方で，企業間信用をより多く利用し，その行動は取引上の動機（transactional motives）ではなく，主として資金調達上の動機（financing motives）によって引き起こされていることを明らかにしている。劉 (2001) は 2000 年に北京，天津，河北省，浙江省に立地する 352 企業の信用調達源の調査を行っている。それによれば，やはり銀行借款へのアクセス難状況にある中小企業は資金調達ために大企業より企業信用に依存する傾向が確認されている。

　これらの研究が明らかにしているのは，中国において民営企業あるいは中小企業は銀行借款や資本市場へのアクセスが困難であり，そのため企業間信用に依存する傾向が強いということである。同様の特徴は他の途上国・先進国経済でも観察されている。Fisman and Love (2003) が示すところによると，金融市場が未発達な途上国経済において中小企業が資金調達を行う際に企業間信用が重要になる。Petersen and Rajan (1997) と Nilsen (2002) は，より発達した金融市場を持つ経済においてさえ中小企業—銀行との関係が弱いため信用制約下におかれやすい—は企業間信用受信の結果としての買掛ストックを有意に多く持つことを報告している。三角債的状況と比較したとき，中国における民営企業・中小企業の企業間信用受信においても政治的要因・内部資金要因は重要ではなくなるようだ。それら要因は主として大規模国有企業に関連したものだった。

　我々の現地調査が示すところによれば，現在の中国における企業間信用は企業の重要な資金調達源の 1 つであるというだけではなく，企業が

販売促進のような経営上の目的を達成する手段ともなっている。企業間信用を経営上の目的を達成するための戦略的ツールとみなす考え方は様々な研究で提起されてきた。例えば，Schwartz（1974），Ng et al.（1999）やPetersen and Rajan（1997）等がそれらである。彼らの企業間信用理論は本来先進国経済を対象として展開されたものであるが，近年の中国における企業間信用にも適用可能である。戦略的ツールとしての企業間信用という考え方は，与信側企業が能動的にその企業間信用与信をコントロールしているという仮定に基づいている。既存研究の中には，与信行為を説明するその他の理論もある。それらはより豊富な内部資金あるいは外部資金アクセスの容易さにより，当該企業がより多くの企業間信用をその顧客に与信することが可能になるとしている（Petersen and Rajan, 1997; McMillan and Woodruff, 1999a）。先進国経済での状況と同じように，中国でも企業が能動的に自らの企業間信用与信をコントロールしているのなら，内部資金変数と外部資金調達変数は企業が与信する企業間信用の量を有意に説明するはずである。

　近年の中国における企業間信用に関する知見は，1994年以降あるいは1990年代後半以降の状況についてのものであるため，中国において企業間信用の性質が先進国経済のそれに近づいていく移行が生じたのは1990年代前半である可能性が高い。本章はその変化を計量経済学的に探求する。後に示される計量分析の詳細な結果は，1992-94年の観察期間において中国の企業間信用の性質に重大な変化が生じたことを明らかにする[1]。

　本章のもう1つの目的はその変化の原因を考察することである。我々の分析は，1992-94年期間の好景気のなかで生じた市場競争の激化がこ

---

[1]　より近年まで観察期間を延長できれば良かったことは確かである。しかし，データの利用可能性（1992-94年）がそれを許さなかった。1995年以降までその企業間信用データを得られた企業は数社に過ぎなかったのである。そのため，変化がすでに完了していたであろう時期の直前期である1990年代前半に本当に変化が生じていたかどうかに本章は焦点を当てている。

の中国における企業間信用の性質の変化を生じさせた可能性が高いことを示している。市場競争の激化は大型国有企業が持っていた有利な条件にダメージを与えたはずであり，その大型国有企業が持っていた有利な条件こそが三角債が生じた1つの原因だったのである。この問題に関して，Fisman and Raturi (2004) の分析は本章と深い関連を持っている。彼らは市場の競争性が企業間信用の発達を促進するという見解を示している。

以下，2節では検証可能な形で仮説を提示し，3節は企業間信用与受信への様々な説明と実証モデルを示す。4節では使用されるデータ及び推定手続きが説明される。5節は推定結果を示しつつそれに関する議論を行い，最後に6節で結論が述べられる。

2 検証可能な仮説
—— 三角債と健全な企業間信用の構成要素

本節は，中国において企業間信用がある種の社会的問題から健全な金融仲介経路，従って既存の企業間信用理論が適用可能なものへ次第に変化していったという仮説を，検証可能な形式をとって提示する。

2.1 三角債の構成要素

逸話的な観察結果は当時の中国における三角債を構成していた様々な諸要素を指摘している。計量分析の第1ステップにおいて，我々はこれらの逸話的観察結果を検証する。もしそれらが計量的にも確認されれば，それは三角債が当時の中国において本当に存在していたことを強く支持する証拠となるであろう。

(1) 与信から受信へという因果関係の方向

当時，中国における企業間信用は企業間における回収不可能な債権のたらい回しの連鎖を引き起こしていたと言われていた。それは因果関係の方向について明確な含意を持っている。すなわち，企業はその顧客に企業間信用を与信するからこそ，今度は自分のサプライヤーからの企業間信用受信を必要とした，というものである。そして，企業は受信した企業間信用の返済をすぐには行わないのである。従って，因果関係は与信から受信へという方向で生じる。従って，我々はこの顧客への与信からサプライヤーからの受信という因果関係をテストする。

(2) 企業間信用受信のために政治力が果たす役割の大きさ

三角債的状況においてサプライヤーに企業間信用を自社に与信するように強要する企業は，その政治力を行使してそのようなことを遂行する傾向があると言われていた。従って我々はその企業の政治力が企業間信用受信量に有意な影響を及ぼしたどうかを検証する。

(3) 内部資金不足によって引き起こされた企業間信用受信を通じた資金調達の必要性

重い税負担，労働コスト，あまりに低い減価償却率等のために引き起こされた内部資金不足問題を軽減するために，主として国有企業が企業間信用受信を通じて資金調達を行ったとも指摘されている。従って，この逸話的観察結果を検証するために，企業の内部資金不足が本当により多くの企業間信用受信に結果していたのかを確認することは重要である。

(4) 企業間信用与信におけるサプライヤー企業の役割

三角債においても当然のことながら，サプライヤー企業による与信行為が観察される。おそらく，サプライヤー企業はその顧客に強要されてそうしたのであろう。従って，先進国経済での企業間信用与信行為を説

明する諸理論は中国の三角債的状況においては説明力を持たないであろう。これら諸理論は，企業は経営上の目的を達成するため能動的に企業間信用を与信している，ということを仮定している。より詳細な説明が3節で行われる。

2.2 健全な企業間信用への変化

計量分析の第2ステップにおいて，我々は中国における企業間信用の問題の多い性質が消滅していき，先進国経済における企業間信用の性質に近づいていくということが本当に生じたのかを考察する。この目的のために，我々は上の2.1小節で提示された三角債の構成要素 (1)～(4) が消滅していったのかどうかをテストする。

(1) 受信から与信へという因果関係

もしそのような変化が生じていたのなら，企業間信用の与信から受信へという因果関係の方向は次第に逆転していったであろう。この因果関係の逆転は三角債問題が軽減されていったことを支持する計量的証拠になりうる。

(2) 企業間信用受信の決定要因としての政治力の重要性の減退

もし三角債問題が軽減されていったならば，企業間信用受信の決定要因としての政治的要素の重要性も減退していったはずである。

(3) 企業間信用受信における内部資金要因の説明力の減退

またそのような変化の中では，内部資金要因も企業間信用受信決定要因としてその説明力を減じていくであろう。

(4) 企業間信用与信におけるサプライヤー企業の能動的なコントロール

もし中国における企業間信用の性質が先進国経済におけるそれに近づくように変化していったのなら，サプライヤー企業がその企業間信用与信をコントロールするようになっていったはずである。結果として，既存研究において見出された与信行為を説明する諸理論は，観察期間においてその説明力を増大させていくであろう。

3 企業間信用を説明する理論的枠組みと実証モデル ── 売掛と買掛

次に我々は企業間信用の存在と使用を説明する諸理論とそれらに基づく実証モデルを提示する。それにより，中国における企業間信用に関する我々の仮説は検証可能となる。

売掛（すなわち，企業間信用与信）と買掛（すなわち，企業間信用受信）の双方について，諸理論と実証モデルの提示がなされる。本章の実証モデルにおける企業間信用与信及び受信を示す従属変数は売掛ストックと買掛ストックの量によって測られる。両者とも当該企業総資産額で基準化される（売掛ストック／総資産及び買掛ストック／総資産）。

3.1 売掛についての理論と実証モデル ── 誰が与信するのか？

売掛に関する本章の実証モデルの従属変数は上記のように売掛ストック／総資産である。その大きさを決める独立変数を特定化し，同時になぜその独立変数が選択されたのかを正当化する説明をする必要がある。

(1) 経営上の目的を達成するための戦略的ツールとしての企業間信用

　企業がその経営上の目的を達成するために企業間信用与信を使用するということはありうる。我々は2つの経営目的を想定する。それは販売促進とその結果としてのより高い収益性である。従って，これら経営目的（あるいは成果）を表す変数は内生的である可能性がある。

　企業間信用与信は販売プロセスを楽にする円滑剤と考えることもできる。端的に言って，それはマーケティングと販売を助ける道具になりうる。第一に，それは企業が需要を刺激するため使用する統合パッケージの一部をなしている（Ingves, 1984）。与信は売り手が市場競争からその製品―資金提供を差別化する1つの機会を提供している。Kaplan (1967) は，企業間信用与信は純粋な金融ツールではなく販売促進ツールだと考えるべきだと，最も早い時期に主張した研究者の一人である。Nadiri (1969) もまた企業間信用を「宣伝と同様の販売経費」と捉えており，Schwartz (1974) は企業間信用を「企業の価格戦略の不可欠な一部」とみなした。第二に，企業間信用は重要な顧客との長期取引関係を維持するツールであるとも考えられる（Ng et al., 1999）。企業間信用与信は，目下の販売促進を目指すものであると同時に，顧客を引き留め，より多くの潜在的顧客のベースをつくりだし，それにより将来の収入の基盤を生み出すことを目的とした戦略的投資とみなされている。

　販売を増大させればそれは自然により高い収益性につながる。さらに，売り手企業は企業間信用を与信する条件を提示して，遅い支払いをする顧客からは暗黙の利子を徴収するという意図で，より高い価格を請求するといったこともできる。従って，その暗黙の利子収入が与信におけるスクリーニングや監視費用等を含んだ売り手の資本費用を上回るなら，企業間信用与信は正の現在価値をもった利潤を生み出すことになる（Neale and Shipley, 1985; Emery, 1984, 1988）。企業間信用与信が価格差別の手段としても機能するという事実は，収益性がより高い企業はより多くの売掛金を抱えているということも含意している。Schwartz and Whitcomb (1978) は企業間信用を与信する期間の長さ等の条件は競争者

の目から値引きを偽装し，顧客間の価格差別を容易にするために使用することが可能であることを示した。Petersen and Rajan (1997) はこのアイデアをさらに発展させた。高い収益マージンを持っている企業は，販売をさらに追加的に増大させる手段として，あるいは一時的に資金難状態にある顧客に対してもっている暗黙裏の利権を守るために，企業間信用与信による価格差別を実行する強いインセンティブをもつ，と彼らは示唆した。

本章の実証モデルにおける経営目的変数として，我々は売上成長率と粗利潤／総資産を採用する。これらに関するのデータは本章の観察期間，1992，1993，1994 年のすべてにおいて利用可能である。この二変数は，企業間信用を与信することにより実現が期待される販売促進とより高い収益率を表すものである。これらの変数が内生性を持つ可能性は極めて高い。そのためこれら変数について我々は幾つかの操作変数を用意する。

(2) 豊富な内部資金

豊富な内部資金があれば企業はその顧客に企業間信用与信をしやすくなる。従って，内部資金と売掛は正の相関をするはずである。Petersen and Rajan (1997) は，アメリカにおける企業間信用の実証分析において，より多く内部資金に恵まれた企業はより多くの企業間信用与信をするという仮説を立てている[2]。ちなみに，彼らは純利潤を内部資金の代理変数としている。本章では純利潤ではなく留保利潤／総資産を内部資金変数として使用する。なぜなら，その方が「利潤が生み出した，結果としての内部資金」をより正確に計測できるからだ。減価償却基金はもう 1 つの伝統的な内部資金変数であり，これも使用する（減価償却基金／総資産）。我々は流動資産が総資産に占める比率も，その企業がどれだけ豊富に内部資金を持っているかを示す変数として採用する。流動資産のなかでも現金や原材料は特に高い流動性を持つ。従って，（売掛ストックを

---

[2] ただし，彼らの計量分析結果はその仮説を支持していない。

除く）流動資産／総資産に加えて，現金・原材料／流動資産が後の計量分析において使用される[3]。最後に，企業の現金支払い能力を示す伝統的な指数であるところの流動比率（流動資産／流動負債）を支払いに備えた内部資金の豊富さを表す変数として使用する。

以上より，使用される内部資金変数は，留保利潤／総資産，減価償却基金／総資産，流動資産／総資産，現金・原材料／流動資産，流動比率の5変数である。いずれも1992-94年の3年間すべてにおいてそのデータが利用可能である。

三角債的状況のようにサプライヤー企業による企業間信用与信が顧客によって強制されて生じていたなら，内部資金の豊富さが企業間信用与信を促進するという説明は成立しなくなるだろう。この説明は，三角債問題が消滅していくときにこそ，その妥当性を獲得していくことに留意して欲しい。

(3) 外部資金へのアクセス

外部資金ファイナンスへのアクセスの容易さも，その企業によるその顧客に企業間信用与信を可能にする。Petersen and Rajan (1997) は，アメリカにおいて外部資金を獲得しやすい企業は顧客により多くの企業間与信を行うことを示した。McMillan and Woodruff (1999) は，ベトナムの文脈において，企業が資金制約下にないときにより多くの企業間信用与信をするという仮説をテストしている[4][5]。彼らは資金的余裕の代理変

---

3) 流動資産／総資産を計算する際に我々は流動資産から売掛ストック分を除去しているが，これはそうしなければ当然生じる流動資産の内生性をコントロールするためである。流動資産を含むその他の変数にも，同様の処置が施されている。
4) McMillan and Woodruff (1999) は途上国経済における企業間信用を考察している。他にも，Fisman and Love (2003)，Vandenberg (2003)，Fafchamps (2004)，Fisman and Raturi (2004)，Hyndmanand Serio (2009) などが途上国経済における企業間信用の分析に取り組んでいる。
5) かなり早い時期に Schwartz (1974) は，金融アクセスに恵まれた企業が受信できた企業間信用を自分の顧客に与信で渡していく動機付けを持つとするモデルを展

数として2つの外部資金変数を使用している。銀行借款と買掛，すなわち企業間信用受信，である。現在外部資金にアクセスできている企業は資金的余裕があり，それゆえより多くの企業間信用与信を行うという仮説である。彼らは，企業間信用受信が企業間信用与信に有意な影響を与えることを見出している。

　我々にも売掛を説明できる可能性を持つ外部資金変数は幾つかある。短期銀行借款，長期銀行借款（両者とも1992年のみデータ利用可能），買掛ストック（1992-94年の3年間すべてでデータ利用可能），銀行借款総額（1993・94年においてデータ利用可能）である[6]。これらはすべて総資産額で基準化される。従って，我々が使用する変数は次のとおりである。1992年については，短期銀行借款／総資産，長期銀行借款／総資産，買掛ストック／総資産。1993・94年については，銀行借款／総資産と買掛ストック／総資産。1993・94年の銀行借款／総資産は1992年の短期銀行借款／総資産と長期銀行借款／総資産の合計に対応している。またデータ利用可能の制約により，銀行借款の長─短期の区分は1993・94年においてはできない。従って，結局全観察期間については銀行借款総額を使用する。最後に買掛ストック／総資産は本章の分析においては内生性を持つ。

　本章の実証モデルは，この外部資金ファクターについても与信側企業がその企業間信用与信を能動的にコントロールできるし実際にしている，とも仮定している。従って中国の企業間信用が三角債的状況にあったならば，この外部資金に関する上記の説明は成立しない。逆に中国における企業間信用の性質が先進国経済のそれに近づくように変化していくときに，この説明が有効に働くと期待される。この場合，上記独立変数のうち，買掛ストック／総資産は有意に正の係数を持つと期待される。

　　開している。Petersen and Rajan (1997) や McMillan and Woodruff (1999) はこの Schwartz モデルに実証的証拠による支持を与えたことになる。

6)　企業間信用受信量，すなわち買掛ストック，は無論我々のモデルにおいては内生である。

なぜなら，三角債が消滅していくとき，受信（買掛）から与信（売掛）へという因果関係の方向が明瞭に支配的になっていくからである。

3.2　買掛についての理論と実証モデル ── 誰が受信するのか？

　買掛に関する本章の実証モデルの従属変数は上記のように買掛ストック／総資産である。その大きさを決める独立変数を特定化しなければならない。

　買掛の決定要因を探求するために，誰が企業間信用を受信するかという問題を2つの問いに分解してみる。1つめは，(A) サプライヤー企業は誰に対してなら与信をしようと考えるのか（企業間信用を受信できる条件），である。2つめは，(B) 誰が企業間信用を受信したがるのか（企業間信用を受信することを需要する条件），である[7]。これらのそれぞれについて，我々は様々な理論的説明を提示する。それらの中には，我々の仮説に密接に関連するものと我々の仮説が提起していないその他の決定要因をコントロールするためのもの2種類がある。

A.　企業間信用を受信できる条件
A-(1)　政治力
　政治力を中心にすえた説明は我々の仮説と密接に関係している。

　改革初期中国のような移行経済においては，政治力は企業が利潤を追求するための強力な装置であろう。より計画経済に近いほど政治的介入も増える。大型国有企業がその政治力を使ってサプライヤーに企業間信用与信を強要したなどというのはその典型的状況である。ここでの企業の「政治力」とは，政府の行動に起因する，その企業の取引おける交渉力，の意味で使われている。移行経済では，企業の強い政治力はその企業に対する政府の販売・購買・資金調達等々における優遇的取り扱いが

---

[7]　Petersen and Rajan (1997) も同様のアプローチを採用している。

第Ⅰ部　社会的問題から健全な金融仲介経路へ

そのシグナルとなる。この状況は三角債の構成要素の1つである。

　政府による優遇的取り扱いも幾つかに分類できる。第一に，もしその企業を行政的に管轄する政府（主管部門）が強い政治力を持っている政府なら，その政府によるバックアップがあるというだけで企業は取引における強力な交渉力を発揮できるだろう。第二のケースは，その企業が政府にとって大変重要な企業——例えば長い歴史を持つ大企業——だから，政府はその企業を優遇的に取り扱う，というものである。第一のケースにおける企業の政治力を計測するために，企業を行政的に管轄する（地方）政府が都市レベルの政府なのか農村レベルの政府なのかを示すダミー変数を使用する（都市レベル政府ダミー）[8]。都市レベル政府ダミーがオン（1の値をとる）ならばその企業都市レベル政府に管轄されている。一般的に都市レベル政府の方が農村レベル政府よりも強い政治力を持つ。結果として都市レベル政府に管轄されている企業の方が農村レベル政府企業よりも強い政治力を持つことになる。第二のケースにおける企業の政治力を計測するためには，企業の操業年数と規模を使用する。残念ながら標本企業の正確な操業年数データは利用不可能であり，我々が知ることができるのはその企業が1985年以前に設立されたのか，1985年以後に設立かという情報だけである。そこで，企業設立年が1985年以前なのか以後なのかを示すダミー変数を企業操業年数変数の代わりに使用する（85年以前設立ダミー）。このダミー変数がオン（1）ならば企業設立年は1985年以前であり，操業年数が長い（それゆえ強い政治力を持つ）企業であるということを意味する。規模が大きい企業はより強い政治力を持つと仮定し，企業規模を従業員数で測ることにする。従業員数データは1992-94年の3年間すべてにおいて利用可能である。

---

[8]　本章では省あるいは市政府を都市レベル（地方）政府と定義する。つまり，ここでの「都市—農村」は中国の行政における政府ヒエラルキーでの「上層—下層（政府）」と解釈できるということである。また（政府の「上層—下層」を示す）「都市—農村」ダミー変数はその政府の政治力を示すものとして解釈可能だということでもある。

A-(2) 企業の信用格付け

この理論的説明は我々の仮説が提起していないその他の決定要因をコントロールするために注意が払われているものである。より高い信用格付けを持つ企業はサプライヤーからより多くの企業間信用を受信できるだろう（Petersen and Rajan, 1997）。その信用格付けの代理変数として，企業の収益性と規模を使用する。より収益性が高く規模の大きな企業はより高い債務返済能力（債務には買掛も含まれる）を持つとみなされるだろう。収益性には粗利潤（税引前利潤）／総資産，純利潤（税引後利潤）／総資産の2つの定義を使用する。これらに必要なデータは1992-94年の3年間すべてにおいて利用可能である。また本章では，これら変数は内生である。なぜなら，上記3.1小節の(1)で説明したように企業信用与信（売掛）の結果，より高い収益性が企業にもたらされる可能性があるからだ。

A-(3) 銀行からの企業への評判

この理論的説明は我々の仮説が提起していないその他の決定要因をコントロールするためのものである。

これは信用格付けの直接的メジャーの1つである。評判自体は観察不可能なので，企業が銀行借款をどれくらいできているかを代理変数とする。これはMcMillan and Woodruff (1999, p. 1309) が用いた戦略である。より多くの銀行借款を得られているということは銀行とより近い関係を持っているということだと解釈できる (Petersen and Rajan, 1997, p. 680)[9]。

銀行からのその企業への評判を表す代理変数として，（上での説明した理由により）1992年については短期銀行借款／総資産と長期銀行借款／総資産の合計，1993・94年については銀行借款／総資産を使用する。繰り返しになるが，両者は概念上同じものである。

---

[9] Diamond (1989) は銀行との関係それ自体が負債市場におけるその企業の評判のメジャーの1つであると論じている。

B. 企業間信用を受信することを需要する条件

B-(1) その企業自身の顧客に対する企業間信用与信

顧客に対しより多くの企業間信用与信を行う企業は資金不足に陥りがちである。従ってそういう企業は今度は企業間信用を受信することによって資金調達をすることを望むであろう。2節で説明したように三角債問題の徴候の1つは，顧客に対する企業間信用与信がサプライヤーからの受信の必要性を引き起こすという方向での因果関係であった。従って，中国の企業間信用が三角債的状況にあるときには，企業間信用与信（売掛：売掛ストック／総資産）が受信（買掛：買掛ストック／総資産）を説明するが，後者は前者を説明できないはずである。もし三角債的状況が軽減されていれば，3.1小節の（3）ですでに述べたように，その逆のことが起こる。

企業間信用与信は売掛ストック／総資産で定義されている。これは当然内生変数であるので操作変数が使用される。

B-(2) 内部資金不足

2節でも述べたように，三角債的状況において企業が企業間信用受信によって資金を調達した理由の1つが内部資金不足をカバーする必要性にあった可能性がある。この内部資金不足を引き起こした制度的要因が重い税負担，労働コスト，あまりに低い減価償却率であった。逆の見方をすれば，もし中国の企業間信用が三角債的状況にあったのなら，（重い税負担の結果としての）低い留保利潤率，高い労働分配率，そして低い減価償却率が当該企業のより多くの企業間信用受信（買掛）を引き起こしたはずである。もし逆に三角債問題が消滅しつつあったなら，これらの諸要因は企業間信用受信量に有意な影響を及ぼさないはずである。

我々は，留保利潤率・労働分配率・減価償却率を表す変数として，それぞれ留保利潤／総資産・賃金支払総額／付加価値額・減価償却／総資産を使用する。

B-(3) 投資機会

この理論的説明は我々の仮説が提起していないその他の決定要因をコ

ントロールするためのものである。

多くの投資機会を持つ企業は資金調達の必要性もまた大きい。この投資資金調達の必要性も企業間信用受信よって間接的にではあれ満たされる[10]。より急速な成長を遂げた企業はより多くの投資機会を持っていたと考えてよい。このアイデアは Petersen and Rajan (1997) が提起したものである。この要素を表す変数として，前7年，すなわち1985-92年における，当該企業の売上成長率と固定資産成長率（過去7年間の平均売上成長率と過去7年間の固定資産成長率）を使用する。その企業が1985年以降に設立されたのなら，設立年から92年までの期間で計測する。これら変数の係数は正の値をとることが期待される。

B-(4) 代替的外部資金源の利用可能性（の少なさ）

この理論的説明は我々の仮説が提起していないその他の決定要因をコントロールするためのものである。

代替的な外部資金源へのアクセスがあまりできない企業は資金調達のために企業間信用受信に依存しがちになる可能性がある。Biais and Gollier (1997) は，企業が銀行借款をあまり利用できない状況においてより多くの企業間信用受信をすると論じている。本章では，代替的外部資金源の利用可能性を短期・長期両方を含む銀行借款の額[11]と国有資本

---

10) 固定資産への投資は一般的に長期資金によってファイナンスされる必要があるが，多くの企業間信用は短期の信用授受である。企業間信用が直接的に投資をファイナンスすることはほとんどない。しかし，後に第2章及び第6章が示すように企業間信用は間接的にであれば投資をファイナンスできる。なぜなら，企業間信用を受信した企業は内部資金を蓄えそれを投資資金に転用することもできるからである。

11) Petersen and Rajan (1997) は企業間信用受信への需要の決定要因として銀行借款を重視している。彼らが使用したのは銀行借款の額ではなく，銀行からの信用供与を受ける可能性を示す幾つかの変数である。例えば銀行との取引関係の長さがその1つである。彼らが Petersen and Rajan (1994) で，アメリカにおいて企業と金融機関の関係が信用割り当てを緩和する効果をもつこと見出しているため，このような変数選択を行っている。我々のデータではこのような変数は利用できな

の額で計測する。（すでに述べたように）銀行借款は企業の評判変数として働くかもしれない。しかし，もし銀行借入が代替的資金源の適切な代理変数ならば銀行借款と買掛は負の相関を持つであろうし，それが銀行からの評判を反映しているならば，相関の符号は正である。銀行借款がどちらの代理変数として機能しているかは識別可能なのである。

この要因を表す変数として，銀行借款／総資産と国有資本／総資産を使用する。これらは 1992-94 年の 3 年間すべてにおいて利用可能である。

4 データ及び推定方法
―― 1990 年代前半期企業マイクロデータの利用

4.1 使用データ

本章の分析のために我々は，1992-94 年広西省に立地していた軽工業企業の企業レベルマイクロデータを使用する。それら企業は国有企業である。本来このデータは広西省軽工業局が業務統計として収集していたもので，その管轄範囲にあった国有企業の営業報告（「報表」）のほぼすべてが含まれている。このデータは個々の企業の企業間信用を含む豊富な企業金融情報を提供している。軽工業は改革初期中国経済のリーディングセクターであり，途上国経済としての現代中国の 1 つの典型的産業である。このデータは 1 つの省のものであるが，企業間信用をめぐる状況は当時中国全土で基本的に共通のものであったので，本章の結論は中国経済全体に対する妥当性を持っている。1991 年以前には企業間信用データは利用不可能で，1992 年になって初めて広西省軽工業局収集の

いため，銀行借款額そのものを銀行融資利用可能性変数として使っているとも言える。

営業報告書上に現れる。このデータ利用のタイミングは中国全土に共通している。

このデータから305企業×3年 (1992-94年) のバランスしたパネルデータがつくられる。繰り返しになるが，会計規則の変更により使用可能な変数は1992年と1993・94年間で異なる。

すべての変数は名目値で測られている。企業や銀行は名目値での各会計項目を参照して意志決定を行っているという現実を反映させるためである。

表1-1は本章の実証モデルにおいて使用される従属変数・独立変数及びその記述統計量を示している。売掛ストック変数売掛ストック／総資産及び買掛ストック変数買掛ストック／総資産の増加傾向 (売掛ストック／総資産平均は1992年には0.070, 93年に0.099, 94年には0.143, 同じく買掛ストック／総資産平均は92年に0.085, 93年0.113, 94年に0.166) は，本章の標本企業の企業金融における企業間信用の重要性が1990年代前半に増大していったことを示している。

4.2 推定方法

第一に，観察不可能な企業固有の要因をコントロールするためにパネル推定を行う。そのパネル推定モデルに，年ダミー (1992-94年) と我々の仮説に関わる幾つかの独立変数の交差項を導入する。その交差項の係数推定値は，観察期間1992-94年におけるそれぞれの独立変数の説明力の変化を明らかにする。「我々の仮説に関わる独立変数」は，売掛ストック決定要因モデル (従属変数は売掛ストック／総資産) においてはその独立変数のすべてがそれに相当する。買掛ストック決定要因モデル (従属変数は買掛ストック／総資産) において「我々の仮説に関わる独立変数」は，都市レベル政府ダミー，85年以前設立ダミー，従業員数 (政治力), 売掛ストック／総資産 (その企業自身の顧客に対する企業間信用与信), 留保利潤／総資産，賃金支払総額／付加価値額，減価償却／総資産 (内

第Ⅰ部 社会的問題から健全な金融仲介経路へ

表1-1 実証モデルに使用される変数とその記述統計量：1992

	Mean	Std. Dev.	Obs. No.		Mean	Std. Dev.	Obs. No.
従属変数				従属変数			
売掛ストック／総資産[1]	0.070	0.136	305	買掛ストック／総資産[2]	0.085	0.112	305
独立変数				独立変数			
経営目的				A．企業間信用を受信できる条件			
売上成長率	0.603	2.388	305	A-(1) 政治力			
粗利潤／総資産	0.008	0.081	305	都市レベル政府ダミー	0.316	0.456	305
内部資金				85年以前設立ダミー	0.802	0.390	305
留保利潤／総資産	0.003	0.042	305	従業員数（人）	234.643	312.194	305
減価償却基金／総資産	0.512	0.265	305	A-(2) 企業の信用格付け			
流動資産／総資産	0.533	0.208	305	粗利潤／総資産	0.008	0.081	305
現金・原材料／流動資産	0.671	0.244	305	純利潤／総資産	-0.002	0.072	305
流動比率	1.862	11.630	305	A-(3) 銀行から企業への評判			
外部資金へのアクセス				短期銀行借款／総資産	0.375	0.266	305
短期銀行借款／総資産	0.375	0.266	305	長期銀行借款／総資産	0.265	0.363	305
長期銀行借款／総資産	0.265	0.363	305	B．企業間信用を受信することを需要する企業間信用与信			
買掛ストック／総資産	0.085	0.112	305	B-(1) その企業自身の顧客に対する企業間信用与信			
				売掛ストック／総資産	0.070	0.136	305
				B-(2) 内部資金不足			
				留保利潤／総資産	0.003	0.042	305
				賃金支払総額／付加価値額	0.487	0.315	305
				減価償却／総資産	0.036	0.051	305
				B-(3) 投資機会			
				過去7年間の平均売上成長率	0.145	0.205	305
				過去7年間の固定資産成長率	0.139	0.151	305
				B-(4) 代替的外部資金源の利用可能性（の少なさ）			
				（短期銀行借款／総資産）			
				（長期銀行借款／総資産）			
				国有資本／資産	0.200	0.141	305

[1] 全観察数のうち24.1%が売掛ストック／総資産＝0である。
[2] 全観察数のうち28.8%が買掛ストック／総資産＝0である。

表1-1（続き1） 実証モデルに使用される変数とその記述統計量：1993

売掛変数	Mean	Std. Dev.	Obs. No.	買掛変数	Mean	Std. Dev.	Obs. No.
従属変数				従属変数			
売掛ストック／総資産[3]	0.099	0.122	305	買掛ストック／総資産[4]	0.113	0.127	305
独立変数				独立変数			
(1) 経営目的				A. 企業間信用を受信できる条件			
売上成長率	1.324	10.017	305	A-(1) 政治力			
粗利潤／総資産	−0.020	0.105	305	都市レベル政府ダミー	0.164	0.371	305
(2) 内部資金				85年以前設立ダミー	0.852	0.355	305
留保利潤／総資産	0.008	0.088	305	従業員数（人）	248.256	325.031	305
減価償却基金／総資産	0.492	0.234	305	A-(2) 企業の信用格付け			
流動資産／総資産	0.617	0.166	305	粗利潤／総資産	−0.020	0.105	305
現金・原材料／流動資産	0.774	0.275	305	純利潤／総資産	−0.026	0.101	305
流動比率	1.834	10.132	305	A-(3) 銀行から企業への評判			
(3) 外部資金へのアクセス				銀行借款／総資産	0.669	0.311	305
銀行借款／総資産	0.669	0.311	305	B. 企業間信用を受信することを需要する条件			
買掛ストック／総資産	0.113	0.127	305	B-(1) その企業自身の顧客に対する企業間信用与信			
				売掛ストック／総資産	0.099	0.122	305
				B-(2) 内部資金不足			
				留保利潤／総資産	0.008	0.088	305
				賃金支払総額／付加価値額	0.519	0.340	305
				減価償却／総資産	0.032	0.601	305
				B-(3) 投資機会			
				過去7年間の平均売上成長率	0.152	0.178	305
				過去7年間の固定資産成長率	0.125	0.115	305
				B-(4) 代替的外部資金源の利用可能性（のなさ）			
				（銀行借款／総資産）			
				固有資本／総資産	0.181	0.201	305

[3] 全観察数のうち22.5％が売掛ストック／総資産＝0である。
[4] 全観察数のうち27.2％が買掛ストック／総資産＝0である。

第Ⅰ部 社会的問題から健全な金融仲介経路へ

表1-1 (続き2) 実証モデルに使用される変数とその記述統計量：1994

売掛ストック	Mean	Std. Dev.	Obs. No.	買掛ストック	Mean	Std. Dev.	Obs. No.
従属変数				従属変数			
売掛ストック/総資産[5]	0.143	0.106	305	買掛ストック/総資産[6]	0.166	0.139	305
独立変数				独立変数			
(1) 経営目的				A. 企業間信用を受信できる条件			
売上成長率	0.980	3.322	305	A-(1) 政治力			
粗利潤/総資産	0.031	0.092	305	都市レベル政府ダミー	0.215	0.411	305
(2) 内部資金				85年以前設立ダミー	0.830	0.376	305
留保利潤/総資産	0.021	0.060	305	従業員数 (人)	261.083	301.201	305
減価償却基金/総資産	0.489	0.250	305	A-(2) 企業の信用格付け	0.031	0.092	305
流動資産/総資産	0.589	0.213	305	純利潤/総資産	0.009	0.082	305
現金・原材料/流動資産	0.792	0.254	305	A-(3) 銀行から企業への評判			
流動比率	1.665	8.116	305	銀行借款/総資産	0.640	0.404	305
(3) 外部資金へのアクセス				B. 企業間信用を受信することを需要する条件			
銀行借款/総資産	0.640	0.404	305	B-(1) その企業自身の顧客に対する企業間信用与信			
買掛ストック/総資産	0.166	0.139	305	売掛ストック/総資産	0.143	0.106	305
				B-(2) 内部資金不足			
				留保利潤/総資産	0.021	0.060	305
				賃金支払総額/付加価値額	0.528	0.331	305
				減価償却/総資産	0.029	0.457	305
				B-(3) 投資機会			
				過去7年間の平均売上成長率	0.147	0.151	305
				過去7年間の固定資産成長率	0.119	0.126	305
				B-(4) 代替的外部資金源の利用可能性 (の少なさ)			
				(銀行借款/総資産)			
				国有資本/総資産	0.147	0.150	305

[5] 全観察数のうち 20.5％が売掛ストック/総資産＝0 である。
[6] 全観察数のうち 24.7％が買掛ストック/総資産＝0 である。

部資金不足），である。年ダミーを定数へも付けるのは，企業間信用に関わる企業行動に影響を与えるかもしれない時間固有の要因—例えば経済の好不況のような—をコントロールするためである。

　第二に，独立変数の内生性に対処する必要がある。2つの方法でそれを行う。1つめの方法は操作変数（IV）を使用することである，2つめの方法は内生である可能性が高い変数を除去した推定を行うことである。内生性が疑われている変数は，売掛ストック決定要因モデル（売掛ストック／総資産モデル）における売上成長率，粗利潤／総資産，買掛ストック／総資産，買掛ストック決定要因モデル（買掛ストック／総資産モデル）における粗利潤／総資産，純利潤／総資産，売掛ストック／総資産である。

　第三に，我々はパネル Tobit 推定も使用する。これにおいても IV の使用と内生変数除去の2つの方法で内生性問題への対処を行う。パネル Tobit 使用の理由は，本章のデータにおいて従属変数（売掛ストック／総資産と買掛ストック／総資産）の相当割合が0の値をとっているためである。具体的には，売掛ストック／総資産が0値をとっている標本の割合は，1992，93，94年のそれぞれにおいて 24.1％，22.3％，20.5％である。同じく，買掛ストック／総資産が0値をとっている標本の割合は，1992，93，94年のそれぞれにおいて 28.8％，27.2％，24.7％である（表1の脚注1～6参照：本章のデータは明らかに0値で切断されている）。

　下では4種類の推定結果が示される：(1) IV 使用のパネル推定，(2) 内生変数を除去したパネル推定，(3) IV を使用したパネル Tobit 推定，(4) 内生変数を除去したパネル Tobit 推定。

　使用される操作変数は次のとおりである。売掛ストック決定要因モデル（売掛ストック／総資産モデル）においては，売上成長率，粗利潤／総資産，流動負債／総資産，従属変数（売掛ストック／総資産）の一期ラグ及び二期ラグ変数と売上成長率，粗利潤／総資産，買掛ストック／総資産，減価償却基金／総資産の一期ラグ以外の同モデルのすべての独立変数を操作変数として使用する。買掛ストック決定要因モデル（買掛ストッ

ク／総資産モデル）においては，粗利潤／総資産，純利潤／総資産，流動資産／総資産の一期ラグ及び二期ラグ変数と粗利潤／総資産，純利潤／総資産，売掛ストック／総資産以外の同モデルのすべての独立変数及び減価償却／総資産と従業員数の一期ラグを操作変数として使用する。すべての操作変数は年ダミー（1992-94 年）との交差項の形で使用される。Hausman 検定及び Sargan 検定はこの手続きの妥当性を支持している[12]。

5 推定結果 ── 企業間信用の性質の変化

5.1 基本的結果

表2は売掛ストックモデルの推定結果を，表3は買掛ストックモデルの推定結果を示している。

表1-2及び表1-3に示された推定結果は我々の仮説と概ね整合的である。

表1-2における2つの売掛ストックモデルの買掛ストック／総資産×年ダミー（1992-94 年）の係数推定値は，買掛ストック／総資産（買掛）の売掛ストック／総資産（売掛）に対する説明力が観察期間中増大しつつあったことを示している。しかし，表1-3において売掛ストック／総資産×1992 あるいは×1993 という年ダミーとの交差項は正に有意な係数推定値を持つのに対し，売掛ストック／総資産×1994 年ダミーの

---

[12] Sargan 検定（過剰識別性制約検定）は使用された操作変数の外生性を帰無仮説として確認している。すなわち，Sargan 検定は操作変数が外生であるという帰無仮説を 10％有意水準で棄却しなかった。また，Hausman 検定は内生性が疑われる操作変数が実は外生であるという帰無仮説を 5％水準で棄却している。このように，内生変数を除去するのでなければ，操作変数を使用する必要があることが分かる。

表 1-2 売掛ストックモデルのパネル推定結果[1]

独立変数	パネル推定		パネル Tobit 推定	
	変量効果モデル (IV)	変量効果モデル (内生変数除去)	IV 使用	内生変数除去
定数項	0.026	0.018	0.030	0.038
	(0.777)	(1.041)	(0.711)	(0.798)
1993 年ダミー	0.023**	0.031**	0.021*	0.025*
	(2.702)	(3.547)	(2.377)	(2.143)
1994 年ダミー	0.057**	0.059**	0.026**	0.032**
	(4.935)	(5.613)	(4.738)	(6.260)
(1) 経営目的				
売上成長率×1992 年ダミー	0.020		0.006	
	(1.641)		(1.014)	
売上成長率×1993 年ダミー	0.025**		0.008*	
	(3.215)		(2.506)	
売上成長率×1994 年ダミー	0.028**		0.032**	
	(2.940)		(4.611)	
粗利潤／総資産×1992 年ダミー	0.224		0.111	
	(0.234)		(0.235)	
粗利潤／総資産×1993 年ダミー	0.449		0.434	
	(0.615)		(0.420)	
粗利潤／総資産×1994 年ダミー	0.903		0.371	
	(1.521)		(0.971)	
(2) 内部資金				
留保利潤／総資産×1992 年ダミー	0.116	0.131	0.080	0.053
	(0.875)	(0.811)	(0.696)	(0.572)
留保利潤／総資産×1993 年ダミー	0.210*	0.230**	0.145	0.111
	(2.015)	(2.779)	(1.429)	(1.395)
留保利潤／総資産×1994 年ダミー	0.299**	0.366**	0.295**	0.364**
	(3.008)	(3.980)	(3.919)	(4.792)
減価償却基金／総資産×1992 年ダミー	−0.002	−0.001	0.001	0.001
	(−0.058)	(−0.075)	(0.059)	(0.036)
減価償却基金／総資産×1993 年ダミー	−0.006	−0.006	0.003	0.002
	(−0.142)	(−0.139)	(0.108)	(0.115)
減価償却基金／総資産×1994 年ダミー	0.004	0.004	0.004	0.003
	(0.030)	(0.039)	(0.038)	(0.023)

係数は有意ではない。従って，サプライヤーからの企業間信用受信から顧客への与信という因果関係が強まりつつあったことになる。1992 年時点に関する統計的証拠は三角債の逸話的観察と整合的で，企業間信用与信から受信への因果関係の存在を指し示している。それに対し，1993・94 年に関する計量経済学的観察事実は，三角債問題は消滅しつつあったこと示している。そこでは，因果関係は逆転し，企業間信用受信から与信へという方向で流れていた。

買掛ストックモデルの推定結果を報告する表 1-3 において，都市レ

表 1-2（続き）

独立変数	パネル推定		パネル Tobit 推定	
	変量効果モデル (IV)	変量効果モデル（内生変数除去）	IV 使用	内生変数除去
流動資産／総資産×1992年ダミー	0.027	0.034	0.021	0.015
	(0.846)	(0.707)	(0.599)	(0.560)
流動資産／総資産×1993年ダミー	0.084	0.068	0.086	0.072
	(0.959)	(0.956)	(0.598)	(0.791)
流動資産／総資産×1994年ダミー	0.133	0.143	0.122	0.155
	(1.149)	(1.498)	(1.395)	(1.451)
現金・原材料／流動資産×1992年ダミー	−0.051	−0.040	0.013	−0.009
	(−0.900)	(−0.742)	(1.015)	(−0.182)
現金・原材料／流動資産×1993年ダミー	0.060	0.039*	0.037	0.035
	(1.675)	(2.024)	(1.322)	(1.561)
現金・原材料／流動資産×1994年ダミー	0.112**	0.104**	0.119**	0.161*
	(2.998)	(3.809)	(2.910)	(2.524)
流動比率×1992年ダミー	0.100	0.091	0.105	0.136
	(1.155)	(1.243)	(1.232)	(1.209)
流動比率×1993年ダミー	0.122*	0.092**	0.125**	0.143**
	(2.372)	(2.790)	(3.770)	(5.256)
流動比率×1994年ダミー	0.138**	0.185**	0.028**	0.126**
	(4.016)	(3.266)	(2.737)	(2.805)
(3) 外部資金へのアクセス				
銀行借款／総資産×1992年ダミー	0.008	0.010	0.010	0.008
	(1.136)	(1.541)	(1.011)	(0.751)
銀行借款／総資産×1993年ダミー	0.027**	0.018**	0.019**	0.017*
	(3.914)	(3.886)	(2.624)	(1.973)
銀行借款／総資産×1994年ダミー	0.045**	0.046**	0.022**	0.018**
	(5.355)	(5.245)	(8.492)	(11.688)
買掛ストック／総資産×1992年ダミー	0.023		0.016	
	(0.539)		(0.752)	
買掛ストック／総資産×1993年ダミー	0.081*		0.091**	
	(2.426)		(2.743)	
買掛ストック／総資産×1994年ダミー	0.162**		0.099**	
	(4.062)		(4.187)	
Adj.R^2	0.486	0.339		
p-value of Hausman-test	0.179	0.150		
log of likelihood			180.006	151.379
Obs. No.	915	915	915	915

[1] 係数推定値が報告されている。従属変数は売掛ストック／総資産である。Breush-Pagan 検定は分散均一の帰無仮説を棄却している。そのため，( ) 内に報告されている t 値は White (1980) によって提示された分散不均一の下でも一致性をもつ (heteroscedasticity-consistent) 標準誤差に基づくものである。
* 5%水準で有意。
** 1%水準で有意。

表1-3 買掛ストックモデルのパネル推定結果[1]

独立変数	パネル推定		パネル Tobit 推定	
	変量効果モデル(IV)	変量効果モデル(内生変数除去)	IV 使用	内生変数除去
定数項	0.057	0.042	0.061	0.044
	(1.198)	(1.406)	(0.824)	(0.436)
1993 年ダミー	0.019**	0.028*	0.012**	0.010**
	(3.400)	(2.048)	(5.022)	(3.430)
1994 年ダミー	0.055**	0.054**	0.043**	0.040**
	(6.443)	(8.149)	(7.474)	(4.970)
A. 企業間信用を受信できる条件				
A-(1) 政治力				
都市レベル政府ダミー×1992 年ダミー	0.053*	0.054**	0.032**	0.028**
	(2.499)	(3.632)	(2.620)	(3.225)
都市レベル政府ダミー×1993 年ダミー	0.024*	0.026*	0.016**	0.014**
	(2.053)	(2.225)	(2.763)	(2.924)
都市レベル政府ダミー×1994 年ダミー	0.023	0.032	0.007	0.005
	(0.701)	(0.902)	(0.811)	(0.794)
85 年以前設立ダミー×1992 年ダミー	0.016*	0.017*	0.010**	0.015**
	(2.044)	(2.333)	(2.877)	(2.708)
85 年以前設立ダミー×1993 年ダミー	0.012	0.012	0.007	0.006
	(1.250)	(1.565)	(1.459)	(1.083)
85 年以前設立ダミー×1994 年ダミー	−0.011	−0.009	0.013	0.017
	(−0.537)	(−0.284)	(0.549)	(0.491)
従業員数×1992 年ダミー	0.00	0.00	0.00	0.00
	(1.310)	(1.309)	(1.022)	(1.480)
従業員数×1993 年ダミー	0.00	0.00	0.00	0.00
	(1.122)	(1.661)	(0.651)	(0.378)
従業員数×1994 年ダミー	0.00	0.00	0.00	0.00
	(0.945)	(0.504)	(1.374)	(1.276)
A-(2) 企業の信用格付け				
粗利潤/総資産	0.209**		0.106**	
	(2.605)		(4.074)	
純利潤/総資産	0.511*		0.103	
	(2.364)		(1.627)	
A-(3) 銀行から企業への評判				
銀行借款/総資産	−0.035*	−0.018**	−0.028**	−0.033**
	(−2.317)	(−3.362)	(−2.712)	(−2.978)

ベル政府ダミー×1992 年ダミーの係数推定値はすべてのモデルおいて1％水準で有意である。それが1993年になると都市レベル政府ダミー×1993 年ダミーは5％水準においてのみ有意，都市レベル政府ダミー×1994 年ダミーにいたっては統計的有意性を全く失ってしまっている。同じく，85 年以前設立ダミー×1992 年ダミーが統計的に有意な係数推定値を持つのに対し，85 年以前設立ダミー×1993 年ダミーや85 年以前設立ダミー×1994 年ダミーの係数推定値は有意ではない。これが意

表 1-3（続き）

独立変数	パネル推定		パネル Tobit 推定	
	変量効果モデル (IV)	変量効果モデル（内生変数除去）	IV 使用	内生変数除去
B．企業間信用を受信することを需要する条件				
B-(1) その企業自身の顧客に対する企業間信用与信				
売掛ストック／総資産×1992年ダミー	0.116**		0.139**	
	(3.960)		(2.598)	
売掛ストック／総資産×1993年ダミー	0.099**		0.110*	
	(2.754)		(2.178)	
売掛ストック／総資産×1994年ダミー	0.080		0.062	
	(1.175)		(1.053)	
B-(2) 内部資金不足				
留保利潤／総資産×1992年ダミー	−0.314*	−0.201*	−0.175**	−0.205**
	(−2.448)	(−2.074)	(−3.058)	(−3.790)
留保利潤／総資産×1993年ダミー	−0.250*	−0.373	−0.291*	−0.286
	(−2.509)	(−1.650)	(−2.402)	(−1.322)
留保利潤／総資産×1994年ダミー	−0.137	−0.147	−0.040	−0.047
	(−1.292)	(−1.457)	(−1.867)	(−1.639)
賃金支払総額／付加価値額×1992年ダミー	0.561*	0.560*	0.623**	0.771**
	(2.077)	(2.511)	(2.710)	(2.873)
賃金支払総額／付加価値額×1993年ダミー	0.354	0.339	0.203	0.265
	(1.580)	(0.871)	(1.252)	(1.268)
賃金支払総額／付加価値額×1994年ダミー	0.165	0.155	0.168	0.111
	(0.912)	(0.789)	(1.006)	(1.262)
減価償却／総資産×1992年ダミー	−0.160	−0.081	−0.142	−0.072
	(−0.335)	(−0.346)	(−0.293)	(−0.425)
減価償却／総資産×1993年ダミー	−0.296	−0.269	−0.248	−0.229
	(−0.091)	(−0.066)	(−0.134)	(−0.177)
減価償却／総資産×1994年ダミー	0.188	0.246	0.170	0.149
	(0.421)	(0.432)	(0.658)	(0.748)
B-(3) 投資機会				
過去7年間の平均売上成長率	0.001	0.001	0.001	0.001
	(0.309)	(0.201)	(0.183)	(0.216)
過去7年間の固定資産成長率	0.095**	0.082**	0.024**	0.014**
	(5.200)	(3.311)	(4.100)	(5.883)
B-(4) 代替的外部資金源の利用可能性（の少なさ）				
国有資本／総資産	−0.169**	−0.119**	−0.035**	−0.019**
	(−4.656)	(−5.911)	(−7.294)	(−7.461)
Adj.R^2	0.447	0.338		
p-value of Hausman-test	0.208	0.144		
log of likelihood			95.228	85.733
Obs. No.	915	915	915	915

[1] 係数推定値が報告されている。従属変数は買掛ストック／総資産である。Breush-Pagan 検定は分散均一の帰無仮説を棄却している。そのため，( ) 内に報告されている t 値は White (1980) によって提示された分散不均一の下でも一致性をもつ (heteroscedasticity-consistent) 標準誤差に基づくものである。
* 5%水準で有意。
** 1%水準で有意。

味するのは，政治力が企業間信用受信量に与える正の影響は観察期間中衰退していったということであり，これは中国における企業間信用が社会的に問題のあるものから健全な金融チャネルへと次第に変化していったという我々の仮説と整合的である[13]。

同様に，表1-3において，B-(2)で説明した内部資金不足を引き起こす可能性のある変数のうち留保利潤／総資産と賃金支払総額／付加価値額は期待された符号で有意な係数推定値を持っている[14]。しかし，その説明力は年を追う毎に下落している。これは，初めの段階では制度的要因に起因する内部資金不足により企業は企業間信用受信により資金調達をする必要があったが，三角債が消滅していくにつれ内部資金要因は企業間信用受信量に有意な影響を与えなくなっていく，という我々の期待と整合的である。

最後に，表1-2においてすべての独立変数の1992年ダミーとの交差項が有意な係数を持っていない。これは売掛についての現代的諸理論が1992年段階では有効ではなかったということを意味する。これもまた，企業間信用を与信するサプライヤー企業は自らの取引戦略の一部として自発的に与信を行っていたのではなく，1992年頃までは根強く存在した三角債的状況のなかで顧客の強要によりそうしていたに過ぎない，という我々の期待と整合的である。しかし，1993・94年ダミーとの交差項は以下のような変数において有意な係数推定値を示している：(1) 売上成長率（経営目的）；(2) 留保利潤／総資産，現金・原材料／流動資産，流動比率（内部資金）；(3) 銀行借款／総資産，買掛ストック／総資産（外

---

13) 従業員数の係数が有意ではない点については，この変数の意味づけを再考する必要があるかもしれない。

14) 減価償却／総資産の係数推定値が有意ではない理由は，当時の中国では減価償却は単なる会計上の操作に過ぎず，更新投資のために企業が内部に積み立てておく資金を正確に反映してはいなかったからかもしれない。会計上で報告された減価償却の一部は（企業内の積み立てにまわらず）実際には政府に支払われたりもしていたのである。

部資金アクセス)。1994年ダミーとの交差項のほうが1993年ダミーとのそれよりも強い統計的有意性を持つ傾向もみとめられる。これはサプライ企業が自らの企業間信用をコントロールするように状況が変化していったことを示す計量経済学的証拠である。

5.2 何が企業間信用の性質の変化を引き起こしたのか？

次に我々は何が企業間信用の性質の変化を引き起こしたのかという問題を考察する。

三角債的状況においては，サプライヤー側が企業間信用債権を回収する際に直面する困難あるいは企業間信用与信を提供して貰いにくいという問題は，買い手として大きな市場シェアを持つ顧客企業——買い手独占・寡占企業——の有利な立場から派生していた可能性が高い。これは大型国有企業がそのサプライヤーに企業間信用与信を強要するという逸話的観察と整合的である。そのような有力企業に対する政府の優遇的取り扱いは売り手独占的・売り手寡占的（買い手独占的・買い手寡占的）市場の形成も助長したであろう。

1990年代初期は中国経済においては好況期であった。そこでは新規企業の市場参入が大量に生じ——典型的には新設の農村企業（いわゆる郷鎮企業）——，その結果市場競争は激化した。これは買い手独占・買い手寡占的状況が薄らいでいったことを意味する。そして，市場競争の激化が企業間信用の性質の変化の重要な原因であったのではないかと我々は考える[15)][16)]。

---

15) 企業間信用の性質の変化の原因として我々は様々な候補を考え，計量モデルに入れてその説明力を検証した。その結果，市場の競争性がその他の原因候補と比して圧倒的に強い説明力を持つことを見出した。多重共線性のため，市場の競争性変数とその他の原因変数を1つの計量モデルに同時に入れて推定を行うことはできなかった。

16) また，中国政府は1993年・1994年に三角債問題を解決することを狙いとした

またサプライヤーの立場からみると，市場競争の激化は売り手独占的・売り手独占的状況が薄らいでいったことも意味する。Fisman and Raturi (2004) はサプライヤー（売り手）間の競争と企業間信用与信との関係についての理論的考察を提示している。彼らが述べるところによれば，サプライヤー間の競争は顧客にサプライヤーとの関係を構築し，ホールドアップ問題を軽減し企業間信用を得るために信用を確立しようという動機付けを与える[17]。

当該企業が立地している（地級）市における人口 1 人あたり企業数を本章における市場競争変数と定義する。1990 年代前半，広西省は 10 の市から構成されていた。考察対象時期に残っていた行政的・地理的な市場分断のため，我々は市単位でその市場競争度を計測することにする。

1992，1993，1994 年ダミーとの交差項間で異なる統計的有意性を示した変数について，その変数×人口 1 人あたり企業数（市場競争変数）を実証モデルに導入する。またすべての変数の 1992 年ダミーとの交差項は除去し，1993，1994 年ダミーとの交差項だけを残す。焦点は，問題となっている変数×人口 1 人あたり企業数が有意な影響力を持つか否か，そしてその変数×1993，1994 年ダミーとの交差項の係数推定値がその統計的有意性を失うか否か，にある。

表 1-4 と表 1-5 がその修正実証モデルの推定結果を示している。

表 1-4・表 1-5 双方において問題の変数×人口 1 人あたり企業数は統計的有意性を示している。さらにそれら変数×1993，1994 年ダミーとの交差項の係数推定値は半数以上のケースでその統計的有意性を失っている（表 1-4 の売掛ストックモデルの推定結果においては 6 中の 4 ケース，表 1-5 の買掛ストックモデルの推定結果においては 5 中の 3 ケースでそうである）。表 1-2・表 1-3 で示された，1992，1993，1994 年ダミーとの交

政策的措置を開始したこともよく知られている。本章の分析は，どのような要因がその政策を実効的ならしめたかを明らかにしようとしているとも捉えられる。

17) 彼らの理論的考察はアフリカのデータを用いて得られた彼らの実証的証拠により支持されている。

第Ⅰ部 社会的問題から健全な金融仲介経路へ

表 1-4 買掛ストックモデルのパネル推定結果[1]

独立変数	パネル推定		パネル Tobit 推定	
	変量効果モデル (IV)	変量効果モデル (内生変数除去)	IV 使用	内生変数除去
定数項	0.050 (0.218)	0.061 (0.286)	0.038 (0.210)	0.041 (0.247)
1993 年ダミー	0.025* (2.467)	0.027** (2.871)	0.006** (2.999)	0.007* (1.985)
1994 年ダミー	0.050** (3.814)	0.067** (3.858)	0.052** (3.433)	0.063* (2.207)
(1) 経営目的				
売上成長率	−0.016 (−1.522)		−0.015* (−2.030)	
売上成長率×人口1人あたり企業数	3.013** (7.050)		2.054** (4.799)	
売上成長率×1993 年ダミー	0.007 (1.004)		0.003 (1.081)	
売上成長率×1994 年ダミー	0.008 (1.451)		0.007 (1.910)	
粗利潤／総資産	0.367 (0.415)		0.353 (0.494)	
粗利潤／総資産×1993 年ダミー	0.130 (0.098)		0.154 (0.125)	
粗利潤／総資産×1994 年ダミー	0.544 (0.949)		0.376 (1.151)	
(2) 内部資金				
留保利潤／総資産	−0.128* (−1.996)	−0.078** (−2.988)	−0.041** (−2.747)	−0.052** (−3.500)
留保利潤／総資産×人口1人あたり企業数	2.599** (3.774)	2.396* (2.434)	1.161** (4.715)	1.483** (5.278)
留保利潤／総資産×1993 年ダミー	0.053 (1.001)	0.033 (0.903)	0.033 (1.265)	0.043 (1.631)
留保利潤／総資産×1994 年ダミー	0.119 (1.287)	0.163 (1.876)	0.033 (1.217)	0.042 (1.121)
減価償却基金／総資産	0.003 (0.141)	0.002 (0.156)	0.002 (0.087)	−0.003 (−0.066)
減価償却基金／総資産×1993 年ダミー	−0.008 (−0.978)	−0.011 (−1.278)	−0.004 (−1.534)	−0.004 (−1.196)
減価償却基金／総資産×1994 年ダミー	0.001 (0.162)	0.001 (0.168)	0.001 (0.113)	−0.000 (−0.079)
流動資産／総資産	−0.040 (−1.530)	−0.046 (−1.436)	−0.020 (−1.012)	−0.017 (−0.895)
流動資産／総資産×1993 年ダミー	0.055 (0.328)	0.054 (0.425)	0.039 (0.365)	−0.050 (−0.365)
流動資産／総資産×1994 年ダミー	0.081 (1.775)	0.117 (1.900)	0.065 (1.576)	0.039 (0.526)

表 1-4（続き）

独立変数	パネル推定 変量効果モデル (IV)	パネル推定 変量効果モデル（内生変数除去）	パネル Tobit 推定 IV 使用	パネル Tobit 推定 内生変数除去
現金・原材料／流動資産	−0.038	−0.035	−0.042	−0.050*
	(−1.692)	(−1.520)	(−1.768)	(−2.150)
現金・原材料／流動資産×人口1人あたり企業数	12.383*	7.308	5.005**	3.847**
	(2.399)	(1.750)	(3.017)	(4.165)
現金・原材料／流動資産×1993年ダミー	0.067*	0.076	0.033**	0.032
	(2.372)	(1.366)	(2.668)	(1.761)
現金・原材料／流動資産×1994年ダミー	0.088*	0.085*	0.044	0.034
	(2.109)	(2.139)	(1.809)	(1.746)
流動比率	−0.043*	−0.059**	−0.023	−0.018
	(−2.144)	(−3.013)	(−1.398)	(−1.034)
流動比率×人口1人あたり企業数	4.260**	3.684**	3.249**	4.077**
	(5.751)	(3.620)	(8.087)	(6.938)
流動比率×1993年ダミー	−0.005	−0.007	−0.003	−0.004
	(−0.731)	(−0.639)	(−1.095)	(−1.319)
流動比率×1994年ダミー	0.016	0.009	0.009	0.011
	(1.050)	(1.571)	(0.665)	(0.737)
(3) 外部資金へのアクセス				
銀行借款／総資産	−0.003	−0.004	−0.001	−0.001
	(−0.873)	(−1.232)	(−1.307)	(−1.103)
銀行借款／総資産×人口1人あたり企業数	1.904*	1.919*	2.112**	2.359**
	(2.510)	(2.201)	(2.949)	(3.963)
銀行借款／総資産×1993年ダミー	0.010*	0.008	0.004	0.005
	(1.992)	(1.858)	(1.247)	(0.939)
銀行借款／総資産×1994年ダミー	0.025*	0.036*	0.021**	0.025**
	(2.374)	(2.319)	(3.796)	(4.889)
買掛ストック／総資産	−0.019*		−0.013*	
	(−2.340)		(−2.369)	
買掛ストック／総資産×人口1人あたり企業数	21.719**		11.664**	
	(11.388)		(17.265)	
買掛ストック／総資産×1993年ダミー	0.031		0.031	
	(0.776)		(0.739)	
買掛ストック／総資産×1994年ダミー	0.072		0.081	
	(1.350)		(1.026)	
Adj.R^2	0.551	0.438		
p-value of Hausman-test	0.129	0.175		
log of likelihood			241.801	197.104
Obs. No.	915	915	915	915

係数推定値が報告されている。従属変数は売掛ストック／総資産である。Breush-Pagan 検定は分散均一の帰無仮説を棄却している。そのため、（ ）内に報告されている t 値は White (1980) によって提示された分散不均一の下でも一致性をもつ (heteroscedasticity-consistent) 標準誤差に基づくものである。
* 5%水準で有意。
** 1%水準で有意。

表 1-5 買掛ストックモデルのパネル推定結果[1]

独立変数	パネル推定 変量効果モデル (IV)	パネル推定 変量効果モデル (内生変数除去)	パネル Tobit 推定 IV 使用	パネル Tobit 推定 内生変数除去
定数項	0.049 (1.629)	0.026 (1.716)	0.045 (1.123)	0.025 (1.311)
1993 年ダミー	0.026 (1.806)	0.015* (2.489)	0.006 (1.024)	0.006 (0.958)
1994 年ダミー	0.055** (5.090)	0.054** (6.174)	0.049** (5.803)	0.063** (7.206)
A．企業間信用を受信できる条件				
A-(1) 政治力				
都市レベル政府ダミー	0.155** (3.231)	0.105** (3.025)	0.035 (1.875)	0.028 (1.766)
都市レベル政府ダミー×人口1人あたり企業数	−10.262** (−8.645)	−9.946** (−4.760)	−11.884** (−12.953)	−16.712** (−16.847)
都市レベル政府ダミー×1993 年ダミー	0.004 (0.077)	0.004 (0.114)	0.005 (0.059)	0.005 (0.074)
都市レベル政府ダミー×1994 年ダミー	−0.003 (−0.100)	−0.002 (−0.107)	−0.003 (−0.063)	−0.002 (−0.058)
85 年以前設立ダミー	0.045** (5.377)	0.024** (4.641)	0.009** (6.043)	0.006** (5.596)
85 年以前設立ダミー×人口1人あたり企業数	−0.930** (−3.970)	−0.678* (−2.528)	−0.197** (−2.509)	−0.132** (−3.497)
85 年以前設立ダミー×1993 年ダミー	−0.001 (−0.618)	−0.001 (−0.675)	−0.001 (−0.381)	−0.001 (−0.215)
85 年以前設立ダミー×1994 年ダミー	−0.008* (−2.444)	−0.005 (−1.899)	−0.008** (−3.261)	−0.009** (−3.003)
従業員数	0.00 (0.587)	0.00 (0.405)	0.00 (0.947)	0.00 (1.242)
従業員数×1993 年ダミー	0.00 (0.944)	0.00 (1.332)	0.00 (1.439)	0.00 (1.849)
従業員数×1994 年ダミー	0.00 (0.507)	0.00 (0.259)	0.00 (0.313)	0.00 (0.417)
A-(2) 企業の信用格付け				
粗利潤／総資産	0.261** (2.815)		0.267 (1.588)	
純利潤／総資産	0.726 (1.735)		0.591* (2.559)	
A-(3) 銀行から企業への評判				
銀行借款／総資産	−0.035** (−3.456)	−0.018** (−3.647)	−0.023* (−2.364)	−0.012** (−2.846)

差項間での異なる統計的有意性に関しては，そのような時間効果の多くは結局市場競争の激化に帰着可能なのである。中国における企業間信用の性質が先進国経済のそれに近づくように変化していった現象に対して，1990年代前半の市場競争の激化が重要な役割を果たした可能性は極めて高い。

表 1-5（続き）

独立変数	パネル推定 変量効果モデル（IV）	パネル推定 変量効果モデル（内生変数除去）	パネル Tobit 推定 IV 使用	パネル Tobit 推定 内生変数除去
B. 企業間信用を受信することを需要する条件				
B-(1) その企業自身の顧客に対する企業間信用与信				
売掛ストック／総資産	0.195**		0.190**	
	(5.057)		(5.634)	
売掛ストック／総資産×人口 1 人あたり企業数	−7.159**		−4.049**	
	(−9.343)		(−8.270)	
売掛ストック／総資産×1993 年ダミー	−0.013		−0.007	
	(−1.004)		(−0.850)	
売掛ストック／総資産×1994 年ダミー	−0.020		−0.008	
	(−1.385)		(−1.695)	
B-(2) 内部資金不足				
留保利潤／総資産	−0.506**	−0.478**	−0.443*	−0.426**
	(−2.979)	(−3.726)	(−2.326)	(−3.463)
留保利潤／総資産×人口 1 人あたり企業数	14.962*	7.809**	6.742**	9.398
	(2.408)	(3.042)	(2.992)	(1.598)
留保利潤／総資産×1993 年ダミー	0.020	0.018	0.016	0.016
	(1.117)	(1.469)	(1.269)	(1.705)
留保利潤／総資産×1994 年ダミー	0.038*	0.049*	0.034**	0.035**
	(2.225)	(2.355)	(3.306)	(4.307)
賃金支払総額／付加価値額	0.744**	0.841**	0.514*	0.371
	(3.186)	(3.249)	(2.256)	(1.708)
賃金支払総額／付加価値額×人口 1 人あたり企業数	−12.710*	−13.789*	−10.172**	−15.251**
	(−2.351)	(−2.037)	(−2.732)	(−2.977)
賃金支払総額／付加価値額×1993 年ダミー	−0.218	−0.121	−0.148	−0.113
	(−1.299)	(−1.660)	(−1.433)	(−0.801)
賃金支払総額／付加価値額×1994 年ダミー	−0.292	−0.437*	−0.327	−0.322
	(−1.798)	(−1.992)	(−1.108)	(−1.141)
減価償却／総資産	−0.184	−0.147	−0.045	−0.028
	(−0.179)	(−0.239)	(−0.179)	(−0.195)
減価償却／総資産×1993 年ダミー	−0.157	−0.082	−0.109	−0.129
	(−1.271)	(−1.631)	(−0.764)	(−0.613)
減価償却／総資産×1994 年ダミー	0.255	0.300	0.183	0.261
	(1.381)	(1.540)	(1.199)	(1.051)
B-(3) 投資機会				
過去 7 年間の平均売上成長率	0.001	0.001	0.001	0.001
	(0.155)	(0.149)	(0.242)	(0.191)
過去 7 年間の固定資産成長率	0.124**	0.121**	0.097**	0.101**
	(6.677)	(6.933)	(5.084)	(6.319)
B-(4) 代替的外部資金源の利用可能性（の少なさ）				
国有資本／総資産	−0.182*	−0.227	−0.050**	−0.039**
	(−2.499)	(−1.716)	(−4.038)	(−2.936)
Adj.R^2	0.499	0.371		
p-value of Hausman-test	0.275	0.198		
log of likelihood			130.535	114.596
Obs. No.	915	915	915	915

[1] 係数推定値が報告されている。従属変数は買掛ストック／総資産である。Breush-Pagan 検定は分散均一の帰無仮説を棄却している。そのため，（ ）内に報告されている t 値は White (1980) によって提示された分散不均一の下でも一致性をもつ (heteroscedasticity-consistent) 標準誤差に基づくものである。
* 5% 水準で有意。
** 1% 水準で有意。

観察期間において中国全土で市場競争の激化は生じており広西省に限定された事態ではない。従ってこの結論は中国全土に対して普遍化できる。

6　結論 ── 三角債から通常の企業間信用への変化

　本章の実証的な知見は，1990年代前半の中国において企業間信用は社会的な問題としての三角債から既存の企業間信用理論が適用可能なより健全な経済の一機構へと徐々に変化していったという仮説を概ね支持している。本章の計量分析は観察期間の最初の段階で三角債が存在したとする逸話的観察に統計的証拠付けを与えて，それが実在したことを計量経済学的に確認した。そして，より後期になると企業間信用の性質は先進経済のそれに近づくようにシフトしていったのである。

　本章での4つの結論をまとめておこう。

　第一に，我々の計量経済学的証拠によれば，1992年段階では因果関係は，顧客に企業間信用を与信するからサプライヤーからの企業間信用受信をする（必要がある）という方向・ロジックで作られていた。その後この因果関係は逆転しはじめる。そして1994年までには因果関係は完全に逆転し，受信できるから（資金的余裕が生じ）与信できる，に至る。これは三角債問題が消滅していったことを1つの現れであった。

　第二に，観察期間初期の段階では政治力が企業間信用受信量に正の影響を及ぼしたことが確認され，これは三角債問題の存在と整合的な統計的証拠であった。しかしこの政治的要因の影響力は1990年前半の観察期間を通じて減衰していった。

　第三に，初期段階では制度的要因に起因する内部資金不足のため，企業が企業間信用受信を通じての資金調達に走らざるをえないという事態が生じていたが，三角債的状況が解消されてくるにつれ内部資金不足は

企業間信用受信量の重要な決定要因ではなくなっていった。

　第四に，1992年頃には企業間信用与信を行うサプライヤー企業は自らの戦略ツールとして自発的にそれを行うのではなく顧客に強制されてそうしていたに過ぎないということも本章で計量的経済学的に証拠づけられた。しかし後になると企業は自らの企業間信用与信の自己コントロールを行えるようになっていった。

　さらに，その証拠づけは決定的なものとまでは言い難いが，1990年代前半の市場競争の激化が上記の変化を引き起こした主たる原因である可能性は非常に高い。

第Ⅱ部

企業間信用の機能とそのメカニズム
企業調査からの観察事実

第2章 企業金融において企業間信用が担う機能

1 はじめに ── 企業間信用は良好に機能しているか

　本章の目的は，中国の企業間信用について基本的な事実を整理した上で，それが担っている企業金融上の機能をより詳細に明らかにすることである。そのために，我々の企業での聞き取り調査より得られた観察事実に基づき中国企業間信用の機能を3つの側面から考察する。さらに，中国において企業間信用が機能する基礎条件を分析し，そこでは企業での聞き取り調査の成果を活用していく。

　Allen, Qian and Qian (2005) は，中国が貧弱な法制度と正規金融システム（銀行や株式・債券市場）しか持たないにも関わらず，高度成長を実現しているという謎を指摘し，これは「法―金融―経済成長」の観点に対する重大な反証例であるとしている。そして，中国には，うまく機能しない正規金融を代替するオルタナティブな金融チャネルと企業統治メカニズムが存在し，それが高度成長の主役である民営企業部門の成長を支えていることを指摘している。その指摘に呼応する形で様々な先行諸研究が，オルタナティブな金融チャネルとみなされる種々の金融仲介機構（企業間信用，民間金融，ノンバンク金融機関等）が中国において本当に正規金融を代替するように機能しているかどうかの検証を開始している（Cheng and Degryse, 2007; Cull, Xu and Zhu, 2009; Ge and Qiu, 2007; Ayyagari, Demirgüc-Kunt and Maksimovic, 2008; Du et al., 2012）。

中でも Cull, Xu and Zhu (2009) と Ge and Qiu (2007) は企業間信用を明示的に取り上げ，それが中国経済の中で担っている機能を企業レベルマイクロデータを用いた計量分析により明らかにしようとしている[1]。そして彼らは対照的な結論を導いている。Cull, Xu and Zhu (2009) は，主として銀行借款と売掛ストックデータを用いた分析を行っている[2]。その分析の結果彼らは，民営企業の顧客が銀行借款等の正規金融からシャットアウトされているならば，顧客企業にとって企業間信用は代替的な資金調達源となっていた可能性が高いことを見出している。さらに，正規金融から優遇された信用供与を受けている国有企業もまた，その顧客に対して企業間信用を通じて資金を再配分しているという。しかし，国有企業を通過点とした資金の再配分は，国有企業が抱える顧客からの支払い遅延を銀行借款により資金的にカバーした結果生じたものであり，中国経済の資金配分の改善にはあまり寄与していない，としている。そして，企業間信用が中国経済の中で果たす役割の大きさについては懐疑的な結論を提示している。一方 Ge and Qiu (2007) は，銀行借款に加えて企業間信用における与・受信双方の行動を表す売掛・買掛ストックデータを用いた分析を行っている。そこでは，民営企業等の非国有企業が国有企業よりも企業間信用を使用する傾向が強いことが，（受信すなわち買掛データを使用していない）Cull, Xu and Zhu (2009) よりも明示的な形で示されている。また，その非国有企業の企業間信用の使用は資金調達目的であることを支持する統計的証拠も示され，企業間信用は非国

---

[1] Fabbri and Klapper (2008) は，中国の企業間信用をケースにとりつつ，その中国経済中での機能ではなく，それ自体の与信がどのような条件下で行われやすくなるかを実証的に考察している。そして彼らは売り手側の競争が重要であることを見出している。

[2] Cull, Xu and Zhu (2009) や Ge and Qiu (2007) がデータとして使用している売掛・買掛ストックが，手形の受取・振出の形態によるものをも含むかどうかは明確ではない。しかし，その記述統計情報から判断すると手形形態のものも含む可能性が高い。

有部門にとってその成長を支える有力な金融チャネルであるとしている。

上記は 2000 年以降のデータを用いた研究であるが，それ以前のデータや観察事実を用いた研究も，企業間信用が中国経済の中で担う機能について言及している。

Brandt and Li (2003) は，1994-97 年企業レベルマイクロデータを用いた，銀行借款へのアクセスにおける企業間差別及び代替的な資金調達源についての分析を行っている。彼らは，企業間信用の利率の高さや融資期間（サイト）の短さ等から，企業間信用が銀行借款に完全に代替するものであるという点については否定的だが，銀行借款において差別された民営企業が企業間信用に強く依存するようになっている傾向を見出している。企業間信用に関する彼らの分析は主として記述統計的証拠と簡単な回帰分析によっている。Garnaut et al. (2001) もまた，1990 年代中国民営企業の記述統計的証拠あるいは質的観察事実によりつつ，企業間信用がその資金調達問題を解決するための 1 つの手段となっていることを指摘している。

中国語文献においても，劉 (2001, p. 70) が提示した企業規模別資金調達源に関する記述統計的証拠は同様に，銀行融資難に直面しがちな中小企業は資金調達において企業間信用に依存している傾向を指し示している。

邦文文献でも，陳 (2007) は，私営・個人企業間で授受される代金支払いの猶予として定義された企業間信用は，主に国有企業間に存在する慢性的な遅延債権を指す三角債とは異なるものであるとしている。そして企業間信用には民間金融との代替関係があり，企業の短期資金の有効な調達手段となりうると論じている。

本章は，このような中国経済における企業間信用の機能について，独自の企業聞き取り調査を中心として得られた観察事実により再検証している。そしてその分析結果は，各先行研究が言及している，中国経済の中で企業間信用が良好に機能しているという観察事実や結論を基本的に

サポートするものである。しかし本章はそれに留まらず，企業間信用が中国経済の中で担っている機能を，先行研究よりさらに詳細な水準で解明することを試みている。具体的には以下のとおりである。

　第一に，企業間信用における与受信間の関係の解明を通じて，そこでの企業の与信行為の能動性の有無についての証拠と議論を提供している。これはかつて中国における企業間信用の否定的な表れとして指摘された三角債的状況が消滅しているかどうかについての明確な回答を与える。上記のように三角債的状況の消滅それ自体を示唆あるいは分析の前提とする先行研究はあるが，明確な分析枠組みと実証的証拠の提示を伴ったものではない。本章は，与受信間関係と与信行為における能動性という枠組みを用いてこの点の克服に挑戦している。これは第１章の試みを補強するものである。

　第二に，銀行借款と企業間信用の「代替性」についての実証的証拠を伴った検証を行っている。幾つかの先行研究が，中国において企業間信用が銀行借款を「代替」する現象や可能性を指摘している[3]。しかし，それらにおいては「代替」あるいは「代替性」の定義が明確ではなく，さらに中国経済から得られた実証的証拠に基づいた議論がなされていない。そこで本章は，議論のミスリードを回避するため「代替性」の内容を再検討・定義し，それを前提として中国における直接の観察事実に基づく検証を行う。これにより，銀行借款と企業間信用の「代替性」に関するより明確で堅固な展望が得られる。

　第三に，企業間信用が短期資金のみならず間接的には長期資金までをもファイナンスする可能性の検証を行う[4]。従来，先行研究では先験的に企業間信用は投資用の長期資金源とはなり得ない，とされてきた。しかし，借換頻度の高さを特徴とする中国の企業間信用では，このような

---

3) Brandt and Li (2003), Ge and Qiu (2007), Cull, Xu and Zhu (2009) が明示的な議論を行っている。
4) この問題に関しては Brandt and Li (2003) の議論が明示的である。

第 2 章 企業金融において企業間信用が担う機能

先験的な議論は現状に対する誤った理解を導く可能性がある。そこで本章ではこの可能性に関する実証的な検証を行うことにする。

以上の 3 点が本章の主要な貢献といえる。

さらに，中国で企業間信用が機能するため基礎条件の 1 つとして，企業間信用を通じる金融仲介は，借り手企業間比較において業績良好な企業により多くの与信を行えているかどうかの検証も行っている。このような中国企業間信用が機能する基礎条件の実証的検証までを行っている点も本章の独自性といえよう。

以下，2 節において公刊データブックから把握できるか先行研究によりすでに指摘されている基本的な事実を整理し，その後の分析の基礎を確認する。3 節は，江蘇省南部を対象とした企業聞き取り調査（以下，蘇南企業調査）の手続き面における概要を紹介する。そして 4 節では中国における企業間信用の機能について本章で検証すべき仮説を提示し，5 節において蘇南企業調査の結果を中心として 4 節で提示された仮説の検証を行う。最後に 6 節で結論が提示される。

2 基本的事実の確認

ここでは中国の企業間信用について，公刊データブックから把握できる統計的事実，先行研究によりすでに指摘され知られている事実を確認し，本章が行うべき分析の基礎を整理する。これらの基礎的事実の多くは，蘇南企業調査でも再確認されている。具体的には以下の 4 点である。

(a) 企業間信用の使用は，非国有企業と経済的先進地域で盛んである —— マクロ統計による把握

まず 2004 年中国経済普査（センサス）を利用した表 2-1，表 2-2 をみてみよう。表 2-1 によると，国有企業の買掛ストック／総資産・売掛

第Ⅱ部　企業間信用の機能とそのメカニズム

表 2-1　工業部門における企業部門別企業間信用依存度

(単位：％)

	買掛ストック ／総資産	売掛ストック ／総資産	買掛ストック ／流動資産
全国	11.80	10.72	26.16
内資企業	9.28	8.54	22.27
国有企業	6.98	5.04	22.09
中央企業	6.14	3.54	23.16
地方企業	8.10	7.04	21.10
集体企業	13.08	15.06	23.13
株式合作企業	12.39	17.63	21.86
聯営企業	8.21	8.35	21.23
国有聯営企業	6.12	5.42	19.51
集体聯営企業	13.92	15.31	25.17
国有与集体聯営企業	12.21	14.87	23.41
其他聯営企業	13.53	15.17	22.31
有限責任公司	9.21	7.97	21.85
国有独資公司	7.32	4.63	19.99
其他有限責任公司	10.14	9.61	22.59
株式有限公司	8.48	7.62	20.46
私営企業	13.56	15.25	24.60
私営独資企業	14.72	17.13	27.35
私営合作企業	13.80	16.61	25.79
私営有限責任公司	13.65	15.23	24.48
私営株式有限公司	10.28	11.59	20.41
其他企業	13.36	11.57	29.75
香港・澳門・台湾投資企業	18.30	16.26	33.33
合資経営企業	13.43	13.27	24.78
合作経営企業	16.95	14.35	33.01
独資経営企業	25.02	20.86	42.81
香・澳・台投資株式有限企業	7.68	7.75	19.21
外商投資企業	19.50	17.41	35.37
中外合資経営企業	15.89	14.99	28.20
中外合作経営企業	13.47	13.25	28.70
外資企業	26.41	22.04	45.99
外商投資株式有限企業	6.92	9.03	17.77

(出所)『中国経済普査年鑑』2004年。

表 2-2　工業部門における地域別企業間信用依存度

(単位：％)

	買掛ストック／総資産	売掛ストック／総資産
全　国	11.80	10.72
北京	7.14	6.42
天津	12.62	12.40
河北	10.16	7.41
山西	9.38	6.47
内蒙古	7.28	5.83
遼寧	10.06	9.06
吉林	11.15	7.97
黒竜江	8.87	7.25
上海	15.40	14.90
江蘇	15.84	15.68
浙江	11.09	13.99
安徽	9.40	8.98
福建	12.46	13.46
江西	8.49	6.89
山東	9.77	8.14
河南	9.25	8.32
湖北	8.30	7.08
湖南	9.11	8.37
広東	20.31	16.51
広西	9.87	7.99
海南	8.07	7.39
重慶	11.28	9.81
四川	8.05	7.98
貴州	8.17	7.25
雲南	6.17	4.92
西蔵	2.80	5.65
陝西	9.83	8.58
甘粛	10.10	7.03
青海	7.66	5.00
寧夏	8.78	7.31
新疆	9.42	5.09

(出所)『中国経済普査年鑑』2004 年。

ストック／総資産比率は，それぞれ6.98％・5.04％であるのに対して，非国有企業中「私営企業」（蘇南企業調査の対象である民営企業の範囲と必ずしも一致しない）のそれぞれの比率は，13.56％・15.25％と明らかに前者より高い。また，沿海地域と内陸地域を比較すると（表2-2），経済的先進地域である沿海地域において企業間信用の使用がより盛んであることが分かる[5)6)]。従って，我々の蘇南地域における民営企業調査は，企業間信用取引が最も盛んな部分を対象とした調査ということになる。

(b) 業種毎の支払い方式慣習が明確にあるケースが頻繁にみられる

主として代金支払いのタイミングに関して，各業界毎の慣習が確立されているケースが多々ある。例えば，機械工業（重工業）を取り上げてみると，前払金・製品納入時の支払・通常の買掛・長期の買掛という分割払いが通常使用されており，それらの比率も各業種毎に（3：3：3：1や1：2：6：1のように）決まっていることが多い。機械工業（重工業）の場合，その取引の特徴として発注から製品完成，発送まで時間がかかるという技術的特徴がある。そのため，売り手は前払金を要求し，この前払金で原材料を購入するという習慣があると同時に，納入品の保証金として売り手が長期の売掛部分を一定割合設定する。

---

5) より明確な指標として，各省の買掛ストック／総資産と一人当たり工業総生産額の相関係数，あるいは売掛ストック／総資産と一人当たり工業総生産額の相関係数を計測してみると，いずれにおいても0.6以上の相関係数が観察される。また経済センサス年以外の年において省レベルでアグリゲイトされた工業企業財務データを提供している『中国工業経済統計年鑑』を使用すれば，売掛ストックの情報だけではあるが，より近年の情報が得られる。それによっても，各省の売掛ストック／総資産と一人当たり工業総生産額の間にはほぼ同様の関係が観察される。

6) 沿海地域において非国有部門の発展がより進んでいるため，表2-1と表2-2に示された観察事実はある程度関連しているが，例えば「私営企業」部門に観察対象を限定しても，当該部門の企業間信用の使用が，内陸地域より沿海地域で活発であることも付言しておきたい。

(c) 企業間信用ではロールオーバー(信用の回転,借換)の可能性が高い

 1回の取引での売掛・買掛期間は短期であるが,そのような信用取引すなわち企業間信用与受信を伴う取引は同じ企業間で継続的に行われるため,結果的に企業間信用与受信のロールオーバーが発生しやすい。その究極的形態は,「滚动 (gundong)」と呼ばれる半永久固定掛金式取引であり,そこでは2社間で取引が継続している限り,売り手は一種の敷金として一定額を買い手に与信し続けなければならない(買い手はその一定額の企業間信用を受信し続けることができる)。

(d) 個別企業の観点からは,企業は自身の売掛(企業間信用与信)を少なく,買掛(企業間信用受信)を多くしたいと考えている

 かつての三角債的状況下で存在したような債務不履行への危惧はそれほど強くないものの,非国有企業,特に民営企業を中心として企業は資金不足感を持っており,可能ならば売掛を少なく買掛を多く,すなわち企業間信用における与信を少なく受信を多くして資金調達を図りたいと考えている。その希望がどこまで達成できるか否かは,企業間での取引における力関係がそれを決定する。取引上立場の強い企業は,売り手としては買い手に対して売掛を拒否でき(キャッシュオンデリバリー,さらには前払を要求できる),買い手としては売り手に対して買掛を要求できる。

 以上4点を基礎としてふまえ,4節以降の分析において本章による中国企業間信用の機能に関する新知見を提示する。それに先立ち3節で蘇南企業調査の概要を紹介する。

3　蘇南企業調査の概要

　我々は，江蘇省無錫市，蘇州市（蘇南地域）において計73社の民営企業調査を行った。地域と企業の所有制類型が特定化されているため，この調査の標本抽出は中国全体からの無作為抽出とはいえない。2節（a）で上述したように，これは企業間信用の使用が最も盛んな地域と企業群を意図して抽出した典型調査である。また，調査対象地が蘇南地域というかつての農村工業・郷鎮企業の一大中心地であることを反映して，調査対象民営企業の95％以上は農村工業企業でもある。勿論それらには集団所有制企業は含まれていない[7]。

　産業毎の相違をコントロールするために，調査企業の業種を当該地区のリーディングセクターである機械工業（産業用機械・部品）と繊維工業に絞った。この2業種は成長産業と斜陽産業の代表とみることもできる。

　調査企業の選定は，(1) 調査対象地における企業規模分布を可能な限り再生すること，(2) 地域的な偏りを回避すること，の2点を方針としてなされている。ただし，規模分布の再生対象として想定されているのは，基本的に年間売上500万元以上のいわゆる「規模以上」企業である。すなわち，調査対象地の「規模以上」企業を母集団として，そこでの規模分布を極力偏りなく再現するように調査企業を選定した。その上で年間売上500万元以下の小規模企業の情報も得るために，幾つかの「規模以下」企業も補足的に調査対象とした。

　この企業調査では企業各社の経営者・幹部に対する聞き取りが行われた。その聞き取りの手順は以下の通りである。

---

[7]　本章における民営企業の定義は，民間資本比率が50％以上であることとしている。ただし，実際には蘇南企業調査における調査企業のほとんどが民間所有比率100％である。

聞き取り全体を懇談の形で行い，流れの中で必要な情報を聞き取る方式を採用した。フォーム・内容を統一した質問表に基づき聞き取りを行い，最終的には各社から共通した一連の項目に関する情報を得られるようにし，そこから取得した情報の数値化も行っている。ただしそれは本質的に口頭で得られた数値情報であるため，作成された数値情報の利用は記述統計的・簡単な推測統計学的分析に留める。

表 2-3 は調査企業の規模分布を従業員数で表している。表 2-3 の大型企業・中型企業・小型企業は「規模以上」企業であり，それら以外の従業員数 49 人以下の企業は売上においても 500 万元に及ばない「規模以下」の企業である。我々の調査企業の大半が立地する無錫市の『無錫統計年鑑』2008 年版[8]によれば，2007 年に大型企業・中型企業・小型企業が市内の「規模以上」工業企業数に占める比率は，それぞれ 1.1％，10.7％, 88.3％である[9]。我々の調査企業において「規模以上」に相当する企業中，大型企業・中型企業・小型企業の企業数比率を算出すると，1.4％，17.4％，81.2％となり，調査対象地における企業規模分布を概ね再生できているといえよう。本章末尾の付表に調査企業一覧が示されている。

調査時期は，2005 年 9 月，2005 年 11 月，2006 年 9 月，2007 年 8〜9 月，2008 年 3 月の計 5 回である。

4 中国企業間信用の機能とその基礎条件 ── 仮説の提示

本節では，まず 4.1 小節において 3 つの側面から，中国の企業間信用

[8) 他の年版（例えば 2007 年版，2009 年版）を用いても概ね同様の数値が得られる。
[9) もう 1 つの調査対象地である蘇州市においても，この分類において類似した数値が得られる。

第Ⅱ部　企業間信用の機能とそのメカニズム

表2-3　調査対象企業の構成[1]

業種 従業員数	機械工業 (社)	繊維工業 (社)	計 (社)	企業数比率[2] (%)	企業数比率[3] (%)	無錫市全体の 企業比率[4] (%)
合　計	42	31	73	100%	—	—
大型企業	1	0	1	1.4%	1.4%	1.1%
内訳：2000人～	1	0	1			
中型企業	7	5	12	16.4%	17.4%	10.7%
内訳：						
1000人～1999人	1	1	2			
500人～999人	3	1	4			
300人～499人	3	3	6			
小型企業	32	24	56	76.1%	81.2%	88.3%
内訳：						
300人～	10	5	15			
100人～299人	11	12	23			
50人～99人	11	7	18			
規模以下企業	2	2	4	5.5%	—	—
内訳：～49人	2	2				

(出所) 著者作成。
[1] 従業員数により構成を示している。
[2] 全調査企業数に占める当該規模に該当する調査企業数の比率を示す。
[3] (事実上) 規模以下企業を除いた調査企業数に占める当該規模に該当する企業数の比率を示す。
[4] 『無錫統計年鑑』2008年版記載の2007年データに基づく無錫市内の「規模以上」工業企業数に占める各規模企業の比率を示す。

が担っている企業金融上の重要な機能について蘇南企業調査に基づき本章で検証すべき仮説を提示する。さらに4.2小節においては，中国の企業間信用がそのように機能するための基礎条件について蘇南企業調査に基づき本章で検証すべき仮説を提示する。

4.1　中国企業間信用が担う機能

(1) 企業間信用受信の重要性と与受信間の関係

先行研究がすでに見出しているように，企業間信用は民営企業の資金調達にとって大変重要な存在となっている。我々の調査企業も蘇南地域という先進地域の民営企業，中小企業であることより[10]，資金調達において企業間信用受信に強く依存していることが表2-4より分かる。

流動資金の外部調達源の中で，買掛及び手形振出で定義された企業間信用受信を第1位としている企業が，同率1位の回答を含みつつも，機械工業では66.7%，繊維工業では74.2%にも上る[11]（表2-4）。同じく表2-4下方部分より流動資金の全調達源における比率が25%〜40%である企業が最も多く，40%以上を企業間信用に依存する企業も決して少なくはない。また，比較例として流動資金の外部調達源における銀行借款の地位についても表2-4に付加しているが，これらの情報は企業間信用と銀行借款が，流動資金の二大外部調達源であることを示している。

以上は，資金調達面において企業間信用を受信することの重要性に注目した観察結果であるが，企業は企業間信用の受信主体であるのみならず，与信主体でもありうる。ここで，与信主体として企業は能動的に与信行為を行っているのか否かについて検討する必要がある。その理由は

---

10) 調査企業のほとんどが「中型企業」ないしは「小型企業」及びそれ以下の規模の「規模以下」企業に属している。

11) 蘇南企業調査の分析において，「企業間信用」は売掛・買掛＋手形受取・振出という狭義の定義で使用されており，広義の企業間信用の一部をなす前払金の授受は含まれてない。前払金の授受に言及する場合は，別途その旨を明記する。

表 2-4 流動資金調達面における企業間信用受信の重要性

(単位：%)

	機械工業 n=42		繊維工業 n=31	
		cf. 銀行借款[3]		cf. 銀行借款[3]

企業間信用受信の
 a. 資金外部調達源に占める地位：

	機械工業	cf. 銀行借款	繊維工業	cf. 銀行借款
合計	100.0	100.0	100.0	100.0
1位[1]	66.7	71.4	74.2	64.5
2位[2]	23.8	21.4	16.1	25.8
3位以下	7.1	4.8	7.1	7.1
不明	2.4	2.4	n.a.	n.a.

 b. 自己資金を含む全調達源に占める比率：

	機械工業	繊維工業
合計	100.0	100.0
50%～	2.4	6.5
40%～50%	12.2	16.1
25%～40%	53.7	48.4
～25%	26.8	19.4
不明	4.9	9.4

(出所) 企業ヒアリングより著者作成。
[1] 複数1位を含む。
[2] 複数2位を含む。
[3] 銀行借款の資金外部調達源に占める地位についての回答をまとめたものを示す。

以下である。

　かつての中国における企業間信用ではその与信行為がデフォルトの連鎖（三角債）に結果する，という事態が多くみられた。そして当時の中国企業間信用における与信行為は受信企業による支払い遅延の継続結果として捉えられており，与信企業にとっての与信行為は「決して与信したいわけではないが仕方なく」行われた受動的なものであった。

　もし現在の中国での企業間信用与信行為も，かつてのような与信主体にとっては受動的な行為であるならば，中国における企業間信用の量的発達は有効な資金ファイナンス源とはなりえない。従って，現在の中国企業間信用に対して次のような仮説が検証される必要がある。

仮説 1: 与信主体は企業間信用与信を自らの経営目的達成のために能動的に行っている。

仮説1を明確に否定するのは上記の三角債的状況仮説であり，与信主体は取引企業の支払い遅延によりやむなく受動的に与信を行うという結果に陥っている状況が想定される。

(2) 銀行借款と企業間信用の利便性比較

次に，先行研究によっても結論が分かれている，企業間信用は銀行借款と比較して，どの程度使い勝手がよいかという問題を分析してみよう。

Cull, Xu and Zhu (2009) は，企業間信用を通じた民営企業によるその顧客への自発的な資金の再配分が生じていることを支持する観察結果をもって，それら顧客企業にとって企業間信用は「代替的」な資金調達源となっていた可能性が高いとしている。一方，Ge and Qiu (2007) やBrandt and Li (2003) は，企業間信用の利子の高さ，サイト（融資期間）の短さ，財の購買と結びつけられていることによるフレキシビリティの少なさ等を根拠として企業間信用による銀行借款の「代替」可能性については慎重な立場をとっている。

ここで代替性と利便性（使い勝手の良さ）という概念を整理しておく必要がある。先行研究では「代替 (substitute)」という用語が用いられているが，いずれか一方が増えるともう一方は減るという本来の意味での代替関係を，企業間信用と銀行借款の間に見出しているわけではない。先行研究において明らかにされているのは，あくまでも企業間信用が銀行借款と比較してどの程度使い勝手がよいか，ということである。そこで本章では議論のミスリードを避けるために代替性と利便性という概念の間に明確な区分を設ける。すなわち，利便性とは「使い勝手の良さ」の意味であり，代替性という用語は「一方の資金源により資金需要が満たされれば，もう片方の資金源への資金需要が減少する」という狭義の意味で用いる。先行研究が論じているのは，銀行借款との比較における企

業間信用の利便性である。そこで本章も先行研究に倣って中国における企業間信用の利便性の考察を試みる。

ここで注意すべきことは，先行研究の議論を根拠づけているのは中国における直接の観察事実ではないということである。彼らは，アメリカを中心とする先進国における観察事実とそこから導き出された企業間信用に関する一般論，あるいは状況証拠からの推論を提示しているにすぎない。

そこで我々は，中国における企業調査から得られた観察事実に基づき受信企業にとって企業間信用の利便性の考察を行う。そしてその考察は銀行借款との比較という形をとる。ここでの仮説は以下である。

 仮説2: 中国においても企業間信用は，銀行借款に劣らず利便性の高い資金調達源となっている。

(3) 企業間信用による長期資金ファイナンス

企業間信用は，その多くが数週間から長くて数ヶ月程度のサイトで，買い手が代金支払いを猶予されるという，短期的信用授受である。Brandt and Li (2003) は，その与受信期間の短期性のために企業は投資用の長期資金源として企業間信用受信に依存できないし，それは企業間信用が銀行借款を十分に「代替」できない理由の1つとなっている，としている。しかしこの問題に関しては，彼らは企業間信用についての一般的な議論を提示しているのであり，中国において企業間信用がファイナンスしている企業活動についての直接的な証拠に基づいて議論を行っているわけではない。中国では民営企業は銀行借款にアクセスしにくいという状況が従来より指摘されてきており，特に長期資金融資を銀行から受けるのは難しい。このような中，長期資金を需要する民営企業にとって企業間信用がその調達源として補完的な役割を果たしている可能性は十分に考えられる。

そこで，我々は聞き取り調査の結果から企業間信用の利便性を長期資

金源としての側面から分析する。ここでの検証仮説は以下である。

> 仮説3-1: 長期資金ファイナンス源としても企業間信用は機能している。その背景には中国では中小民営企業が銀行融資難に直面しているという状況がある。

長期資金への転用は、そもそも長期資金すなわち投資への需要が企業に存在するかという問題や生産技術に規定された資金回転速度にも影響される可能性が高く、従って業種間に相違があることが予想される。そこで我々は次の仮説も合わせて検証する。

> 仮説3-2: 長期資金ファイナンス源としての企業間信用使用には業種による相違が存在する。

以上の仮説を検証することにより、民営企業をはじめとして、個々の企業にとっての資金調達源として企業間信用が機能していることを明らかにしていく。さらに中国で企業間信用が担っているこのような企業金融上重要な機能の基礎条件となっているものは何かについても明らかにする。

4.2 中国企業間信用が機能するための基礎条件

理論的には様々な候補が考えられるが、ここではその考察の第一歩として借り手企業間比較において業績良好な企業により多くの与信が行われているかを考察する。借り手企業間比較において業績良好な企業により多くの与信が行われることは、企業間信用が上述したように円滑に機能するための必要条件である。もし、企業間信用が「健全」な金融仲介機能を果たしていれば、借り手企業間比較において業績良好な企業に与信が行われる傾向を持つであろう。そこで、この点を明らかにするために、我々はどのような企業に企業間信用を通じる資金が配分されやすいかを検証する。まず蘇南企業調査結果より次の仮説の検証を行う。

仮説4: ビジネス上の優位性をもつ企業に企業間信用を通じて資金が集まる傾向がある。より詳細に言えば，ビジネス上の優位性をもつ企業は企業間信用受信をしやすく，与信をしなくて済む傾向があり，それらからの企業間信用を通じる資金流出が比較的起こりにくくなっている。

5 統計と事例が物語るもの ── 仮説の検証

5.1 中国企業間信用が担う機能

(1) 企業間信用受信の重要性と与受信間の関係

仮説1の検証を行う。

まず，我々の調査企業における，個別企業レベルでの企業間信用与信行動と受信行動の関係をみてみることにしよう。蘇南企業調査において，我々は企業間信用における与信量・受信量の具体的な大きさについての情報を，買掛ストック及び売掛ストックの対総資産比率の形で得ており，それを用いた分析を行う。

表2-5をみると，対角線部分のマス目に入る企業数が多く，企業間信用与信を積極的に行う企業は企業間信用受信も多くなる基本的な傾向があることが分かる。この観察結果だけをみると，「(各企業は) 顧客企業からの代金回収が停滞しており，そのため自分自身も部品・原材料購入元企業への代金支払いを遅延させている」という三角債的状況とも解釈できるが，次に示す観察事実と併せて考えるとその解釈の妥当性は低い。

第一に，企業間信用与信量が多い企業は，多くの場合販売促進戦略として売掛を積極的に使用した結果与信が多くなっているケースが多い。

表2-5　買掛ストック及び売掛ストックの対総資産比率

(単位：社，%)

買掛ストック対総資産比率 \ 売掛ストック対総資産比率	25%～	10%～25%	～10%	不明
25%～	15 (20%)	5 (20%)	2 (0%)	n.a.
10%～25%	9 (22.0%)	21 (23.8%)	5 (40%)	n.a.
～10%	5 (40%)	4 (0.0%)	2 (0.0%)	n.a.
不明	n.a.	n.a.	n.a.	5 (40%)

(出所) 企業ヒアリングより著者作成。
(注) (1) 表中数字はカテゴリ企業数，( ) 内は各カテゴリ内での資金難企業の比率である。
　　(2) ～10%，～25%は，10%未満，25%未満を表す。

　言い換えると，それらの企業は，三角債的状況のように顧客企業からの代金支払いが遅延された結果，受動的に多くの売掛ストックを抱えるようになったのではなく，経営戦略の一環として能動的に売掛を行っているのである。これを確認するための数値情報として，調査企業に各企業における近3年の売上の成長率を聞いている。この売上成長率と売掛ストック対総資産比率の相関係数を計算すると，0.875という高い値が得られる。販売促進のための売掛という状況を示唆する結果である。また，掛け売りによって促進された売上代金の回収には細心の注意が払われており，それが販売促進のための売掛という戦略に実効性を持たせている。

　第二に，売掛ストックと買掛ストックの差額，言い換えるとネットでの企業間信用債権が大きいことは，企業の資金難に必ずしも直結していない。表2-5中各マス目の ( ) 内には，当該カテゴリーに属する企業中で資金難の認識を持つ企業の比率が報告されている。もし，売掛が，代金回収の困難より結果的に生じている一種の困難であるならば，売掛ストックの大きさに見合わない買掛ストックしか持たない（売掛ストック＞買掛ストック），すなわち左斜下側三角部分のカテゴリーに属する企

業は，資金難に陥る可能性が高くなるはずである。しかし，実際には，それらカテゴリーに属する企業の資金難直面率が特に高いわけではない。その理由は，売掛ストック＞買掛ストックとなる企業は，企業間信用受信以外の資金調達源を確保しており，その資金の潤沢さを武器に積極的に売掛を行うことにより売上を成長させているケースが多いからである。

次に，上の2つの観察事実に関わる幾つかの事例をみてみよう[12]。ここでは売掛行為の事例が提示されるため，事例当該企業は売り手の立場で登場にすることになる。

なお本章の事例紹介では，「川上企業」「川下企業」という用語が頻用されるが，川上企業とは事例当該企業に原材料・部品・サービスを販売するヴェンダー企業を指し，川下企業とは事例当該企業からその製品を購入する顧客企業を指す。

事例1　販売促進戦略としての売掛行為
── 事例1a社　事例1b社　事例1c社

事例1a社は機械部品工業に属する鋳造企業である。当該企業は競合する同業他社に先駆けてこの製品の生産を開始し，当地での知名度はすでに高いこともあり，受注件数，新規顧客数も順調に推移している。しかし，当該企業自身は近隣地域[13]での競合相手の増加を受けて製品の販路の確保及びその拡大には戦略的に取り組まなければならないと強く認識している。そのため川下企業への「売り込み」は不可欠で，川下企業の支払いについても販売促進のためにできるだけ売掛を認めている。売掛を認める際相手企業の支払い能力や行動に対するチェックは厳しく行うが，これらに大きな問題がない場合，積極的に売掛を行う。それは，自社製品の売り込みのためには相手企業に代金支払いの面で猶予を与え

---

12) 以下本章のすべての事例における内容は，各社での聞き取りに基づく。
13) ここでは同一鎮並びに隣接する鎮数カ所内程度の地理的範囲を指す。

ることも1つの有効な手段であるためだという。

　事例1b社は事例1a社と同種の製品を生産しているが当地では比較的新しい企業で，現在のオーナー経営者が他所からやって来て操業した企業である。同社は業界内では後発企業であるため，自社の知名度を上げることが当面の課題となっている。そこで事例1b社も自社製品の売り込みのために積極的な売掛を行っており，その理由を「後進企業が市場に参入する際に他社よりも積極的な売掛は不可欠であるため」とする。事例1b社は，製品出荷から実際の支払までの間に販売先に対して同業他社よりも大きな時間的猶予を与えており，売掛が売上に占める比率も高くなっている。

　繊維工業企業も販売促進の一環として企業間信用を積極的に利用している。事例1c社は大衆市場向け衣類メーカーであり，経営年数は比較的長い。同業他社が近隣地域に多数存在しており，新規参入企業も多く市場の淘汰も激しい。そのため当該企業では川下企業との関係は比較的安定しているものの，自社製品の売り込みや顧客の確保のために戦略的な対応をする必要性を強く感じている。その一環として顧客との取引の際には一部の企業に売掛を認めるようにしている。支払いの際，新規取引企業には現金先払いもしくは即金での支払いを求めるのが一般的だが，取引が複数回以上，あるいは2年以上に及ぶ企業には売掛を認めるという。事例1c社はアパレル産業の中でも市場競争の激化のために利潤率が極めて低い分野に属するため，販売先に支払い面での優遇を与えることで他社との差別化を図り，販路を確保している[14]。

　以上の事例は，自社の販売促進，及び厳しい市場競争の中での販売先確保のための一手段として売り手が企業間信用を積極的に利用していることを示している。そして調査企業全体でも，企業間信用をかつての三

---

14) 販売先との関係継続のため売掛を利用するという回答はほぼ全社で得られている。これより多くの企業で販売促進，販売先確保のための売掛利用が行われていることが分かる。

角債として危険視もしくは回避しているところはほとんどない。取引企業個別の信用調査を前提としながら販売促進のための手段として売掛を捉えている企業が圧倒的に多い。

販売戦略の一環として売掛を積極的に認めていくという企業は，その売掛をファイナンスする何らかの資金源を必要とする。実際に上記事例の3社を含む大半の企業において自らの買掛によって得られた資金的余裕をその資金源としている。つまり，企業間信用における与信・受信間には，「自身が買掛を認められることを背景とし，戦略として売掛を行う」という関係が成立している。ただし，少数ではあるが自らの買掛以外の資金源に依存して，販売促進戦略としての売掛を行っている企業もある。

事例2　積極的な売掛を可能にする背景・他の資金ルート確保
　　　── 事例2a社　事例2b社

事例2a社はアパレル産業に属しており，製品の4割程度が輸出向け，6割程度が国内市場向けである。輸出部門では，支払い方法やその期限は一般に国際市場におけるルールと慣習に則って取り決めらており，中国国内市場のように売掛の多寡が販売量や販路の確保に影響を及ぼすことはない。一方国内市場向けの場合，販売促進戦略の一環として新規取引以外は売掛を認めており，取引一件当たりにおいて売掛が代金に占める比重は同業他社のそれよりも大きい。また，長期取引関係を持ち且つ信頼できると判断した相手企業であれば，もし相手企業の資金難等の理由により契約時に設定された期日での売掛金回収が困難な場合，支払期日を遅らせることもあるという。そして事例2a社が同業他社よりも積極的に売掛を行える背景には，海外輸出部門における確実な代金回収による資金確保があることを，事例2a社は認識している。輸出の場合，その代金は貿易信用状（LC）によって支払われ，代金回収は国際規約に基づいて機械的に処理されるため，代金回収における遅延やデフォルトといった問題は基本的に発生しない。輸出部門での確実な資金確保により流動資金運用にある程度の余裕を持つ事例2a社は，国内市場で製品

販売を行う際に売掛を積極的に川下企業に対して行えるのである。

確実な資金ルートを確保しているという点において類似の条件を有するのが事例2b社である。産業用機械メーカーである事例2b社は企業集団に属しているため,流動資金の一時的な不足時には集団内の企業から資金の借入れが可能である。このように企業集団内からの資金ルートが確保されていることにより,流動資金回転に大きな影響を与える売掛が可能となっている。

以上の数値情報と事例研究が示すところをまとめると次のように整理できる。

第一に,ファイナンスされる必要がある様々な企業活動の1つが販売促進活動であり,そのために頻繁に売掛,すなわち企業間信用与信が行われる。その結果,売掛ストックと買掛ストックの間に正の相関関係が観察されることになる。これを別の角度から言い換えると,企業間信用受信以外の資金調達源を潤沢に持つ企業は,企業間信用受信量を超えた与信をすることによる販売促進が可能であり,そのような企業は資金難に直面することなく買掛ストックを超えた売掛ストックを保有することができる。

第二に,企業間信用の内部の因果関係に注目すると,企業間信用受信から与信への因果関係,すなわち「(川上企業から) 借りられるから (川下企業へ) 貸す」が認められる。企業による企業間信用与信の能動性と,資金調達における企業間信用受信の重要性がこの因果性を方向付けているのである。言い換えれば,川下企業の支払い遅延に起因する受動的な与信という仮説は明確に否定される。

以上より,「与信主体は企業間信用与信を自らの経営目的達成のために能動的に行っている」という仮説1が妥当性をもっており,「与信主体は取引企業の支払い遅延によりやむなく受動的に与信を行うという結果に陥っている」という三角債的状況は生じていない。この観察結果は第1章の計量分析を補強するものといえる。

(2) 銀行借款と企業間信用の利便性比較

次に仮説2の検証を行う。

観察事実には，業種間の明確な相違がみられないので業種別の提示はしない。

資金調達源として銀行借款と比較した場合にどちらが企業により優先的に選択されるか（選好における順位）とその理由について尋ねている。

具体的には「もし資金調達源として銀行借款と企業間信用受信の双方が利用可能なら，どちらを優先的に利用したいか」という内容で質問がなされている。これに対する企業の回答を数値的にまとめたものが表2-6である。これによると企業の主観における企業間信用の使い勝手の良さは決して銀行借款に劣るものではなく，中国において企業間信用は銀行借款と同程度に使い勝手の良いと資金源となっているようにみえる。

ただし，表2-6が提示している数値の解釈にはさらに詳細な検討が必要である。我々の調査対象企業のような中国の中小民営企業は慢性的な資金不足感を持っており，そのため潜在的な資金需要は常にあるといえる。従って，企業は突発的な理由により臨時に発生する以外の通常の資金需要については「借りられるものは借りたい」と考えている。言い換えれば，恒常的に回転させていく流動資金の増大による販売規模拡大は常に望まれている状態にある。従って，ここでは銀行借款か企業間信用受信のどちらかを増加させればもう一方は減少させるという，両者間の代替関係はないことには注意してほしい。この点については表2-6の各項目に関するインタビュー内容からより詳細に考察してみよう。

「1. 企業間信用優先」と「3. 銀行借款優先」という回答に対してさらに詳細を尋ねている。「1. 企業間信用優先」と回答した企業のそれについて概括すると「手続きにかかる時間的コストを考えると急に生じた資金需要に対応できないから」企業間信用優先であり，「3. 銀行借款優先」と回答した企業については，「取引先との関係継続を考えると銀行借款の時間的コストを考えても企業間信用に頼ることはできない」という。いずれも「突発的な資金需要に対して銀行借款の手続きにかかる時

第2章　企業金融において企業間信用が担う機能

表2-6　企業間信用受信に見る銀行借款と企業間信用の利便性比較

(n=73, 単位：%)

企業間信用 v.s. 銀行借款では；	
1. 企業間信用優先	30.1
2. 無差別	20.5
3. 銀行借款優先	31.5
4. 不明	17.8
合　計	100.0

(出所) 企業ヒアリングより著者作成。

間的コストと企業間信用受信額の増額を依頼することによる取引企業との関係悪化の可能性」を考慮して回答している。

それに対して「2. 無差別」と回答した企業にその詳細な内容を尋ねたところ「資金需要は常にあるので調達可能であればどちらからでも調達したい」という。流動資金の規模拡大のための資金需要は，企業がビジネスチャンスの到来を認識した場合に発生することが多い。そのため，自社の将来性を高く評価する企業の主観では，この「常にある」すなわち通常の資金需要について上記のような銀行借款や企業間信用利用時のコストがその期待投資収益に対し低く見積もられる。その結果「企業間信用，銀行借款を問わず，受信可能であれば利用したい」と考えるという。

ここで，個別企業に対して2位を尋ねると，1位は「1. 企業間信用優先」や「3. 銀行借款優先」の企業でも2位は「無差別」であったり，1位が「2. 無差別」であった企業は「1. 企業間信用優先」や「3. 銀行借款優先」であることが大多数であった。これらの場も，「1. 企業間信用優先」や「3. 銀行借款優先」は臨時の資金需要を想定しており「2. 無差別」の場合は通常の資金需要が想定されていた。

以上より，資金調達源として企業間信用と銀行借款のいずれかをより利便性の高いものとして認識している場合と，両者は無差別と認識する場合では企業の資金需要の内容が異なっていることが分かる。すなわち，前者の場合は企業は臨時の資金需要への対応を想定しており，後者の場

合は通常の資金需要への対応を想定している。そして臨時の資金需要の充足手段としての企業間信用と銀行借款には，個別企業においては明確な序列が見られるものの，全体としては，「1．企業間信用優先」と回答した企業の比率と「3．銀行借款優先」のそれはほぼ同等である。すなわち，臨時の資金需要の充足手段として企業間信用はその利便性において銀行借款に決して劣っていない。また通常の資金需要の充足手段としての資金調達源としては，企業間信用であれ銀行借款であれ「利用可能であれば利用したい」という意味において，企業間信用であることのデメリットは基本的にないといえよう。

そして通常の資金需要については各企業が置かれた状況のバリエーションは小さく，上記で概括したとおりだが，臨時の資金需要については各企業が置かれた状況のバリエーションは多彩であるので，以下でさらに詳細に事例を述べていく。

なお，本章の以下では事例当該企業は基本的に買い手の立場で登場することになる。

事例3　企業間信用と銀行借款
—— 事例3a社　事例3b社　事例3c社

事例3a社は電気製品の部品生産を行う比較的小規模な企業で，長年にわたり当地で経営を続けている。製品の特性により，川下企業からの受注量は年間を通じて一定ではなく季節性がある。受注量が増え原材料への需要が高まる盛期や売掛をした川下企業からの支払いが遅れた等の場合には，一時的に流動資金が不足気味になることがある。その際には買掛も含む外部資金借入の必要性が生じるが，川上企業からの買掛の増額を依頼することにより対処している。銀行借款よりも川上企業からの買掛が優先される直接の理由は，銀行借款は手続きが複雑である一方，買掛は電話での要請で認められるため手続きにかかるコストはほとんどないためである。このような選択が可能になっている背景として，長期取引を通じて川上企業との信頼関係が構築されていることに当該企業は

言及している。

　事例 3b 社も同様に，手続きにかかるコストを直接の理由として，流動資金不足時には買掛増額を銀行借款に優先させる。産業用機械部品メーカーである事例 3b 社は，広義の同業他社が近隣地域にも複数あるものの，その高い技術力を活かしてスペック製品を生産することにより顧客を確保している。必然的に顧客の細かな要望に対応する必要があり，資金面で多少無理をしても適合する原材料等を時間的・量的に適宜調達しなければならない。そして，この資金回転問題が，ときに当該企業が外部資金借入を行う必要性を生じさせる。この事例 3b 社が買掛により資金不足に対応できる背景にも，事例 3a 社と同様に川上企業との長期取引を通じた信頼関係が確立されていることがある。

　上述の手続きコスト以外に資金不足時に買掛を銀行借款に優先させる理由としては，買掛には利子がつかないこと，要請から受信までの期間が銀行借款に比べて遥かに短いこと，を複数の企業が挙げている。

　このような「企業間信用を優先させる」と回答し実際に買掛による資金調達を実現している大多数の企業の他に一部の企業からは，現実には買掛をすることは困難で銀行借款に依存するしかないが，「もし資金調達源として銀行借款と企業間信用受信の双方が利用可能」という仮定の下ならば買掛を選好するという回答もみられた。これもまた使い勝手の点において企業間信用が銀行借款に並ぶ資金源であることを示唆するものといえよう。

　事例 3c 社は，一般工作機械の部品製造企業であるが同業他社が多く，川上企業に対して弱い立場にあり，川上企業との信頼関係構築もまだ十分ではない。そのため買掛が認められることは通常の取引においても難しく，現状以上の買掛増額を要請すれば当該川下企業から取引を停止される懸念がある。そこで流動資金不足時にも買掛の増額ではなく銀行借款を申請し，実際に借款を獲得するまでは受注を減らす等営業規模を一時的に縮小して資金需要を増やさないようにしながら営業を続けるとい

う[15]。もし買掛増額による迅速な資金調達が可能であれば，このような規模縮小の必要がなくなるのでそれが望ましいと当該企業は考えている。

この事例の他にも，川上企業との信頼関係構築が不十分な現状に言及しながら，実行できていないが可能ならば買掛を銀行借款に優先させたいと回答した企業が数社みられた。また実際に買掛による資金調達ができている事例においても，その背景としてほとんどの企業が，長期取引を通じる川上企業との信頼関係の存在に言及している。資金不足時に買掛を銀行借款に優先して選択できる理由は，川上企業との信頼関係構築がポイントとなっているといえ。

以上より，臨時の資金需要，通常の流動資金規模拡大のための資金需要いずれにおいても，企業間信用は利便性の高い資金源となっており，仮説2「中国においても企業間信用は，銀行借款に劣らず利便性の高い資金調達源となっている」は支持される。

(3) 企業間信用による長期資金ファイナンス

さらに仮説3-1及び仮説3-2の検証を行う。

蘇南企業調査においては，企業間信用受信が日常操業用の短期資金のみならず，投資用の長期資金をファイナンスする事例が無視できない頻度で観察されている。これは，2節の(b)で紹介した，代金分割支払いの中の長期の買掛（例えば3：3：3：1の最後の1）部分が，間接的に投資用長期資金をファイナンスしているというものではない。また，投資時の購入機材等に直接買掛が認められた結果生じているというものでもな

---

15) 民営企業，中小企業に対する銀行の融資態度は依然として厳しいという基本状況は継続しているものの，民営企業でも短期のものであれば以前より銀行融資を受けやすくなってきていることは，調査企業の多くが述べている。これは，短期資金の調達においては，銀行融資が受けにくいため次善の策として買掛という手段をとるのではなく，受信企業が主体的に銀行融資と企業間信用（買掛）のいずれを利用したいか，を選択できるようになりつつあることを示す。

い。あくまでも原材料・部品等の中間投入部分の短期サイト買掛が認められた結果手持ちの現金に余裕が生じ，それが間接的に投資用資金に充当されているのである。2節の (c) で紹介した「滾动」の存在などに象徴される企業間信用におけるロールオーバー（信用の回転，借換）可能性の高さが，短期買掛の借換を生じさせ，この現象の基礎の1つとなっている。幾つかの事例をみてみよう。

事例4　長期資金ファイナンス源としての企業間信用
　　　　── 事例 4a 社　事例 4b 社　事例 4c 社

　事例 4a 社は建設用機械の部品メーカーで，十数年に及ぶ当地での経営と品質の安定性，そして経営者が技術者出身ということで自らが顧客に製品に関するアドバイスをしたり，製品の性能から代金支払いに至るまで多岐にわたる問題について顧客の注文に柔軟に対応したりすることによって，小規模企業ながら順調に売上を拡大してきた。この経営規模拡大に対応するため事例 4a 社は数年前に比較的大規模な設備更新を行った。その際，自己資金だけでは不十分で銀行借款も困難であったため，「滾动」と呼ばれる長期ロールオーバー可能な買掛部分を川上企業から増額してもらい，その結果生じた資金的余裕により設備更新が行えた。

　この事例 4a 社に限らず，買掛ロールオーバーが川上企業によって認められている調査企業中大半の企業において，継続的に受信可能な長期ロールオーバー型買掛の存在は，本来は短期買掛によって得られた資金的余裕を長期資金に充当することを容易にしている。

　事例 4b 社もそのような事例の1つである。新工場建設の際には銀行借款に頼らず，自己資金と買掛金の増額によってその資金を賄った，としている。事例 4b 社は精密機器メーカーで設立年数が 10 数年，1990年代末に民営化を行った私営企業である。企業規模は従業員 300 人程度の中堅企業で，2000 年以降年率 20％程度の売上成長率を維持している。2 年前，この事例 4b 社は新工場建設を計画し，まず銀行借款を打

診したが，銀行から提示された条件は厳しいもので，結局銀行借款をあきらめたという。そのため当初の計画を変更し，まずは自己資金と川上企業による長期ロールオーバー可能な買掛部分の増額によって賄える範囲で工場建設を行った。

事例4a社と事例4b社はいずれも買掛を長期資金に利用した経験を持つが，その経験に対する現在の評価は両者で異なっている。事例4a社は現在でも買掛の長期資金への利用を考えることはあるが，事例4b社は長期投資は企業の長期計画に則ったものなので今後はやはり計画性がある銀行借款によって行いたいという。これらの企業が新規投資を計画したのは2000年代初頭の中国経済がデフレ期にあるときで，当該企業が民営企業であることもあり銀行からの借款は得にくかった。しかしその後デフレ期を脱した中国経済では，企業の資金調達の可能性は当時よりも広がってきている。民営企業であっても事例4b社のように銀行借款の可能性を長期資金について再検討する企業も出てきている[16]。

この他にも，設備等購入予定がある時に銀行借款以外に（長期ロールオーバー型）買掛も資金源として考慮すると回答した企業は少なくない。その理由として各企業が共通して言及したのは銀行借款を受けるのが短期資金の場合よりも大変困難なことである。そのため銀行借款の代替策として買掛を利用しているという。つまり，過渡的な現象かもしれないが，企業間信用は現状での銀行による資金仲介機能の不備を代替する機能を担っていることを示している[17]。

---

[16] 2000年代初頭における長期資金調達ルートとして企業間信用受信を挙げた企業の中でも，現在では出来れば銀行融資を利用したい，とする企業は幾つか見られた。長期資金については短期のそれとは異なり安定性が志向されるようになっている新たな傾向もうかがえる。

[17] ここで，買掛の長期資金への利用が将来的により発展していく傾向を持ったものではないことを付言しておかねばならない。買掛の長期資金への利用に言及した企業は，上述の流動資金不足時の資金調達源として買掛を選択するという回答の際とは異なり，長期資金の場合は「銀行融資が可能ならそちらを利用したい」と述べている。これは，銀行借款を民営・中小企業が容易に利用できるようにな

上記の事例は，買掛（手形振出を含む）という狭義の企業間信用受信による投資資金ファイナンスの事例である。それに加えて広義の企業間信用の一部を構成する川下企業からの前払金（すなわち前受金）にも支えられて投資資金がファイナンスされるケースも少数ながらある。

事例4c社は機械工業に属しており，受注時に原材料購入のために川下企業より前払金を受け取るが，この前払金を長期資金に利用することがある。前払金は原材料購入のために使われるため，他の使途への流用は本来難しいが，事例4c社では新規取引企業には多めの前払金を確実な代金回収のために契約の一環として要求することにしているため，自己資金に余裕が生まれ，これを長期資金として利用することがあった。この他複数社で同様の回答を得た。

企業間信用による長期資金ファイナンスを示唆する上記2つの現象について，表2-7で数値的にまとめられた情報も提供しておこう。情報が不明の企業も多いが，調査全企業中の32.9％で何らかの意味で企業間信用受信による長期資金ファイナンスを経験したという情報が得られている。

事例紹介でも述べたように，この企業間信用受信による長期資金ファイナンスという現象は，かつての90年代後半から2000年代初頭のデフレ期，銀行からの融資難などで民営企業の資金不足が最も深刻であった頃にピークを迎えている。それは企業規模が小さくなるほど顕著であった。理由は銀行借款へのアクセス難と投資（成長）機会が大であるという両面に由来する資金不足である。この点に関しては，統計的証拠として小型企業に対象を限定した数値情報を表2-7で確認しておこう。ここでは業種別の相違がかなり明確であるため業種別の提示をする。

特に機械工業に属する小型企業において，企業間信用受信による長期資金ファイナンスを経験している割合が高い。その理由は明確で，企業

れば，このような買掛の長期資金への利用は次第に減少していくことを示唆している。

第Ⅱ部　企業間信用の機能とそのメカニズム

表 2-7　企業間信用による長期資金ファイナンス

(単位：％)

投資用資金を：	全調査企業	小型企業		大中型企業	
		機械工業	繊維工業	機械工業	繊維工業
	n = 73	n = 32	n = 24	n = 8	n = 5
a.　企業間信用受信により捻出	20.5	28.1	16.7	12.5	0.0
b.　前払金受信により捻出	5.5	12.5	0.0	12.5	0.0
c.　上記 a. b. 両方の経験がある	6.8	12.5	4.2	0.0	0.0
小　計	32.9	53.1	20.8	25.0	0.0
d.　上記 a. b. 両方の経験が無い	41.1	21.9	41.7	25.0	80.0
e.　不明	26.0	25.0	37.5	50.0	20.0
合　計	100.0	100.0	100.0	100.0	100.0

(出所) 企業ヒアリングより著者作成。

規模が小さいことによる銀行借款へのアクセス難に直面しやすい反面，機械工業という成長産業に属しているため投資（成長）機会に恵まれており資金需要が旺盛であったことに起因している。

また，小型企業・大中型企業の区分を問わず，機械工業企業の方が企業間信用受信による長期資金ファイナンスに依存する傾向が強いことが認められる。これは，機械工業の方が繊維工業よりも資金の回転周期が長いという産業の生産技術的特性に起因するものであろう。

以上より，仮説 3-1「長期資金ファイナンス源としても企業間信用は機能している。その背景には，中国では中小民営企業が銀行融資難に直面しているという状況がある。」及び仮説 3-2「長期資金ファイナンス源としての企業間信用使用は業種による相違が存在する」の妥当性が示されたといえよう。

第 2 章　企業金融において企業間信用が担う機能

5.2　中国企業間信用が機能するための基礎条件

最後に仮説 4 を検証する。

仮説 4 の検証にとっては，蘇南企業調査においてビジネス上将来性のある企業に企業間信用を通じた資金が集まる傾向が明確に観察されるか否かが焦点となる。

2 節 (d) で「企業間での取引における力関係が売掛（企業間信用与信），買掛（企業間信用受信）の多少や成否に影響する」ことを紹介したが，その企業間での取引における力関係の強さは，その企業が成長業種に属している・技術や販路の上での強みをもっている等の純粋なビジネス上での優位性に由来しており，政治的な背景や独占力に依存しているケースは一件も観察されなかった。

まず数値情報からみてみよう。ここでは業種間の明確な相違がみられないので業種別の提示はしない。表 2-8 は，聞き取り結果をクロス集計したものである。クロス集計の対象となるデータ項目の内容は，「成長業種に属している，あるいは，技術や販路の上での強みをもっているか」(Y) という質問に対する回答と今 1 つの質問「取引相手に自身への企業間信用与信を要求することに支障はないか」(X1) に対する回答とのクロス，そして同じく「成長業種に属している，あるいは，技術や販路の上での強みをもっているか」(Y) と「販売戦略上，自身が取引相手に企業間信用与信をする必要がある」(X2) に対する回答とのクロス，及び，「成長業種に属している，あるいは，技術や販路の上での強みをもっているか」(Y) に対する回答と受信（買掛ストック）・与信（売掛ストック）規模 (X3) とのクロス，の 3 種類である。表 2-8 によると，「成長業種に属している」あるいは「技術や販路の上での強みをもっている」と認識している企業が「取引相手に自身への企業間信用与信を要求することに支障はない」と回答した率は 19／22 (86％)，それらどちらにも言及しなかった企業が「取引相手に自身への企業間信用与信を要求することに支障はない」と回答した率は 23／51 (45％) である。直感的にも大き

表 2-8 ビジネス上の優位性と売掛（企業間信用与信）必要性の関係・クロス表
Y：成長業種に属している，あるいは，技術や販路の上での強みをもっている
X1：取引相手に自身への企業間信用与信を要求することに支障はない
X2：販売戦略上，自身が取引相手に企業間信用与信をする必要がある
X3：受信（買掛ストック）と与信（売掛ストック）の大きさ
(n = 73)

		X1			X2			X3			
		取引相手への与信要求に支障はない：		計	販売戦略上，取引相手への与信の必要がある：		計	受信＞与信	与信＞受信	受信＝与信 or 不明[(2)]	計
Y 成長業種に属しているか技術・販路で強みを持つ：		YES	YES 以外[(1)]		YES	YES 以外					
	YES	19	3	22	12	10	22	11	5	6 (1)	22
	YES 以外	23	28	51	44	7	51	8	14	29 (4)	51

(出所) 企業ヒアリングより著者作成。
(注) (1) YES「以外」との表記は，否定の意ではなく，調査企業の当該質問に対する回答が，言葉を濁したりエクスキューズを付した回答をするなど，明確な肯定以外のものであったことを表している。
(2)「不明」に該当する数値はカッコ内に記入。

な差があることが分かるが，さらにこの率の差を推測統計学的にテストしてみよう。表 2-8 に示された情報は，一括して抽出された調査企業を 2×2 の要素により分類して作成されているため，上記の率の差のテストは分割表における独立性の χ^2 検定の形式で行われるのが適切であろう[18]。実行してみると，行と列の要素が独立に分布しているという帰無仮説の下で $\chi^2(1)$ に従う検定統計量は 10.71 となり，帰無仮説は有意水準 1% で棄却できる。すなわち件の比率差に統計的な有意性が確認された。ビジネス上の優位性をもつ企業は企業間信用受信をしやすい傾向があることを示唆する結果であろう。買掛とは逆の売掛の方向からの情報をまとめたものも表 2-8 に記載されている。それによると「成長業種に属している」あるいは「技術や販路の上での強みをもっている」

---

18) 事情は以下の 2 種類の差の検定に関しても同様である。

と認識している企業が「販売戦略上，自身が取引相手に企業間信用与信をする必要がある」と回答した率は 12／22 (54%)，それらどちらにも言及しなかった企業が「販売戦略上，自身が取引相手に企業間信用与信をする必要がある」と回答した率は 44／51 (86%) である。この率の差もまた，独立性の χ^2 検定により有意水準 1％で有意である[19]。ビジネス上の優位性をもつ企業は企業間信用与信をしなくて済む傾向がある，すなわちそれらからの企業間信用を通じる資金流出が比較的起こりにくくなっている。

　以上はビジネス上の優位性に関してのみならず，企業間信用与受信についても，それに関しての企業の主観的認識を問うた質問となっている。そこで，次に実際の企業間信用与受信行動を売掛ストック・買掛ストックで計測し，それと企業が認識するビジネス上の優位性の関係を数値的に示しているものを，同じく表 2-8 でみてみよう。「成長業種に属している」あるいは「技術や販路の上での強みをもっている」と認識している企業が「受信＞与信」となる率は 11／22 (50%)，それらどちらにも言及しなかった企業が「受信＞与信」となる率は 8／51 (16%) である。この率の差にも，独立性の χ^2 検定によれば有意水準 1％での有意性がある[20]。これは，ビジネス上の優位性をもつ企業は企業間信用受信が与信よりも大きくなる傾向をあることを示している。以上より，ビジネス上の優位性をもつ企業に企業間信用を通じて資金が集まる傾向があることを示唆する結果である。

　これらの数値情報をより具体的なレベルで把握するために，代表的な事例を以下に挙げてみよう。

---

19) $\chi^2 (1)$ 検定統計量が 8.66 となる。
20) $\chi^2 (1)$ 検定統計量が 9.89 となる。

事例 5　企業間信用受信可能性・与信必要性の理由
　　　── 事例 5a 社　事例 5b 社　事例 5c 社　事例 5d 社　事例 5e 社

　前出の事例 3a 社や事例 3b 社では，手続きコストが安い買掛を資金調達ルートとして優先させる，としていた。このような対処が可能な理由は，すでに述べた川上企業との長期取引を通じた信頼関係を成立させているという以外にも，当該企業が「当該企業は自社製品の技術上の優位性を保持し，他社との製品差別化に成功しているから」という理由も強調して述べられている[21]。

　販路に強みがある場合にも川上企業からの信頼が得られ，買掛が容易になるケースもある。事例 5a 社は，輸出が 80％のアパレル企業である。上述したように輸出部門では国際決済慣習に則って取引が行われるためほとんどの場合確実な代金回収が可能である。これより川上企業が当該企業の資金運転の悪化，さらにデフォルト発生の可能性は低いと判断して買掛を認めるため，事例 5a 社は比較的容易に買掛を川上企業に対して要請できる。そしてこの事例 5a 社が海外市場に大きく販路を展開可能な理由は，海外顧客の頻繁な注文仕様の変化に応じつつ厳しい要求水準に耐えられる品質を維持できる製造技術にあり，技術的な強みの貢献も大きい。事例 5a 社に限らず，繊維工業企業中「技術や販路の上での強みをもっている」との認識を示した企業の多くが，製造技術の優位性に支えられた海外市場へ販路展開をその強みの具体的内容としている。そして，その輸出能力がさらに買掛を容易にし，資金回転問題を緩解しているという点でもかなりの共通性がみられる[22]。

---

21) 詳述すれば，この優位性により両社が市場競争を生き延びるであろうと川上企業から見込まれていること，また，機械部品工業自体も発展の余地が大きいと見られていることが，事例 3a 社や事例 3b 社が買掛を認められる理由である。

22) 別の角度から言い換えると，これは蘇南地域のような中国内の高人件費地域に立地しながらも市場競争を生き延びることに成功しつつある繊維工業企業に共通した経営戦略であるといえるかもしれない。

製造技術上の優位性獲得，製品の差別化に成功していなくても，純粋に販路に関する強みをもって川上企業からの買掛を容易に行えている事例もある。事例 5b 社は，主として国内市場向けに産業用機械部品を製造しているが，市場には競合する他社も多数存在し，その製品も品質やコスト面での優位性をもっているわけではない。しかし，アフターサービス網を全国各地にきめ細かく巡らすことにより既存顧客の確保と新規顧客の獲得に成功し，当該製品市場で有数の地位を築いている。このような企業では，顧客獲得及び確保の成功とそれによる経営実績を強みとして買掛が容易になっている。

また，企業自体に優位性がなくても，将来性のある成長業種に属している場合は，川上企業の信頼を獲得し買掛が容易になるケースもある。

事例 5c 社は，20 年以上当地で経営を続けている機械工業企業である。当地は中国有数の工業地帯であり，その負の側面である環境汚染でも早くから深刻な状況に直面してきた。それを背景に環境保護関連製品産業の重要性に注目をしてきた地域でもある。そして現在中国全土からの環境保護関連製品への需要が増大しており，今後も急成長が期待できる分野であるとみなされている。そのため事例 5c 社は従来の製品の生産と並行して 2 年前より環境保護関連製品の部品の生産を開始している。事例 5c 社の製品は同業他社のそれと比較して特別な付加価値を持ってはいないが，川上企業は事例 5c 社に買掛行為及びその増額を認めている。それは，事例 5c 社が 20 年以上にわたって一定の経営規模と業績を維持していることと，将来性が見込まれる環境分野の製品生産に着手していることで，事例 5c 社の今後の経営も悪化の可能性は低いと川上企業に判断されているためである。

反対に市場における企業自身の強みが特にない場合や業種全体の将来性が見込まれない場合，買掛行為は困難となる傾向が明確に存在する。

事例 5d は繊維工業に属する企業で婦人物衣類を生産しておりほとんどの製品を国内の百貨店や小売店に卸している。販路として輸出も考えているが，海外市場の品質要求水準の厳しさから未だ実現していないた

め，当面は国内市場で生き残ることを目標としている。客観的にみて，低価格以外に販路を得る術をもたない数多くの繊維工業企業の1つである。百貨店等への卸の場合，取引条件は卸企業側に厳しく[23]，商品として並んだ製品のうち最終消費者に販売された分についてのみ代金が支払われ，売れ残りについては代金は支払われない。また，取引先によっては製品を商品として陳列するための場所代を事例5d社が支払わなければならないケースもあるという。事例5d社の製品は，特に他社と差別化されたものではなく市場において特に強みを持たないため，百貨店や小売店との取引条件を自社に有利な内容に変更することはかなり難しい。そしてこのように事例5d社自身が川下企業からの代金回収において厳しい条件に立たされており，当該企業自身の製品等に強い市場競争力が特に認められない場合，川上企業も事例5d社の代金回収状況の悪化とそれによる資金状況の悪化を懸念して買掛を容易には認めない[24]。

　機械部品工業企業の事例5e社でも，同業他社との競争圧力が強く生産規模拡大が困難であること，自社製品の差別化が困難であること，さらに市政府が進める環境保護方針に合致しない等の理由により川上企業から将来性が危惧される企業と判断され買掛は認められにくい。そして現在でも原材料や半製品の川上企業からの提供も一部滞りがちになっているという。

　つまり，買掛行為の可否は当該企業自身の市場における強みの有無や属する業種の将来性等の諸要素をもとに川上企業によって判断されている。そして買掛が認められる企業はそれによって資金回転が容易になっている。反対に市場における企業自身の強みが特にない場合や業種全体の将来性が見込まれない場合，買掛行為は困難となる傾向が明確に存在する。

---

23) このケースでは事例5d社にとって取引条件が厳しいものとなる。
24) 企業自身に特に顕著な将来性が見込まれないと判断される場合や業界全体の慣習が個別企業の経営にとって安定的ではないと見込まれる場合には川上企業による与信は行われにくいことをこの事例は示している。

そして，このようなビジネス上の優位性を持たない企業は，川上企業に買掛を認められにくいだけではなく，川下企業へ売掛を認める必要性にも直面しているが，買掛が困難であることより売掛のため資金源が十分に確保できず，必要性の認識とは反対に実際の売掛額は小規模に留まるケースが多い。それは川下企業への販売におけるアピール力不足に直結する。その結果売掛による販路の確保・開拓をなかなか成功に導くことができず，経営規模拡大の阻害要因となっている。このような企業では，買掛・売掛とも小規模でありつつ，両者を比較した場合売掛規模が買掛規模を上回っているという状況がほとんどである。

このように各社の事例からも，企業間信用を通じて資金はビジネス上の強みを持つ企業に流れ，一方で強みを持たない企業へは回りにくくなっていることが把握できる。

以上より，仮説4「ビジネス上の優位性をもつ企業は企業間信用受信をしやすく，与信をしなくて済む傾向があり，それらからの企業間信用を通じる資金流出が比較的起こりにくくなっている」は支持される。これらは中国企業間信用が機能するための基礎条件の1つとなっているのであろう。

6　結論 ── 諸側面における企業間信用の機能

本章は，蘇南地域における企業調査を中心として得られた観察事実により，中国経済における企業間信用の機能について考察してきた。その結果，中国の企業間信用が良好に機能していることを3つの側面から明らかにした。そして，中国において企業間信用が担っている企業金融上の重要な機能の基礎条件として，どのような企業が企業間信用与信を受けやすいかについての分析も行った。

それらを簡潔に要約すると以下のとおりである。

第一に，調査対象地域においては，与信主体は取引企業の支払い遅延によりやむなく受動的に与信を行うという結果に陥っているという三角債的状況は過去のものとなっており，与信主体は企業間信用与信を自らの経営目的達成のために能動的に行っていることが明らかにされた。すなわち，企業の販売促進活動の戦略的手段として企業間信用与信は行われており，企業間信用受信はこれをファイナンスする重要な資金源の1つとなっているのである。その結果，売掛ストックと買掛ストックの間に正の相関関係が観察される。

　第二に，資金調達源としての企業間信用と銀行借款に対する企業の選好順位とその理由を，統計的及び記述的観察事実として提示した。その結果は，中国において企業間信用は銀行借款に劣らず企業にとって利便性の高い資金源となっていることを示している。

　第三に，企業間信用が長期資金をもファイナンスする事例が無視できない頻度で観察された。この現象は，投資（成長）機会に恵まれて資金需要が旺盛でありながらも，銀行借款へのアクセス難に直面している小規模機械工業企業で特に高い頻度でみられた。

　最後に，企業間信用が機能している背景として，企業間信用受信企業の属性についての分析結果が提示された。すなわち，企業間信用を通じる金融仲介においては，借り手企業間比較において業績良好な企業により多くの受信が行われている。そして，これが中国において企業間信用が担っている企業金融上の機能の重要な基礎条件となっている。

　しかし本章は，企業間信用がなぜ中国経済の中でうまく機能しているのかという点には踏み込めていない。中国において企業間信用が発達・機能するメカニズムについては次章で考察を行う。

表 2-付表　調査企業一覧

No	所在地	業種	調査時期		所有比率	本文中事例との対応
1	蘇州	アパレル	2006 年	9 月	100%	
2	蘇州	紡織	2006 年	9 月	4 人均等	
3	蘇州	アパレル	2006 年	9 月	100%	
4	蘇州	紡織	2006 年	9 月	70%	
5	蘇州	紡織	2006 年	9 月	100%	
6	蘇州	アパレル	2006 年	9 月	100%	事例 2a 社
7	蘇州	アパレル	2006 年	9 月	100%	
8	蘇州	アパレル	2006 年	9 月	100%	
9	蘇州	紡織	2006 年	9 月	33.3%	
10	蘇州	紡織	2006 年	9 月	40%	
11	蘇州	機械部品	2006 年	9 月	4 人均等	
12	無錫	機械設備	2005 年	9 月	100%	
13	無錫	機械設備	2005 年	9 月	51%	
14	無錫	機械設備	2005 年	9 月	100%	事例 3b 社
15	無錫	機械設備	2005 年	9 月	100%	
16	無錫	機械設備	2005 年	9 月	100%	
17	無錫	機械設備	2005 年	9 月	5.5%	
18	無錫	機械設備	2005 年	9 月	70%	
19	無錫	機械設備	2005 年	9 月	100%	
20	無錫	機械設備	2005 年	9 月	40%	
21	無錫	機械設備	2005 年	9 月	50%	
22	無錫	機械設備	2005 年	9 月	100%	
23	無錫	機械部品	2005 年	9 月	100%	事例 1a 社
24	無錫	機械部品	2005 年	9 月	100%	事例 1b 社
25	無錫	機械設備	2005 年	9 月	経営者が最大株主	
26	無錫	機械部品	2005 年	9 月	100%	事例 4a 社
27	無錫	アパレル	2005 年	9 月	60%	
28	無錫	機械設備	2005 年	9 月	60%	
29	無錫	機械設備	2005 年	9 月	45%	
30	無錫	機械部品	2005 年	9 月	100%	
31	無錫	機械部品	2005 年	9 月	100%	
32	無錫	紡織	2005 年	11 月	100%	
33	無錫	紡織	2005 年	11 月	経営者が最大株主	
34	無錫	機械部品	2005 年	11 月	100%	
35	無錫	機械部品	2005 年	11 月	100%	
36	無錫	機械部品	2005 年	11 月	10%	
37	無錫	機械設備	2005 年	11 月	100%	
38	無錫	アパレル	2005 年	11 月	100%	事例 5d 社
39	無錫	アパレル	2005 年	11 月	100%	事例 1c 社

第Ⅱ部　企業間信用の機能とそのメカニズム

40	無錫	アパレル	2005 年	11 月	100%	
41	無錫	機械部品	2005 年	11 月	100%	
42	無錫	機械部品	2005 年	11 月	70%	
43	無錫	機械部品	2005 年	11 月	100%	事例 3c 社
44	無錫	紡織	2005 年	11 月	80%	
45	無錫	紡織	2005 年	11 月	100%	
46	無錫	アパレル	2005 年	11 月	4人の経営者合資	
47	無錫	アパレル	2005 年	11 月	香港企業 65%	
48	無錫	紡織	2005 年	11 月	香港企業，地域内企業	
49	無錫	機械部品	2006 年	9 月	100%	事例 5e 社
50	無錫	紡織	2006 年	9 月	100%	
51	無錫	紡織	2006 年	9 月	100%	
52	無錫	機械設備	2006 年	9 月	100%	事例 4b 社
53	無錫	機械設備	2006 年	9 月	100%	
54	無錫	紡織	2006 年	9 月	100%	
55	無錫	機械設備	2007 年	8 月	上海企業 27%	事例 2b 社
56	無錫	機械設備	2007 年	8 月	外資企業 50%	
57	無錫	アパレル	2007 年	8 月	経営者が最大株主	
58	無錫	機械設備	2007 年	8 月	100%	
59	無錫	機械設備	2007 年	8 月	100%	事例 5c 社
60	無錫	機械設備	2007 年	8 月	100%	事例 4c 社
61	無錫	機械設備	2007 年	9 月	100%	
62	無錫	機械設備	2007 年	9 月	経営者が最大株主	
63	無錫	機械設備	2007 年	9 月	100%	
64	無錫	機械部品	2007 年	9 月	経営者が最大株主	
65	無錫	機械設備	2007 年	9 月	95%	事例 5b 社
66	無錫	機械部品	2007 年	9 月	100%	
67	無錫	機械部品	2007 年	9 月	100%	事例 3a 社
68	無錫	紡織	2008 年	3 月	80%	
69	無錫	紡織	2008 年	3 月	経営者が最大株主	
70	無錫	紡織	2008 年	3 月	50 数%	
71	無錫	アパレル	2008 年	3 月	51%	
72	無錫	アパレル	2008 年	3 月	外資企業 22%	
73	無錫	アパレル	2008 年	3 月	経営者が最大株主	事例 5a 社

(出所) 企業ヒアリングより著者作成。
(注) (1) 所有比率は，パーセンテージのみ記載している場合は経営者の所有比率で且つ経営者が最大株主であることを表す。経営者以外が最大株主の場合には最大株主の特性を記している。
(2) 所有比率が明記されていないところは最大株主の属性もしくは株主構成を記している。

第3章 企業間信用を機能させるメカニズム

1 はじめに —— 企業間信用はいかにして機能するか

　本章の目的は今日の中国において企業間信用を発達させその正常な機能を可能にしているメカニズムを明らかにすることである。先行研究では企業行動や制度といった企業間信用の正常な機能を可能にすると考えられる各要素について，それら各要素の個別的・単一的側面からの考察に取り扱っている。これに対し本章は，これまでの先行研究の成果から導き出される各論点を1つの統一されたストーリーの中で議論展開し，それに基づいて分析・考察する。これにより，中国において企業間信用がうまく機能するために必要な要素とは何かを明らかにする。

　本章での分析を通じて得られた知見は以下のとおりである。第1に，売り手・買い手双方の企業が競争的環境におかれることで特定の企業間関係・取引関係への投資を積極的に行うように動機付けられることが中国の企業間信用を良好に機能させている一条件であることを見出した。売り手企業のみならず，買い手企業が競争的環境に直面することも企業間信用の良好な機能に重要な役割を果たすことを明らかにした点が先行研究に対する貢献といえる。第2に，先行研究がアフリカや東南アジアの低開発経済における企業は取引関係の長期化・固定化により特定の信頼できる取引関係を形成し信用取引を成立させていることを指摘しているのに対し，本章は，中国企業は時間節約のため金銭的コストを関係へ

の投資に使用し,短時間で信用取引を行える企業間関係を形成・維持していくという対照的な知見を提示している。第3に,先行研究はインフォーマルな制度が企業間信用の機能を助けることを見出しているが,本章はそれに加えて,法制度のようなフォーマルな制度も企業間信用の良好な機能を促進しうることを明らかにした。

　以下ではまず2節で本章の問題設定を行った後,3節で先行研究における企業間信用のメカニズムに関する議論を整理・検討することで明らかになった4つのトピックスを挙げる。続いて4節では本章で行う分析のストーリー及びそれに沿って検証すべき作業仮説を提示する。そして5節で作業仮説の検証結果を述べる。最後に6節で結論を提示する。

2　問題設定
—— 企業間信用の正常な機能とそのメカニズムとは何か

　上述のように本章の目的は,企業間信用の正常な機能を可能にする諸要素を探求することである。そこで企業間信用発達の要因に関する先行研究の考察を概観した上で,それらと本章が提示するストーリーとの関連付けを行う。そしてそれに基づき中国における企業間信用発達メカニズムとその正常な機能に対する一貫したストーリーの下での作業仮説を提示し,その上で江蘇省南部を対象とした企業調査に基づく分析を行う。

　ここで,企業間信用の正常な機能,メカニズムについて,本章におけるそれらの意味を述べておく。

　企業間信用が正常に機能するとは,原理論的にはその資金仲介によって経済全体における効率的な資源配分が実現されることを意味する。それは具体的な場面においては以下のようなあらわれ方をする。個別企業レベルにおいては企業間取引に伴う与受信が活発に行われ,さらに与信側企業は合理的な判断に基づき与信を行い,事後的にも与信した資金を

順調に回収できている状態，そして効率的に資金を活用できる企業が企業間信用を通じて受信している状態である。これらの行動を通じて，結果として社会全体での効率的な資金・資源配分が実現される。

そしてメカニズムとは，こうした企業間信用の機能を実現させている具体的なプロセス及びその制度的背景のことをいう。具体的には，個別企業の企業間与受信行動自体並びにそうした行動を起こさせる動機・背景から，インフォーマル・フォーマルな制度に至る一連の要素とその働き方である。

議論の前提として，中国において企業間信用が発達・機能している現状を，関連する研究と公刊データの記述統計より確認しておこう。

第2章において紹介したように，中国において，企業間信用がうまく機能しない正規金融を代替するオルタナティブな金融チャネルとして十分な機能を発揮できているかどうかについては否定的な見解や，極めて限定的な条件の下でそれを認めるものもあり，未だ議論の収束をみていない。しかし，正規金融を完全に代替できているとまではいえないにしても，企業間信用が金融仲介経路として一定程度は有効に機能し，中国経済の成長に貢献していることは確かである。

例えば，数値情報が確認できる1990初期から現在までの時系列を売掛ストック対GDP比について追うと，中国経済の成長の中で企業間信用はそのプレゼンスを高めてきていることが確認できる（図3-1）。また，最近年の経済センサスデータ（2008年）を用いた計測結果によれば，企業間信用の発達度を示す総資産に占める売掛ストックの比率と工業総生産額との間には明確な正相関が観察され，その相関係数は0.8に近い（図3-2）[1]。すなわち，経済的先進地域ほど企業間信用が発達し後進地域では未発達なのである。図2が示すように，発達した企業間信用を持つ地域として，上海，江蘇，浙江，広東，天津といった経済的先進地が名を連ね，逆にチベット，青海のような典型的後進地は企業間信用の発達度に

---

1) 2000年代のいずれの年でも同様の観察結果が得られる。

第Ⅱ部　企業間信用の機能とそのメカニズム

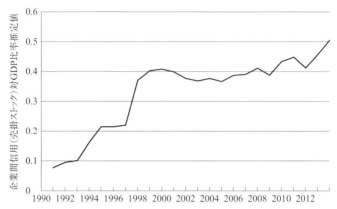

図 3-1　工業部門における企業間信用（売掛ストック）対 GDP 比率推定値

出所：Gao and Schaffer（1998）及び『中国統計摘要』各年版

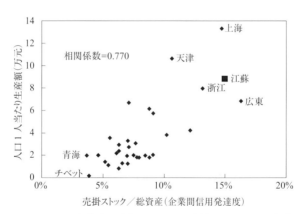

図 3-2　2008 年各省工業部門における売掛ストック／総資産比率と人口一人当たり生産額の相関関係

資料出所：『中国経済普査 2008』

おいても後れを取っている。また我々の中国各地での現地調査の結果によれば，企業間信用の発達は特に民営企業・中小企業の経済活動を通じて各地域の経済発展に無視できない影響を与えている。

　この議論に関する先行研究においても，中国企業間信用の発達が指摘されている。陳 (2007) も，私営・個人企業間で授受される代金支払いの猶予として定義された企業間信用は，主に国有企業間に存在する慢性的な遅延債権を指す三角債とは異なるものであるとしている。そして企業間信用には民間金融との代替関係があり，企業資金の有効な調達手段となりうると指摘する。そして第2章で，江蘇省南部地域おける企業調査から中国民営企業の資金調達源における企業間信用受信の重要性や利便性を考察し，少なくとも先進地域においては企業間信用が金融仲介経路として有効に機能していることを示した。

　しかし第2章は，その機能が正常にはたらくための制度的背景やプロセス，すなわちどのようなメカニズムにより中国企業間信用が有効に機能しているのかにまでは踏み込んでいない。江蘇省南部のように正常に機能しているケースでの中国における企業間信用の実態を，体系的，且つそれ故に先行研究[2]で示される様々な他経済における企業間信用と比較可能な理論的枠組みの中で明らかにするためには，第2章で明らかにされた中国企業間信用の機能の内容に加えて，本章が目的とする中国におけるその正常な機能を可能にするメカニズムの解明が不可欠であると我々は考える。そしてこれは，企業間信用のメカニズムに関連する個別の要素を別々に考察するのではなく，一貫したストーリーの中で解明されなければならない。

---

2)　各国の企業間信用のメカニズムに関する先行諸研究は，次節で詳述する。

3 先行研究の概観 —— 4つの論点

本節では企業間信用の機能やメカニズムに関わって先行研究が論じてきたトピックスを概観・整理していく。この作業を通じて我々は，先行研究の議論は主に4つの論点に大別されること，そしてその議論の対象は企業間信用のメカニズム（企業間信用の正常な機能を生み出すプロセス）を構成しており，その良好な機能にとっていずれも欠くことができないことを示す。そしてそれら4つの論点は，4節において我々が本章で注目する企業間信用のメカニズム・良好な機能の考察のためにより大きな一貫したストーリーの中で統合され，続いて提示される作業仮説の基礎となる。

3.1 売り手側の市場における地位（独占的か競争的か）と企業間信用発達

企業間信用研究の先行研究における重要なトピックとして，なぜ企業間で信用取引が行われるのか，特に売り手の立場から考えたときなぜ売り手は企業間信用の与信を行うかについての考察が続けられてきた。有力な仮説として，(1) 販売促進動機 (Nadiri, 1969)，(2) 販売促進動機説の一バリアントとしての価格差別の手段 (Petersen and Rajan, 1997)，(3) 不安定な需要に対処するための手段 (Long. et al., 1993)，(4) 利子収入目的 (Copeland and Khoury, 1980)，(5) 取引される財の質の確認のため (Smith, 1987; Long. et al., 1993)，(6) 買い手に対する信用調査の手段 (Smith, 1987) の諸説が挙げられる。この与信動機付け問題は，財市場の構造が企業間信用与信促進にもたらす効果と深い関連を持つ。途上国における有力な先行研究である McMillan and Woodruff (1999a) は，ベトナム経済を分析対象として，売り手側に独占性がありそれ故に買い手側

が代替的な売り手を見つけにくい状況が，売り手に企業間信用与信を促進させるとしている。しかし Fisman and Raturi（2004）は，アフリカ経済を対象とした研究において，売り手にとって競争的な市場が企業間信用与受信を促進しているとする統計的証拠を見出しており，本章と同じく中国企業間信用を考察した Fabbri and Klapper（2008）も売り手企業間の競争性が企業間信用与信を促すとしている。

3.2　企業間信用返済保障はどのようになされているか

　企業間信用与受信がなされるためには，債権者の権利保護すなわちその返済が保障されていることが必要である。McMillan and Woodruff（1999a）をはじめとして，途上国の企業間信用を考察した先行研究は，企業間信用債権返済・回収を含む契約執行に関して，与信企業による特定の取引関係への投資を指摘している。この論点に関して前出の Fisman and Raturi（2004）は独創的なアイデアを提示している。すなわち「売り手が競争的環境に置かれていれば，ホールドアップ問題によって買い手の特定の取引関係への投資が妨げられる（discourage される）事態が起こりにくくなる」というものである。しかし Fisman and Raturi（2004）では使用データの制約もあり，この理論的メカニズムに対する直接の検証までは行われていない。

3.3　長期的・固定的な企業間取引関係の有無と企業間信用の発達

　途上国の企業間信用を考察した先行研究は，企業間において長期にわたり固定的に取り結ばれた取引関係が広く観察されることを報告している（McMillan and Woodruff, 1999a; Fafchamps, 1996; Fafchamps, 2004）。ベトナムの例では，新規の取引相手を敬遠し既知の取引相手との交易を継続させたがる傾向，言い換えると関係的契約（relational contract）を志向する傾向が観察されている（McMillan and Woodruff,1999a；McMillan and

Woodruff, 2002)。そして企業間での契約履行保証やその典型例である企業間信用返済保証は，その長期的・固定的取引関係に依存して成立していることが指摘されている。長期的・固定的取引関係が企業間信用与・受信を維持，促進しているのである。しかし，これらの先行研究はベトナムやアフリカといった中国に比してより低開発の経済を対象としたものであることに留意が必要である。

3.4 契約履行保証のためのフォーマル・インフォーマルな制度の機能

　企業間信用債権返済・回収を含む契約執行に関して，政府による公的制度の支援に依存しない自助的な(Self-help；self-helping)行動(McMillan and Woodruff, 2002)の活用とその実効性も重要なトピックである。その実効性は企業間関係への投資コストを引き下げる効果を持つ。中でも特に大きいと思われる売り手，すなわち与信側のコスト（監視費用）が，企業間関係投資への意欲をそぐ水準にまで過大にならないことが企業間信用与・受信の促進にとって重要であろう。McMillan and Woodruff (1999a, 1999b) は，ベトナムにおいては企業間信用債権返済・回収等の契約執行に関して，取引停止の脅し，顧客情報の相互交換，取引関係以外の社会的関係の活用等，自助的な行動が活用されていることを見出している。

　このように，企業間信用の発達や機能に関わり先行研究によりなされてきた議論は以上4つのトピックスに整理できる。この4つのトピックスは，中国の文脈，開発途上国一般の文脈双方において1つのストーリーラインにまとめられ，それに基づき検証すべき作業仮説が次節において提示される。

第3章　企業間信用を機能させるメカニズム

4　分析のストーリー —— 仮説の提示

　本節では分析で検証すべき作業仮説を提示する。これらの作業仮説は，中国における企業間信用の正常な機能を可能にするメカニズムを明らかにするための一連のストーリーを検証するのに必要な各ステップである。そしてそれらの仮説は先行研究が論じてきた各トピックスと対応している。その各トピックスを統合し，仮説の提示・検証としての論考を要請する本章の分析全体のストーリー（分析シナリオ）は，以下のようなものである。
　まず企業間信用が機能する前提としてそれが活発に与受信される必要があり，そのためには与信側である売り手企業は，企業間信用与信に対する積極的な動機を持っていなければならず，我々はそれを明らかにすることを試みる。
　これと同時に，与信側は与信した債権がデフォルトに結果することがないよう，与信前における受信企業に対する事前調査，及び与信後における受信企業の経営状況や返済状況を正確に把握し返済を促す手法を講じることが，企業間信用がよく機能するための条件の1つとなる。そして企業間信用与信側だけでなく受信側も契約履行に対する動機付けを与えられている必要もあろう。
　つまり，企業間信用与受信企業（売り手・買い手企業）間で契約を順守する・させる動機や手段を持っているかということである。こうしてなされる与受信企業間での信用確立は，かつて企業間決済デフォルトの連鎖であるいわゆる三角債が問題視された中国においては，企業間信用が発達し且つよく機能するためにきわめて重要である。
　与受信企業間での信用確立への動機付けが重要であるならば，それが如何なる環境下で醸成されるのかが次に明らかにされなければならない。具体的には，受信企業は忠実な債務返済の履行等コストをかけてで

107

も与信側から自社への信用確立を目指すが，それを受信企業に動機づける環境はどのようなものかということである。

上記は，中国において企業間信用が機能する条件として，与信側・受信側が特定の企業間関係への投資を積極的に行っていることの重要性を示唆しているが，企業間関係への投資は企業に大きなコスト負担をもたらしそれが投資の実現を阻害する可能性がある。この関係投資コストを軽減させるために，関連するフォーマル・インフォーマルな諸制度がどのように貢献しているのかを考察しなければならない。具体的には企業間の情報ネットワーク，及び手形に関する公的制度の整備・発達に注目する。

以下では，このストーリーから設定される本章が目指す中国企業間信用のメカニズム解明において検証が必要となる作業仮説を順次提示していく。

4.1 売り手側の市場における地位と企業間信用発達との関係

まず，与信側である売り手企業の企業間信用与信に対する動機についての仮説を提示する。上述のように，市場構造と企業間信用与信動機の関係に関する考察は，先行研究における重要なトピックであった。本章は中国経済の文脈においてこの問題を考察する。すなわち，中国においては売り手が市場において独占的地位を持つことが企業間信用与信を促進するのか (McMillan and Woodruff, 1999a)，むしろ競争的な環境に置かれることがそれを促進するのか (Fisman and Raturi, 2004; Fabbri and Klapper, 2008) が考察対象となる[3]。

---

3) 第1章及び第2章で我々は，中国の企業間信用においてはすでに三角債的状況はほぼ消滅している，言い換えれば与信側企業は能動的に与信行為を行っていると指摘している。ここでは，この企業間信用与信の能動性が確認されたことを前提として，その能動性を発揮させる環境はどのようなものなのか，ということについて考察を進める。

我々の調査地域では，同一地域に同業他社が多数存在しており，売り手の立場からは企業間競争も激しいものと考えられる。この売り手間競争が買い手に対するアピール手段の1つとして企業間信用与信を促進させる可能性がある。すなわち，売り手としての市場が競争的であることが，中国企業間信用の発達を促進させる可能性に注目する。そこで以下の仮説を提示する。

> 仮説1: 中国において売り手企業が企業間信用与信をする動機は競争的な市場環境下における買い手に対するアピール，すなわち販売促進である。

4.2 企業間信用返済保障はどのようになされるか

次に，与信側である売り手企業は，与信した債権がデフォルトに結果しないようにしているかどうかに関しての仮説を提示する。企業間信用返済保障メカニズムの解明も先行研究が熱心に取り組んできた課題である。上述のようにMcMillan and Woodruff (1999a) 等は，途上国における企業間信用債権返済・回収を含む契約執行に関して，与信企業による特定の取引関係への投資の重要性を論じている。

ここで，我々の調査企業のほぼすべてで，企業間信用与信がデフォルトに結果したことは特に2000年代以降はほとんど無い。現在では企業間信用与信のデフォルト率は数％以下で，それは1990年代前半までに発生したものだという。これより，企業間信用与信企業は確実な代金回収のための特定の受信企業に対するものを含む様々な対策を行っていることが予想される。従って仮説2は以下のようになる。

> 仮説2: 与信主体はデフォルトや支払い遅延を回避するために与信前及び与信後に受信主体を調査・監視する具体的手段を講じており，それらは有効に機能している。

そして本節冒頭で述べたように，与信主体のみならず，受信側の忠実な債務返済の履行に対する動機付けの有無のチェックも企業間信用の機能という意味で重要である。そこで

> 仮説3: 受信側（買い手企業）は，コストをかけてまで忠実な債務返済行動をとることへの積極的な動機を持っている。

を検証する。

また先出の Fisman and Raturi (2004) が示したアイデア，「売り手が競争的環境に置かれていれば，ホールドアップ問題によって買い手の特定の取引関係への投資が discourage される事態が起こりにくくなる」という状況の中国における有無を直接的な証拠を用いて検証する。

> 仮説4: 与信企業が競争的環境にあることが，受信企業による企業間関係投資を促進している。

4.3 企業間信用与受信をめぐる企業間関係

上記の仮説4までで与受信企業間での信用確立への動機付けの有無の検証への準備がなされた。次に，それが如何なる環境下で醸成されるのかを検証する。特に受信企業に忠実な債務返済行動を動機づける環境はどのようなものか，を次の仮説を検証することにより明らかにする。3.3節でみたように，中国に比べてより低開発の経済では企業間の長期的・固定的取引関係が企業間信用与受信を維持，促進すると論じる先行研究が多い (Fafchamps, 1996, 2004; McMillan and Woodruff, 1999a, 2002)。しかし，調査地域では，同業他社が売り手企業（与信主体），買い手企業（受信企業）のいずれの立場でも多数存在し，企業の参入も目覚ましい。そのような状況下では，むしろ企業間取引はある程度流動的であり，これによって企業間信用与受信が促進されている可能性に注目する。

仮説 5: 中国では，企業間信用与・受信企業双方の市場競争が激しく，企業間取引が流動的であるとき信用取引が促進される。

4.4 フォーマル・インフォーマルな諸制度の機能

4.4.1 自助的な行動

次に，企業間信用債権返済・回収に対して，政府による公的制度の支援に依存しない自助的な行動が中国においてどれほど活用され実効性をもっているかの考察に進みたい。

低開発経済を対象とする先行研究で挙げられた自助的行動には，a.取引停止の脅し，b.顧客情報の相互交換，c.取引関係以外の社会的関係の活用等，その他の自助的な行動・メカニズムの3点があった（McMillan and Woodruff, 1999a, 1999b）。本章の調査対象地を考えると，当該地は，先行研究のそれより経済発展が進んだ中国沿海部であり，立地企業数も多く代替的取引相手を容易に見つけられるためa.取引停止の脅しは有効ではないと考えられ，また，企業の行動もc.のようには取引関係以外の社会的関係に容易に制約されない程度には洗練されたものとなっている。従って，本章にとって興味深い行動は，b.顧客情報の相互交換，であろう。そこで次の仮説を検証する。

仮説 6: 顧客情報を相互に交換し，それを個別企業への企業間信用与信可否決定に活用している。そして，これは企業間関係への投資コスト軽減に貢献している。

4.4.2 公的制度のサポート

さらに，より発展段階の進んだ中国では，政府が提供する公的制度も企業間信用の正常な機能に貢献している可能性がある。具体的には法制度や銀行引受手形・銀行による手形割引制度が，債権者の権利保護や契約執行の強制に貢献し，その結果信用取引を促進している可能性を検証

していく。

まず上記の個別企業情報の流通（評判効果）の存在を前提として，売り手企業が訴訟への意志を示すことは買い手企業に対するデフォルト防止策として一定の効力を持つ可能性がある。企業情報流通の発生という条件の下で，もし法制度が機能し始めていれば，特定の企業間関係への投資コストを引き下げていると考えてよいであろう。従って法制度の機能は企業間信用の発達促進効果をもつと予想される。

また中国では，支払いに関する公的制度，具体的には小切手・手形制度の発達を受けて企業間信用発達が促進されている可能性も考えられる。中でも銀行保障付きの銀行引受手形（銀行承兌匯票）の使用普及は目覚ましい。

小切手・手形制度に関する法の整備も進んでいる。具体的には，票据法（手形・小切手法，1995年），票据管理実施弁法（手形・小切手管理実施規則，1997年），支付結算弁法（支払決済規則）等の法規が制定され，小切手・手形利用に関する法的根拠も整ってきている。また，近年銀行が手形割引業務を積極的に行っていること，政府の促進政策，具体的には，銀行間手形割引市場の整備，人民銀行による手形再割引の実施，手形割引による中小企業支援策も打ち出されている。以上より，次の仮説を提示する。

仮説7: 中国では公的制度の整備も信用取引を促進させる効果をもつ。

5 検証結果

仮説検証のための情報を提供する調査企業は第2章でのものと同様である。

5.1 仮説1の検証
── 売り手側の市場における地位と企業間信用発達との関係

以下では，聞き取り調査に基づく推測統計学的分析と事例による作業仮説の検証結果を述べていく。

最初に，仮説1の検証を行う。

表3-1に示されるように，調査企業では企業間信用与信の動機として「販売促進・維持」を第一とする調査企業が68／73（93％）で9割以上となっている。

では企業に販売促進をさせる要因は何であろうか。この要因こそが中国市場において企業間信用与信を促進させているものの1つである。これは，先に述べたような財市場の構造が企業間信用与信にもたらす影響という分析枠組みの中で探求される。

表3-1の分割表を見てみよう[4)5)6)]。

まず，「買い手市場」認識を持つ企業と持たない企業にサンプルを分けると，それぞれの中で販促を第一の動機とする企業は55／56（98％）と13／17（76％）である。この比率差を推測統計学的にテストする。

表3-1は調査企業を2×2の要素により分類して作成されているため，

---

4) 本章の推測統計学分析は主として2×2分割表での行列要素間の独立性検定を用いている。その理由は次の通りである。本章が依拠する企業調査は第2章で先述したように聞き取り方式を採用しているため，調査結果を統計情報に整理する際に連続的な数値情報よりもむしろカテゴリカルな情報としてまとめる方が適切であるケースが圧倒的に多くなった。このようなカテゴリカル情報を推測統計学的に分析するにあたって強力なツールとなるのが上述の分割表での検定であり，本章はこれを多用している。連続的数値を用いた場合の相関や回帰分析を，カテゴリカル情報を用いた分割表分析に変換していると捉えることもできる。

5) 「買い手市場」認識を持つということを，当該企業が属する財市場が競争的であることの代理変数であると仮定している。

6) 売掛ストック対総資産比率は，各企業の企業間信用与信への積極性を示す客観的指標である。

表 3-1　市場の競争性と売掛（企業間信用与信）の関係

(n = 73, 単位：社, %)

		X1：企業間信用与信の第1位の動機			X2：売掛ストック対総資産比率		
		販売促進・維持	左記以外	計	≥25%	<25%	計
Y：自社製品市場は買い手市場か否か							
	買い手市場だ	55	1	56	27	29	56
	上記以外	13	4	17	2	15	17
	計	68	5	73	29	44	73
		93.2%	6.8%	100.0%	39.7%	60.3%	100.0%

(出所) 企業ヒアリングより著者作成。
(注)(1) 上記の「以外」との表記は否定の意ではなく, 調査企業の当該質問に対する回答が, 言葉を濁したりエクスキューズを付した回答をするなど, 明確な肯定以外のものであったことを表している。
(2)「販売促進・維持」を動機2位とした企業は5社あり, つまりすべての調査企業において動機の上位を「販売促進・維持」が占めている。
(3) この他に「買い手の財品質確認期間確保」を動機1位に挙げる企業が1社, 2位に挙げる企業が5社あった。但し,「販売促進・維持」以外の企業間信用与信の動機をなしとする企業がほとんどであり, 動機2位を無しとする企業は全体の84.9%, 動機3位以下を無しとする企業は全体の97.3%に上る。すなわち, 企業の企業間信用の動機はそのほとんどが「販売促進・維持」であることが分かる。
(4) Fisher の直接確率法により, Y と X1 が独立であるという帰無仮説の両側検定の P 値は 0.009 となる。
(5) Y と X2 が独立であるという帰無仮説の検定統計量 $\chi^2(1)$ は 7.26 となる。
† 検定統計量 $\chi^2(1)$ の危険水準 5%, 1% での有意性基準点は 3.84 及び 6.64 であり, $\chi^2(1)$ が各危険水準においてこれを上回っていれば帰無仮説は棄却できる。

　上記の率の差のテストは分割表における独立性検定の形式で行われる[7]。ただし, このケースでは行と列の要素が独立に分布しているという帰無仮説の下での期待度数が5以下のマス目が存在するため, 通常頻用される χ^2 検定は使用できない。そこでこのようなケースへの対処法である Fisher の直接確率法によって行列要素間の独立性検定を行う[8]。

　検定の結果, 上記の帰無仮説は有意水準1%で棄却され, 考察対象と

---

[7]　この事情は他の分割表にも共通している。
[8]　以下でも, 行列要素間の独立性検定を χ^2 検定ではなく Fisher の直接確率法によって行う場合には同様の事情による。

なっている比率差に統計的な有意性が確認できる。つまり「買い手市場」認識と販促を第一の理由とすることの間には明らかな関係が存在する。

そして,「買い手市場」認識と売掛ストックの大きさの間の関係はより明確である。「買い手市場」認識を持つ企業が「売掛ストック対総資産比率≧25％」である企業は27社（48％）であるのに対し,「買い手市場」認識を持たない企業が「売掛ストック対総資産比率≧25％」は2社（12％）に過ぎない。このケースでは行列要素間独立性の χ^2 検定が使用可能であり，この差も有意水準1％で有意である[9]。つまり,「買い手市場」認識をもつような厳しい競争的環境下にある売り手企業が，販促のための積極的に企業間信用与信をしていることを示す観察結果であり，仮説1を支持し，Fabbri and Klapper (2008) の知見を再確認しているといえよう。

5.2 仮説2・3・4の検証
—— 企業間信用返済保障はどのようになされるか

次に，仮説2を検証する。

顧客管理に関して，我々の調査企業のうち83.6％以上の企業で3等級以上の信用格付けを買い手企業に対して行っており，6等級以上の信用格付けを行っている企業は43.8％，6等級以上の信用格付けを行っている企業も15.1％ある。これより，積極的な企業間信用与信は，買い

---

9) $\chi^2(1)$ 検定統計量が7.26となる。なお2×2分割表における行列要素間の独立性の検定に χ^2 検定が使用される場合，検定統計量は自由度1の χ^2 統計量（$\chi^2(1)$），その上部5％区分点，1％区分点はそれぞれ3.84及び6.64であり，これが各有意水準において独立性の帰無仮説棄却可否の基準点となる。このケースでは，$\chi^2(1)$ 検定統計量が6.64を上回っているため，行列要素（「買い手市場」認識と売掛ストックの大きさ）は独立に生起にしており無相関であるとする帰無仮説を有意水準1％で棄却できることになる。事情は以下の2×2分割表における要素間の独立性の χ^2 検定についても同様である。

手企業の厳格な信用管理という与信失敗の回避手段を講じることを前提として行われていることが分かる。

　このような信用管理は単に形式的に各企業によって導入されたものではなく，各企業による顧客信用管理の工夫の結果である。例えばニット地を主製品とする繊維工業企業であるａ社では，顧客のこれまでの支払い状況や自社の調査に基づく経営状況判断に基づいて６等級の区分によって顧客の信用管理をしている。この区分は，ａ社がこれまでの顧客管理の経験を踏まえて最も適当で顧客管理が最もスムーズに行えるものであるという。また，９等級の顧客信用格付けを採用しているｂ社（工作機械メーカー）は，この信用格付けを半年に１回のペースで見直していくという。その格付け見直しは，経営者，販売部門責任者そして現場の販売担当者による合同会議を数次に分けて行い，現場情報の収集・整理とそれに基づく企業上層部による体系的判断によりなされる。ｂ社ではこの格付け合同会議を，社内の最重要イベントの１つに位置づけている。

　また多くの調査企業で聞かれたことであるが，回収できなかった債権の一部は販売員の責任となる。すなわち，販売担当員への動機付けと債権回収をリンクさせデフォルトを回避する。この他，中小企業を中心として経営者自身が販売を担当することも少なくない。これらも経営者自身が最もデフォルト回避への動機が強いという点で確実な債権回収を目指したものである[10]。

　では上記のような顧客の信用管理が，実際にデフォルト・支払い遅延

---

10) 企業が作成する信用格付けは販売担当員が企業間信用与信をするか否か，その金額，条件を決定する際の判断材料として情報提供されている。販売担当員はこの情報をもとに自身で与信するか否かを決定する（大口の場合は持ち帰って上層部に判断を委ねるが）。もし，信用格付けのみならず与信可否も企業が決定し，資金回収のみを販売担当員が責任を負うのならば，格付けの低い取引企業を担当する販売担当員は存在しなくなるであろう。しかし，与信決定権とデフォルト責任はセットになって販売担当員に付与されているのである。

第3章　企業間信用を機能させるメカニズム

表3-2　顧客への信用調査のデフォルト・支払い遅延抑制効果

(n = 73, 単位：社)

Y：顧客の信用調査に大きなコストを掛けているか	X：顧客の信用調査に大きなコストを掛けて以後，デフォルトや支払い遅延は以前より明確に減少したか		計
	YES	YES 以外	
YES	51	6	57
具体的手段として（複数回答あり）；			
1. 顧客管理マニュアル（等級等）を独自に作成している	46	n.a.	
2. 頻繁に顧客（買い手）と連絡をとっている	49	n.a.	
3. 買い手によるデフォルト支払い遅延の発生は，担当者の責任とする	23	n.a.	
4. その他	11	n.a.	
YES 以外	8	8	16
計	59	14	73

(出所) 企業ヒアリングより著者作成。
(注) (1)「YES 以外」との表記は，否定の意ではなく，調査企業の当該質問に対する回答が，言葉を濁したりエクスキューズを付した回答をするなど，明確な肯定以外のものであったことを表している。他の表でも同様である。
(2) Y (「YES」と「YES 以外」) と X が独立であるという帰無仮説の検定統計量 $\chi^2(1)$ は 12.56 となる。

抑制効果を持つのかを数値情報によって検証してみよう。

表3-2において「顧客の信用調査に大きなコストを掛けている」という質問に YES と回答した企業 57 社中，「顧客の信用調査に大きなコストを掛けて以後，デフォルトや支払い遅延は以前より明確に減少した」と回答した企業は 51 社（89％）である。それに対し，「顧客の信用調査コスト」質問に肯定的な回答をしなかった（YES 以外）企業 16 社中「デフォルト・支払い遅延減少」を経験したのは 8 社（50％）に過ぎず，「顧客の信用調査に大きなコストを掛け」ることはデフォルト・支払い遅延を減少させることに効果があることが分かる。この比率差は，行列要素

間独立性の χ^2 検定（$\chi^2(1)$ 検定統計量 12.56）によれば有意水準 1％で有意である。その他，表 3-2 では「顧客の信用調査に大きなコストを掛けている」という質問に YES と回答した企業について，その具体的事例の数値情報も提供されている。

これらをまとめると，企業間信用与信への動機は，同時に与信失敗回避への強い動機とともに売り手企業に与えられており，この与信失敗回避のための各手段が企業によって講じられている。そしてこれが中国企業間信用をうまく機能させるための重要な背景となっている。以上は仮説 2 を支持するものであるといえる。

続いて仮説 3 を検証する。

調査企業によれば，企業が買い手としての立場にある場合，取引回数が少ない売り手企業への支払い条件は通常買い手企業にとって厳しい。具体的には前払金や納品時の即金払いの支払い額に占める割合が大きく，買掛が認められる比率は低い。新規取引の場合には買掛は一切認められない。そのような場合でも，買い手企業は売り手企業に対して買掛を認めてくれるよう交渉はしない。なぜなら，買い手企業は取引の継続により将来における当該売り手企業からの安定的な企業間信用受信の可能性をより大きくするために，現時点では当該売り手企業との関係維持に努めて相手企業の要求に従っているのである。

このような売り手企業との信用確立を重視して買い手としての立場から行う忠実な支払い行動に関する同様の回答は，調査企業のほぼすべてで得られている。これは，買い手企業の立場からの信用確立に向けた，売り手企業との間の企業間取引関係への投資と捉えられる。ではその理由は何か。ここで表 3-3 を見てみよう。

表 3-3 の左側 X1 と Y との分割表は，「自社が購入をやめても，サプライヤーが代替的な買い手を探すことは容易だと思う」という買い手としての競争性の厳しさを認識する企業は，「サプライヤーからの信用確立に大きなコストを掛けている」という信用確立のための取引関係への投資に積極的になるかどうかの情報を提示している。「買い手としての

第3章　企業間信用を機能させるメカニズム

表3-3　買い手としての競争的環境と信用確立投資の関係

(n=73, 単位：社)

Y：サプライヤーからの信用確立に大きなコストを掛けているか	X1：サプライヤーが代替的な買い手を探すことは容易だと思うか			X2：買掛ストック対総資産比率が			X3：代替的なサプライヤーを探すことは容易か		
	YES	YES以外[1]	計	≧25%	≦25%	計	YES	YES以外[1]	計
YES	28	25	53	20	33	53	44	9	53
YES以外	4	16	20	2	18	20	10	10	20

(出所) 企業ヒアリングより著者作成。

[1]「YES以外」との表記は，否定の意ではなく，調査企業の当該質問に対する回答が，言葉を濁したりエクスキューズを付した回答をするなど，明確な肯定以外のものであったことを表している。他の表でも同様である。

(注) (1) YとX1が独立であるという帰無仮説の検定統計量 $\chi^2(1)$ は6.36となる。
　　(2) YとX2が独立であるという帰無仮説の検定統計量 $\chi^2(1)$ は5.31となる。
　　(3) YとX3が独立であるという帰無仮説の検定統計量 $\chi^2(1)$ は8.22となる。
　　† 表3-1注†に同じ。

競争性の厳しさ」認識を持つ企業中「信用確立のための取引関係投資」に積極的になっている企業は28社（88％），「買い手としての競争性の厳しさ」認識を持たない企業は25社（61％）となり，この差を独立性の χ^2 検定によりテストすれば有意水準5％で有意である。これは買い手間競争が，買い手としての企業に特定の取引関係への投資を積極的にさせる誘因となっていることを示唆する結果である。

そして表3-3の中央X2とYとの分割表は，その「信用確立のための取引関係投資」が実際に企業間信用受信（買掛）につながっているかどうかを示す分割表となっている。「サプライヤーからの信用確立に大きなコストを掛けている」とする企業中「買掛ストック対総資産比率≧25％」である企業数は20社（38％）は，そのように回答しなかった企業中「買掛ストック対総資産比率≧25％」である企業数2社（10％）よりも大きい。この差を独立性の χ^2 検定によりテストすると有意水準5％で有意である。以上より，「信用確立のための取引関係投資」には実効

性があるといえる.すなわち,以上の記述的・統計的観察事実は仮説 3 を支持している.

ここでさらに,Fisman and Raturi（2004）が示したメカニズムに関する仮説 4 も検証してみよう.

表 3-3 の右側 X3 と Y との分割表によれば,「代替的なサプライヤーを探すことは容易だ」と認識している買い手企業中「サプライヤーからの信用確立に大きなコストを掛けている」とする企業数は 44 社（81％）で,「容易だ」とは回答しなかった企業数 9 社（47％）よりも大きい.この比率差を独立性の χ^2 検定によりテストすれば有意水準 1％で有意である.

以上より,少なくとも中国の先進地域に立地する我々の調査対象企業では,Fisman and Raturi（2004）が示したようなメカニズムも企業間信用の発達に貢献している可能性が高く仮説 4 も支持される.

5.3 仮説 5 の検証
── 企業間信用与受信をめぐる企業間関係

続いて仮説 5 を検証する.

調査企業によれば,買い手企業が買掛（信用買い）を許される直接の条件は,「老客戸（得意先）」になることである,という.新規取引では買掛は一般的に認められないのである.

買い手企業が売り手企業にとっての「老客戸」への昇格の条件については,1 回の取引量が比較的大きく取引の間隔が間遠い業種の場合は,取引回数が 3 回程度,1 回の取引量が比較的小さく取引の間隔が比較的密（1 か月に 1 度等）な場合,取引期間が 1-2 年程度に及ぶ取引を経て,債権回収に特に大きな問題が無ければ次回取引から「老客戸」としての扱いになり,当該買い手企業に対して与信が行われるようになる,というのが典型的なケースである.ここでは業種間にある程度の相違がみられ,機械工業に比して繊維工業は,取引の間隔が密（1 回当たり取引量は

少ない)であるため,「老客戸」になるまでにより多くの取引回数を要求されるとはいえ,そこまでの必要期間は短い傾向がある。機械工業においては事情は逆である。しかし,いずれの業種にせよ買い手企業が「老客戸」の地位を得,企業間信用与信を獲得し始めるのは比較的容易である。

　しかしその一方で「老客戸」の地位は流動的でもある。売り手企業による買い手企業信用管理における信用区分は固定的ではない。多くの売り手企業が,買い手企業に対する信用管理は特に老客戸昇格後に重要な意味を持つと回答している。

　これは新規取引で与信が認められない時には忠実に支払いを行い,与信が認められる「老客戸」の地位に昇格したとたん支払いが滞りがちになる,という買い手企業の行動への懸念があるからである。このため,与信後も債権回収状況や当該買い手企業の信用管理を行い,債権回収に問題が生じる懸念があると判断すれば,信用等級を降格させ,与信を認めない,あるいは与信可能枠を引き下げるという措置を採る。その結果,老客戸の地位を保持している買い手企業が,その買掛債務のデフォルトや返済遅延を起こすことは実際には極めて稀になっている。

　表3-4を見てみよう。調査企業において自社の顧客(買い手)企業に一度与えた老客戸の地位を取り消すことがありうると回答した企業は,調査企業73社中69社と9割以上,頻繁だと答えた企業は24社と3割以上にのぼる。また自らが買い手として得た老客戸としての地位を失うことがあり得ると回答した企業数も73社中68社でやはり9割以上,頻繁だと答えた企業も17社で2割を超える。

　また,老客戸と認定した後こそが顧客信用調査の重点となるということを,顧客信用調査コスト負担と自社顧客企業に与えた老客戸の地位の不安定性の関係から見てみよう。我々は調査企業に顧客信用調査コスト負担に関する質問も行った。この質問への回答と「老客戸の地位の取り消し」への回答をクロスさせた数値情報も見てみよう。これによると,「顧客の信用調査に大きなコストを掛けている」という質問に肯定的な

121

表 3-4　老客戸の地位の流動性と売り手・買い手としての企業行動

(n=73, 単位：社)

売り手として	X1：顧客（買い手）企業に一度与えた老客戸の地位を取り消すことがあり得るか			
Y1：顧客の信用調査に大きなコストを掛けているか	YES[2]	内，頻繁に[3]	YES以外[1]	計
YES	57	23	0	57
YES以外	12	1	4	16
計	69	24	4	73
買い手として	X2：自社が得た老客戸としての地位を失うことがあり得るか			
Y2：サプライヤーからの信用確立に大きなコストを掛けているか	YES[4]	内，頻繁に[5]	YES以外[1]	計
YES	52	17	1	53
YES以外	16	0	4	20
計	68	17	5	73

(出所) 企業ヒアリングより著者作成。

[1] YES「以外」との表記は，否定の意ではなく，調査企業の当該質問に対する回答が，言葉を濁したりエクスキューズを付した回答をするなど，明確な肯定以外のものであったことを表している。他の表でも同様である。

[2] Y1 と X1（単に「YES」と回答）が独立であるという帰無仮説は，Fisher の直接確率法により両側検定の P 値 0.002 と判定される。

[3] Y1 と X1（「頻繁」と回答）が独立であるという帰無仮説の検定統計量 $\chi^2(1)$ は 6.53 となる。

[4] Y2 と X2（単に「YES」と回答）が独立であるという帰無仮説は，Fisher の直接確率法により両側検定の P 値 0.018 と判定される。

[5] Y2 と X2（「頻繁」と回答）が独立であるという帰無仮説は，Fisher の直接確率法により両側検定の P 値 0.004 と判定される。

(注) †表 3-1 注†に同じ。

回答をした企業 57 社中，「顧客（買い手）企業に一度与えた老客戸の地位を取り消すことがありうる」と回答した企業は 57 社（100％），また「頻繁に生じる」と回答した企業は 23 社（40％）で，「顧客の信用調査コスト」質問に肯定的な回答をしなかった企業の同比率（12／16＝75％・1

／16＝6％）を統計的に有意に上回る[11]（表3-4上）。売り手企業の積極的な顧客信用調査は，その顧客企業に与えた老客戸の地位の不安定性につながっていることを示唆している。老客戸認定後の顧客信用調査がもたらした結果であろう。以上をまとめて換言すると，民営企業を中心として資金の逼迫感が大変高く時間割引因子が高い状況にあるので，継続的な受信から来る将来利得の現在割引価値よりも1回のデフォルト・支払い遅延（裏切り）から得られる利得が大きいという判断へ引きずられる誘因に，買い手企業は常にさらされている。この誘因を抑制しているのが売り手企業によるモニタリングなのである。

　このような売り手企業の志向と行動を買い手企業側から捉えると，老客戸の地位が流動的であることが買い手企業にその地位へ固執させ，その地位の確保のために取引関係への投資を行う動機を与えている。中国における民営企業は，資金不足により常に企業間信用受信を望んでいるというのが多くのケースである。従って老客戸の地位，すなわち売り手企業から与信を認められる（＝受信できる）地位は買い手企業にとって大変重要なものである。そして老客戸の地位が頻繁に変動するといっても，与信を受けている間の1～数ヵ月の間（1回分の取引）に，企業間信用の「貸しはがし」が起こるというようなことはない。そのため，買い手企業は老客戸の地位を一回分の取引期間だけでも長く保持できるように取引関係への投資を行うのである。

　以下では取引関係への買い手企業による投資について，統計分析により確認してみよう。

　表3-4下を見ると，買い手として取引関係への投資に積極的姿勢を持つ企業中「自社が得た老客戸としての地位を失うことがあり得る」とした企業比率は52／53（98％），そのような積極的姿勢を示さない企業

---

11) これらの比率差は，それぞれFisherの直接確率法及びχ^2検定による独立性検定を使用してテストできる。前者の結果において両側検定のP値は0.002，後者の結果において$\chi^2(1)$検定統計量6.58でP値は0.0103となる

中の同比率は 16／20（80％）である。その差を Fisher の直接確率法による独立性検定を使用してテストすれば有意水準 5％では有意である。さらに，老客戸としての地位の喪失が「頻繁に生ずる」まで回答範囲を限定してみると，買い手として取引関係への投資に積極的姿勢を持つ企業中の肯定的回答比率は 17／53（32％）であるのに対し，取引関係への投資に非積極的な買い手企業中の同比率は 0／20（0％）で，この差は歴然としている[12]。企業間信用与受信関係の流動性が買い手企業に信用保持への努力・取引関係への投資を促進させていることを示す数値的情報である。

　さらにこの点についてリアリティを捉えるために，幾つのかの事例を見てみよう。そこには，統計分析では把握できなかった業種間の相違も見出される。比較的大規模な紳士服製造アパレルメーカーである c 社は，老客戸認定後，企業間信用受信を継続できるように，期限を遵守した買掛債務返済の履行，売り手企業側販売担当者との定期的な相互訪問・個人的交流，売り手企業から要請された場合の財務表の提示を行うようにしている。これらは c 社に限らず多くの繊維工業所属調査企業で聞かれた老客戸地位保持のための努力である。しかし，繊維工業企業よりも機械工業企業の方が老客戸の地位保持へのより強い動機を持ち，買い手企業としての取引関係への投資にもより積極的な傾向がある。それは機械工業が成長産業でありかつ資本集約的でもあるため，1 つには，企業間信用の長期（投資）資金転用の必要性が高く，長期間維持できる老客戸待遇を望み，企業間信用を通常通り短期資金として使用する場合でもその規模拡大を希望することに起因している。そのため，例えば鋳造部品メーカーの d 社では，繊維工業企業で聞かれた老客戸地位保持のための努力に加えて，取引先とのより密で頻繁な相互訪問・交流，在庫・倉庫の実際状況の開示・説明を売り手企業に対して行っている。「自社が売り手の立場に立った時に与信先として安心できる情報を提供している」

---

12) 表 3-4 注（5）を参照。

という。e社（製造設備メーカー）は，この実際状況の開示を重視し，d社の努力内容の上に，単なる財務表の提示だけではなく実際の財務状況の説明を在庫・倉庫の現場を見せながら行うという。

　ここまでは，企業間信用与受信関係の流動性が買い手企業に取引関係への投資を促進させることを論じてきたが，さらに企業間取引関係自体の固定性あるいは流動性についても考察してみよう。これは売り手企業による取引関係への投資の動機付けと関連する。またこれにより，長期的・固定的な企業間取引関係の有無と企業間信用の発達との関係を巡って，先行研究と関連付けの中で中国企業間信用の特徴が明らかになる。

　取引関係の流動性を企業間の取引年数から見てみると，調査企業では，信用取引をしている顧客・サプライヤーとの取引継続年数は多くの場合3-5年以下，長期の場合で十数年である。操業年数が数十年に及ぶ企業では取引企業の中に創業以来現在まで取引が継続している企業も一部ある。

　一方先行研究によれば，アフリカでは企業間信用与信を行っている企業における平均取引継続年数は6-12年という (Fafchamps, 1996; Fafchamps, 2004, p. 178)。この数字は中国においては最長期間取引継続年数に概ね相当する。つまり，信用取引が中国では取引開始後のより早い段階で始まっていることが分かる。

　そして，取引関係が流動的であることが売り手企業による取引関係への投資の動機付けを生む。すなわち，取引関係の流動性は，売り手にとって顕在的あるいは潜在的競争者がいることに起因し[13]，それが販売先維持・販促のための与信サービスの必要性を感じさせている。そして，その与信管理のための取引関係への投資が売り手によって盛んに行われることになる。

　ここまでの考察を通じて，中国企業間信用の特徴として次のような含意を見出すことができる。

---

13) より具体的には，買い手企業による製品の複社発注がその主たる原因である。

競争的な市場環境において流動的な取引関係を取り結び，かつ資金源へのアクセス難という情況にあるからこそ，売り手・買い手共にコストをかけてでも企業間信用に関する特定の企業間関係への投資を行うことに積極的となっている。その結果，中国企業間信用が成立している。

そして，アフリカや東南アジアの低開発経済との総括的な比較を試みるなら，関係への投資に時間を使用することにより，特定の信頼できる取引関係を形成するそれら経済における企業に対して，むしろ時間を節約するために金銭的コストを関係への投資に使用して短時間で信頼できる取引関係を形成・維持していくのが中国企業のスタイルといえる。以上の観察結果は総じて仮説5を支持しているといえよう。

5.4 仮説6・7の検証
—— フォーマル・インフォーマルな諸制度の機能

5.4.1 仮説6の検証 —— 自助的な行動

ここでは，仮説6を検証する。

調査企業において，同一企業のデフォルト情報が直接の取引関係にない複数の経営者から聞かれた。このような同一企業のデフォルト発生情報に複数の企業が言及しているケースは調査企業の中だけでも合計10件以上あった。

まず表3-5の数値的にまとめられた情報を見てみよう。

調査企業73社中69社もの企業が，「特定企業情報を，第三者より得ることがある」と回答している。またこの場合の第三者とはほとんどの場合第三者企業を意味し，企業間情報流通網を通じて特定企業情報が広まっていることが分かる。その企業情報内容は多岐にわたるが，最も頻度が高いトピックとして，企業のデフォルト情報の取得に21社が言及した。

同一業界・同一地域（省内）企業の情報の流通に関する話も多く聞かれた。それぞれ36社・41社の企業がそのカテゴリーに入る情報取得に

第3章　企業間信用を機能させるメカニズム

表3-5　情報の流通と監視費用（重複回答あり）

(n=73, 単位：社)

	計	機械工業	繊維工業
特定企業情報を第三者より得ることがある	69	39	30
デフォルトについて	21	13	8
同一業界内のもの	36	18	18
同一地域内（省内）のもの	41	31	10
地域外（他省）のもの	33	7	26

(出所) 企業ヒアリングより著者作成。

言及している。具体的には支払いの態度等が評判となって流通している。

業種別に見ると，地域外（他省）の企業情報取得に言及した33社中2／3を超える26社が繊維工業企業であるのに対し，同一地域（省内）企業の情報取得をした41社中では機械工業企業が31社と圧倒的に大きな比率を占めている。この業種別の情報流通範囲の相違は，繊維工業企業が近隣の産業集積とは比較的独立に自社にとって有益な取引相手を選ぶのに対して，機械工業企業は自地域の産業集積の中で取引相手を選ぶのが有益であることに起因していると思われる。それらの行動の背景となる条件として，繊維工業では輸送コストが安く，技術の修得が現段階ではそれほど大きな問題にならないのに対し，機械工業では高輸送コストに加え自地域の産業集積から流出するより高度な技術を修得することが企業経営上重要であることが指摘できる。

いずれにせよ，本来はプライベートな企業情報も最終的には何らかの情報流通網を通じて流通しており，情報の共有化が進んでいると考えられる[14]。

この情報の共有化は，監視のための二重投資を防ぐことにより売り手すなわち企業間信用における与信側のコスト（監視費用），及び買い手すなわち受信側の情報開示その他の企業間関係への投資コストの引き下げにある程度貢献している。「第三者からの情報により顧客信用調査のコ

---

14) ただし銀行その他の金融機関への流通は観察されなかった。

ストが軽減されるとの認識はあるか」及び「第三者からの情報により顧客に対する情報開示請求を省略することがあるか」との質問に肯定的な回答が多くの企業から得られている。これらは概ね仮説6を支持する結果である。

ただし，企業間関係への投資コスト引き下げはこうした自助的なメカニズムにのみ帰せられるものではなく，後に見るような公的制度の発達も同時に重要である。

5.4.2 仮説7の検証 ── 公的制度のサポート

最後に仮説7を検証してみよう。

「債権回収のために裁判所を使うことは有効な手段か？」という質問に対して，調査企業中半数以上の企業（55社）が「事前の『脅し』として有効に機能している」と回答している（表3-6）。

以上より，債権者の権利保護，すなわち契約履行（enforcement）の保障にとって法制度が何らかの役割を果たすようになっていることは確かであろう。

ただしそれは，信用取引をめぐる債務不履行時に法制度が直接債権者（与信者）の権利保護，すなわち売掛金の回収を保障するように機能している，という意味ではない。

中国の法制度は，信用取引における契約履行に関してそこまでの機能を果たす水準には達していない。それは表3-6で「(2) 事後的にも有効，訴訟経験あり」と回答している企業がごく少数であることに示されている。多くの企業で実際に訴訟をしたことがあるか，または考えるか，という質問に対して「したことがない」「費用がかかりすぎる」「時間がかかりすぎる」ので消極的，という回答が得られている。「訴訟をすることで自社の評判が落ちることを気にする」という回答もみられる。つまり，訴訟はその行為そのものやそれによる法的強制力の発生ではなく，売り手企業による事前の訴訟実行可能性の示唆が買い手企業に対するデフォルト抑止策として有効とみなされていることが分かる。

表 3-6 企業間信用の与受信における法制度の役割

(n=73, 単位：社)

	X：第三者より得た特定企業情報を重視しているか		
	YES	YES 以外	計
Y：法的手段に訴えることは有効か			
YES	51	6	57
YES 以外	10	6	16
計	61	12	73
上記中			
(1) 事前の「脅し」として有効			
YES	51	4	55
YES 以外	10	8	18
計	61	12	73
(2) 事後的にも有効，訴訟経験あり			
YES	0	2	2
YES 以外	61	10	71
計	61	12	73

(出所) 企業ヒアリングより著者作成。
(注) (1) Y (単に「YES」と回答) と X が独立であるという帰無仮説は，Fisher の直接確率法により両側検定の P 値 0.019 と判定される。
(2) Y (「事前の脅しの有効性」回答) と X が独立であるという帰無仮説は，Fisher の直接確率法により両側検定の P 値 0.0008 と判定される。

一方で，買い手企業にとっては「企業間信用に関するデフォルトを巡って法的訴訟を起こされた」という情報すなわち悪評判は大変流通しやすく，またそのような評判の流通は債務者側（受信企業）の信用を大きく傷つける。そのような評判を得た企業の企業間信用受信は以後大変困難になる。

言い換えると，法制度の機能を企業情報の流通（評判効果）が増幅することにより，デフォルトに対するサンクション効果が発揮されている，と理解することができる。

この点を，調査企業全体の数値情報から確認してみよう。調査企業の

回答によると，企業間を流通する特定企業情報を主観的に重視している企業は，法制度の機能，それも事前の「脅し」として訴訟実行可能性に債権回収における有効性をより強く見出す傾向があることが示されている[15]。

このように，企業情報流通の発生という条件付きながら企業間取引・所有権をめぐる法制度が一定の機能を発揮していることが，中国で信用取引が活発であることの制度的前提を提供している。

そして，アフリカや東南アジアで観察されたような長期にわたり固定的に取り結ばれた取引関係がなくても，機能する法制度が契約履行保証とその結果としての信用取引を可能にしているともいえる。

続いて，公的サポートの1つとして銀行によるリスク引き受けがどの程度企業間信用発展に貢献しているか，という点を見ていく。

我々の調査企業で売り手として手形受取による販売を認めている企業は，73サンプル企業中67企業，買い手として手形振出（譲渡）による購入をしている企業も54企業にのぼり，企業間の信用取引において手形使用が普及していることが分かる（表3-7）。

表7によれば，売り手（与信側）として引受を認めたり，買い手（受信側）として代金支払いに使用したりする手形のほとんどは銀行引受手形であり，銀行保障のない商業引受手形で信用取引が成立するのは稀であることが分かる。また，信用取引中（売掛金額・買掛金額中），手形使用部分と不使用部分の相対的比重も質問しており，「同等ないしは不明」とする回答が最も多いが，その部分を除けば「手形使用＞手形不使用」とす

[15) 表3-6において「第三者より得た特定企業情報を顧客情報として重視している」とした企業中，「売掛債権回収のために法的手段に訴えることは有効である」あるいは「訴訟を事前の「脅し」として使用するのが有効」と認識している企業比率は同数の51／61（84％）である。この数値は，「第三者からの顧客情報」質問に対し肯定的な回答をしなかった企業における同比率6／12（50％）・4／12（33％）より高い。この差はどちらもFisherの直接確率法による独立性検定の結果，有意水準5％及び1％で有意である。

表3-7　企業間信用取引における手形使用

(n=73, 単位：社)

売り手として手形受取での販売を認めている	67	買い手として手形振出（譲渡）を行っている	54
(1) 銀行引受手形のみ可	66	(1) 銀行引受手形のみ	52
(2) 商業引受手形も可	1	(2) 商業引受手形も	2
売掛金額中；		買掛金額中；	
(3) 手形使用＞手形不使用	21	(3) 手形使用＞手形不使用	13
(4) 手形使用＜手形不使用	12	(4) 手形使用＜手形不使用	9
(5) 同等ないしは不明	33	(5) 同等ないしは不明	30
計	67	計	54

(出所) 企業ヒアリングより著者作成。

る企業がより多い。手形使用が一般化していることを示すもう1つの観察結果であるといえよう。

上記のように，中国における手形使用信用取引は銀行保障の上に成り立っている側面が強い。この銀行引受手形を振り出すために，企業は保障金額と同額の預金を銀行におくことを前提として，手数料は0.05％の利率を要求されるのみである。

一部の顧客に対しては，銀行引受手形を受け取るかたちでの売掛のみを認めるという取引を行っている企業も多い（表3-8）。これは銀行引受手形制度が無ければ発生しなかった信用取引が，制度によって初めて発生していることを意味する。すなわち手形を使用しなくても成立する信用取引が行われた上で，追加的に銀行引受手形使用による信用取引も行われる，ということである。結果としてそのような企業は企業間信用与信に積極的になる傾向があることも，25％以上の売掛ストック対総資産比率を持つ企業が占める比重の多さ（16/29）から確認できる[16]。銀行

---

[16]「銀行引受手形引受での売掛のみを認める顧客がいる」と回答している企業の中に「売掛ストック対総資産比率≧25％」である企業が占める比率 16/29（55％）

表 3-8　銀行引受手形と企業間信用与信への態度の関係

(n=73, 単位：社)

Y：銀行引受手形引受での売掛のみを認める顧客がいるか		X：売掛ストック対総資産比率		
		≧25%	≦25%	計
	YES	16	13	29
	YES 以外	13	31	44

(出所) 企業ヒアリングより著者作成。
(注) YとXが独立であるという帰無仮説の検定統計量 $\chi^2(1)$ は 4.79 となる。
　† 表3-1 注†に同じ。

引受手形の普及が，企業間信用の使用を促進していることを支持する観察結果といえよう。銀行の手形割引についても同様の企業間信用促進効果が統計的に確認できる[17]。

以上より，銀行引受手形・銀行の手形割引によってリスク分散・受信企業監視負担の分担がなされ，その結果企業間信用の使用が促進されている，といえる。

総じて，公的制度の発展も中国では企業間信用促進効果を持つことが分かる。そしてそれは具体的には法制度による一定程度の間接的なデフォルト抑制であり，銀行によるリスク引き受けがその効果をもたらしている。そしてこれらの観察事実は仮説 7 を支持している。

は，「銀行引受手形引受での売掛のみを認める顧客がいる」とはしていない企業中「売掛ストック対総資産比率≧25%」の企業が占める比率 13／44 (30%) より高い。この比率差を独立性の χ^2 検定によりテストすれば，$\chi^2(1)$ 検定統計量は 4.79 となり有意水準 5% で有意である。

17)「銀行で割り引いてもらえるので手形なら売掛を許す顧客がある」という企業からの回答について，表 3-8 と同様の分析結果が得られる。ただし表が煩瑣になるためここではそれを示さない。

第 3 章　企業間信用を機能させるメカニズム

6　結論 —— 発達・機能するメカニズム

　第2章では，中国において企業間信用が健全な金融仲介経路の1つとなり，一定程度良好に機能していることまでを明らかにした。しかしなぜ発達・機能しているかというメカニズムまでには踏み込んでいない。これに対して本章は，第2章と同じく江蘇省南部を対象とした企業調査の結果を使用して，そのメカニズムの解明を試みた。そこでは，企業間信用の機能やメカニズムに関わる英文先行研究の示したアイデアを中国の文脈に沿って適宜修正し，活用した。これらにより本章は，中国における企業間信用の考察に新たな貢献を加えたといえる。本章の知見によれば，中国における企業間信用は以下のような一連のメカニズムを通じて発達・機能している。

　第一に，厳しい市場競争環境下において売り手企業は販売促進を目的として企業間信用与信を行う積極的な動機を持っており，これが企業間信用の与受信を促進する一要因となっている。これは，上述のFabbri and Klapper（2008）の分析結果を追認するものである。

　第二に，その企業間信用の与受信がほぼデフォルト・支払い遅延に結果しないようになっている重要な背景として，中国においても売り手・買い手双方の企業が特定の取引関係への投資を行っていることが指摘できる。すなわち企業間信用与信を行うに際して，売り手企業は与信失敗回避すなわち債権回収のための様々な手段を講じている。また，買い手企業も将来の企業間信用受信のための信用確立に向け，前払金や納品時の即金払い要求に応じるといった売り手企業との間の企業間取引関係への投資を行っている。買い手企業のこのような行動の重要な誘因は，買い手もまた競争的環境に置かれていることである。こうしてなされる与受信企業間での信用確立が中国において企業間信用が発達し，機能する直接の要因となっている。さらに，売り手企業間の競争性が買い手企業

133

による売り手企業との間での信用確立のための投資を促す，というFisman and Raturi (2004) がアフリカ経済において見出したメカニズムが，中国でも企業間信用の発達に貢献している可能性が高い。

　第三に，それでは何が売り手・買い手企業双方がコストをかけてでも企業間信用に関する特定の企業間関係への投資を積極的に行う誘因となっているのだろうか。本章は中国における取引関係の流動性にそれを見出している。取引関係が流動的であるからこそ，時間節約のため金銭的コストを関係への投資に使用し，短時間で信頼できる取引関係を形成・維持しようとする行動を中国企業は採っている。これは，取引関係の長期化・固定化，すなわち時間を関係への投資に使用することにより特定の信頼できる取引関係を形成するアフリカや東南アジアの低開発経済における企業間信用をめぐる企業行動とは対照的である。

　第四に，ただし流動的な取引関係という環境が中国企業に企業間信用に関する特定の企業間関係への投資を行わせる誘因になるとはいえ，その投資コストが禁止的に高ければ関係への投資は行われなくなる。しかし実際には，中国では企業同士の自助的行動と政府が提供する公的制度の支援の双方が企業間関係への投資コストの軽減に貢献し，関係投資の実現を助けている。企業間信用債権返済・回収をサポートする自助的な行動の1つとして，本来はプライベートな企業情報が何らかの情報流通網により流通するという情報の共有化が生じている。この情報の共有化は，監視のための二重投資を防ぐことにより，企業間関係への投資コストを引き下げている。公的制度の支援の一例として，企業情報流通の発生という条件下で企業間取引・所有権保護に関する法制度が一定程度機能していることは，企業負担を伴わないデフォルト抑制を通じ中国における活発な信用取引の制度的前提となっている。また，銀行引受手形・銀行の手形割引の存在も，与信リスク分散・受信企業監視負担の分担を通じて信用取引を促進している。

　以上が本章の主要な結論である。次章以降主として計量分析を用いて企業間信用が中国経済において果たしている役割を複数の側面から考察

していく。

第Ⅲ部

企業間信用が果たす役割
計量分析

第4章 企業間信用ファイナンスの効率性

1 はじめに ── 企業間信用による金融仲介は効率的か

オルタナティブ金融チャネルの候補の1つとして，Cull et al. (2009) と Ge and Qiu (2007) が明示的に中国における企業間信用を取り上げ，企業レベルマイクロデータを用いた計量分析により企業間信用が中国経済において果たしている役割を解明しようとしていることはすでにこれまでの章で紹介してきた[1)2)]。

しかし Ge and Qiu (2007) は企業間信用による金融仲介の効率性自体は考察しようとしていない。従って，中国において企業間信用が本当に正規金融システムを代替するものとして機能しているかどうかはより厳密に検証されねばならない。Cull et al. (2009) は中国における企業間信

---

1) 他の移行経済における企業間信用の分析例として，Coricelli (1996) は企業間信用市場がポーランド経済において重要な役割を果たしたと述べている。クロス・カントリー分析を用いた Fisman and Love (2003) は，金融制度が未整備な国ほど企業間信用に強く依存する企業が高成長を達成することを見出した。Delannay and Weill (2004) は，企業レベルマイクロデータを使用して移行経済諸国における企業間信用与・受信の決定要因を考察している。Demirgüc-Kunt and Maksimovic (2001) は，法システムが未整備な国で企業間信用が広く使用されていると指摘している。
2) これまでの章でも紹介したが，Fabbri and Klapper (2008) は，中国の企業レベルマイクロデータを用いてどのような要因が企業にその顧客への企業間信用与信をする動機付けを与えるのかを考察している。

用の効率性を考察しようとはしているものの，それは与信企業の属性の検討を通じてのもので，受信企業の情報は使用されていない。買掛ストックデータが利用不可能であったために企業間信用受信に関わる情報が得られなかったからである。

そこで本章は，受信企業の属性を考察することにより企業間信用による金融仲介の効率性を検証する。つまり，どのよう属性を持つ企業がより多くの企業間信用を受信できるのかが考察される（本章における企業間信用の種類，その定義及び説明については本章脚注6，7参照）。特に，収益性あるいは生産性で計測されたパフォーマンスが良好な企業ほどより多くの企業間信用を受信しているのかどうかに注意が払われる。これは，先行研究と比してより直接的な企業間信用による金融仲介の効率性の検証となるだろう。なぜなら，第一に，収益性・生産性の高い企業へ資金配分がなされていることはその金融仲介手段が効率的であるための必要条件であるからだ。さらに本章で我々が使用する企業レベルマイクロデータにおいては，ここの企業の銀行ファイナンス情報も利用可能である。これにより企業間信用受信企業の属性と銀行借款利用企業のそれをみることで，企業間信用の効率性を銀行ファイナンスのそれと比較することもできる。このようなかたちで計測された銀行ファイナンスに対する企業間信用の相対的効率性の高さは，企業間信用が銀行ファイナンスを含むフォーマル金融を代替するものとしてよく機能していることを証明するものであるという意味で重要である。本章の分析はこのような動機付けに基づいている。

我々は資金調達手段として企業間信用を使用している企業を，その規模と設立以来年数で分類する。企業のタイプが異なればそれに伴って企業間信用の効率性も変わるのかどうかを検証するためである。企業間信用を含む金融仲介手段の発展が新設企業の市場参入と参入後の生き残りを後押しするかどうかを検証した幾つかの重要な先行研究がある。

Rajan and Zingales（1998）は各国の産業レベルデータを使用した研究で，その後のこの研究の流れに大きな影響を与えている。彼らは，金融

市場の発達は新設企業の成長を強く後押しするものであることを見出している。これが示唆するのは，金融の発展は新設企業の市場参入と生き残りを助けることを通じて経済成長を促進するということである。

Aghion et al. (2007) は，先進国・途上国の企業レベルデータを使用して，金融の発展が新設企業の市場参入と生き残りや成長に与える効果を評価している。彼らのデータはよく工夫されたもので，企業の純参入社数 (参入社数から退出社数を差し引いたもの) が計算できるだけではなく，参入・退出行動がそれぞれ別に追跡できたり，参入時の企業規模や参入後の成長状況まで分かるようになっている。彼らがそこから得た知見は Rajan and Zingales (1998) と概ね整合的なものである。

金融の発展が新設企業の市場参入と生き残りを助けるという観察事実は頑健なものであるようだが，それ自体では途上国経済に対して十分な政策的含意を提供できるものではない。中小企業あるいは新設企業の資金調達を助けるために本当に有効な金融仲介手段は何かを具体的に提示する必要があるのだ。Cull et al. (2009) が中国について述べているように，途上国経済においては大規模既存企業が，主要な外部資金調達源である銀行借款 (加えて資本市場) へのアクセスにおいて特権的な地位を持つ傾向がある。中小企業あるいは新設企業はそのような正規外部金融から排除されがちなのである。中国においてもこの種の金融環境が存在することを示唆する多くの実証的証拠が見出されている (Park and Sehrt, 2001; Boyreau-Debray, 2003; Duenwald and Aziz, 2003; Karacadag, 2003)。

このような金融環境が改革をせずにそのままの状態であれば，中小企業あるいは新設企業の資金調達を助け，新設企業の市場参入と生き残りを後押しするための主要な外部資金調達源としては，銀行部門 (や資本市場) は機能しないだろう。そこで我々は，途上国において中小企業あるいは新設企業の資金調達を助ける有望な候補としての企業間信用にも注目する。この点についての銀行ファイナンスとの比較も行われる。本章の使用データが提供する (外部金融を利用している) 企業の豊富な情報が，この種の考察を可能にしている。

表4-1 1996年時点での買掛・全企業間信用債務項目・銀行借款と1996-2002年期間の平均成長率の間の相関係数

(省レベルデータ：n=29)

	(1) 付加価値額 (=(2)*(3))	(2) 企業数	(3) 企業平均規模
買掛ストック／総資産	0.460	0.421	−0.152
全企業間信用債務項目／総資産	0.312	0.447	−0.296
銀行借款／総資産	0.011	−0.207	0.274

資料出所：『中国郷鎮企業年鑑』

　この点に関して研究上の観点が近いFisman and Love (2003) の議論にふれておかなくてはならない。彼らは各国から収集された産業レベルデータを用いて，まだ融資上の評判を確立していない新設企業（企業数の増加）よりもある程度成熟した既存企業の成長（企業規模平均の成長）にとって，企業間信用は重要な資金源となっていることを見出した。本章の狙いは，彼らの議論と整合的なマイクロレベルでの実証的証拠を得ること（ないしは非整合的なマイクロレベルでの証拠を示すこと）である。本章で使用する企業レベルマイクロデータは，企業規模や設立以来年数の違いが企業間信用の利用状況や効率性にもたらす影響をより詳細に分析することを可能にしている。中国農村企業の省レベル集計データ[3]を用いた予備的分析は，Fisman and Love (2003) の分析とは不整合な観察結果を示している（表4-1）。この考察の初期時点（1996年）でより発達した企業間信用が存在していた省では，その後の6年間（1996-2002年）において企業数の増加はより速く，企業規模平均の成長はより遅かったことが表4-1から読み取れる[4]。この不整合性の理由は企業レベルデータによる本章の分析により明らかにされる。

　本章の以下の部分は次のように構成される。2節では実証モデルと推

---

[3] 本章で使用される企業レベルマイクロデータも農村企業のものである。
[4] 表4-1はより発達した銀行ファイナンスの存在は逆の結果をもたらすことも示している。言い換えれば，中国においては銀行借款は成熟した既存企業の成長のための資金調達源であり，新設企業を助ける資金調達源ではないということだ。

定戦略が説明される。3節は使用されるデータを紹介し，記述統計レベルでの幾つかの重要な観察結果を報告する。4節は推定結果の考察を行い，最後に5節で結論を述べる。

2 実証モデルと推定戦略
── 企業パフォーマンスが買掛に与える影響

本節では実証モデルと推定戦略の説明がなされる。

本章の分析の基本的なアイデアは，もし企業パフォーマンス変数が買掛ストック量に正の影響を及ぼしていたら，それは企業間信用受信前に良好なパフォーマンスをあげていた企業がより多くの企業間信用受信をできるということを意味する，というものである。これは，企業間信用による金融仲介は効率的であるという仮説を支持するマイクロレベルでの実証的証拠となるだろう。企業間信用受信量は，推定結果の頑健性を確かめるために買掛ストック[5]と全企業間信用債務項目[6]の2つにより計

---

5) 多くの場合において，この買掛ストックで企業間信用受信を狭義に定義する。これは現物による借款（融資）により構成される。つまり，このタイプの企業間信用においては，借り手企業は支払期日前に原材料・部品を受け取ることができる。従って，企業はこの企業間信用を受信していなければ原材料・部品購入のために支払わなければならなかったはずの現金を手元に残すことができる，という意味での間接的キャッシュフローを企業間信用は提供していることになる。端的に言うと，顧客企業がサプライヤー企業から現物のかたちで借り入れをするという企業間信用である。

6) 全企業間信用債務項目は，買掛ストックに加え，前受金，その他買掛等を含むより広義の企業間信用債務項目である。前受金は広義の企業間信用の一形態である。サプライヤー企業が契約により顧客企業から商品出荷日に先立って支払い（の一部）を受け取ることがある。このタイプの企業間信用においては，サプライヤー企業が借り手で，顧客企業が貸し手である。この資金調達は借り手（サプライヤー）

測される。

　実証モデルの推定において，内生性問題を軽減するために十分な措置をとる必要がある。企業間信用はその企業の取引の一部として受信（与信）されるため，企業の他の活動と深く関連する。その関連のメカニズムはまだよく分かっていないのにもかかわらずである。そのため，第一に，企業間信用受信ストック変数（買掛ストックあるいは全企業間信用債務項目）を実際は使用せず，そのストック変数の階差をとって得られるフロー変数（Δ買掛ストックあるいはΔ全企業間信用債務項目）を従属変数として使用する。例えばΔ買掛ストック$_t$=買掛ストック$_t$−買掛ストック$_{t-1}$と定義できる。これはストックデータには過去の活動の積み重ねが反映されており，過去の活動は独立変数に影響を与えている可能性がある反面，この可能性はフローデータを用いることにより回避可能だからである。第二に，従属変数（例えばΔ買掛ストック$_t$=買掛ストック$_t$−買掛ストック$_{t-1}$）と重要な時変独立変数の間に時間ラグを設定する。これは従属変数とそれら独立変数間の逆の因果関係（reverse causality）を極力避けるためである。第三に，観察不可能な企業固有で時間に対して不変な要素は，パネル推定を使用することによりコントロールできる。最後にパネル推定において，それでも残る独立変数の内生性に対処するために Blundell and Bond (1998) が開発したシステム GMM 推定を使用す

　企業の視点からは，預け金（デポジット）の受け取りということになるだろう。そして企業間での貸借が生じているという意味で企業間信用の一項目と考えられる。その他買掛は，主として輸送費・包装費のような経費で，顧客からサプライヤー企業へ後払いで支払いがなされる場合に計上される会計項目である。これは性質上買掛ストックに近似したものだが，中国における会計ルールではこれらは通常の買掛には分類せず，その他買掛として会計処理される。

る[7)8)9)]。システム GMM 推定は,パネル推定における独立変数の内生性と,Arellano and Bond (1991) によって提唱された階差 GMM 推定が抱えていた弱い操作変数の問題（weak instrument problem）を軽減するように設計されている。それは階差の回帰式とレベルの回帰式を結合し同時推定を行い,前者には一般的に内生変数及び先決変数のラグレベルが操作変数として使用され,後者に対しては内生変数及び先決変数のラグ階差が操作変数となる。

例えば,企業間信用受信を買掛ストックで計測するなら,企業間信用の効率性を考察する本章の実証モデルは次のようになる。

$$\Delta 買掛ストック_{it}／総資産_{it} = \alpha_0 + \alpha_t + \beta 企業パフォーマンス_{it-1}$$
$$+ \sum \gamma_{ind} \text{Dummy}_{ind} + \sum \gamma_{prov} \text{Dummy}_{prov} \quad (1)$$
$$+ \delta X_{it-1} + \varepsilon_{it},$$

ここで i と t はそれぞれ企業と時間（年）を表し,上記のようにΔ買掛ストック$_{it}$=買掛ストック$_{it}$－買掛ストック$_{it-1}$である。そして,

$$\varepsilon_{it} = \mu_i + e_{it}.$$

のように攪乱項は2つの構成部分からなる。企業固定効果項μ_iと純粋な誤差項（イディオシンクラティック・ショック）e_{it}である。この誤差項e_{it}には0平均周りでの i.i.d. が仮定される。

企業パフォーマンスは総資産利益率（ROA）及び生産性といった企業

---

7) 従属変数の内生性が生じる典型な原因は,従属変数から独立変数への逆の因果関係と,実証モデルから脱落した変数が誤差項 e_{it} に含まれてしまう脱落変数（omitting variable）問題である。
8) システム GMM 推定については Roodman (2008) を参照して欲しい。
9) 2ステップ GMM 推定を用いている。なぜなら,それは1ステップ GMM 推定よりも漸近的に効率性が高いからである。従って,2ステップ推定に潜在的にありうる標準誤差の下方バイアスを軽減するために,分散・共分散行列に対する Windmeijer (2005) の有限サンプル補正を適用している。

のパフォーマンス変数，$\sum Dummy_{ind}$と$\sum Dummy_{prov}$は産業及び省ダミーである。このダミー変数はコントロール変数であり，Xはこれらダミー以外のコントロール変数（ベクトル）を表し，企業規模・設立以来年数のような変数を含んでいる。そしてβ，γ_{ind}，γ_{prov}，δは推定されるべき係数である。上記の独立変数中，産業ダミー・省ダミー・年固有の効果を測る年ダミーは外生と仮定しても問題はない。内生性は企業パフォーマンスとコントロール変数Xに疑いがかかる。実際の実証モデルでは1期のラグ変数企業パフォーマンス$_{it-1}$及びX_{it-1}が使用される。従って，厳密に言うとそれらは内生変数ではなく先決変数である。「先決変数である」というのは，それら変数はe_{it-1}やt−2以前の期のeとは相関するかもしれないが，e_{it}やt+1以後の期のeとは相関を持ち得ない，という意味である。今期の誤差項e_{it}発生よりも前に先決変数は生じているため，両者は相関し得ないのである。

　上記のようにシステムGMM推定においては，モデル（1）の階差方程式及びレベル方程式の双方が，それぞれに適切な操作変数を用いて推定される。モデル（1）の階差方程式では，観察不可能な企業固有で時間に対して不変な要素μ_iは除去され完全にコントロールされてしまっており，言うまでもなく同じく時間に対して不変な産業ダミー・省ダミーも除去されている。このようにして階差方程式に対しては，先決変数のラグレベル（企業パフォーマンス$_{it-2}$，X_{it-2}，及びt−2以前の期の企業パフォーマンス$_i$とX_i）に加えて外生変数としての年ダミーの一階階差が，操作変数として使用される。産業ダミー・省ダミーの係数はモデル（1）のレベル方程式で推定される。このレベル方程式の推定においては，先決変数の階差及びラグ階差（Δ企業パフォーマンス$_{it-1}$，ΔX_{it-1}，及びt−1以前の期のΔ企業パフォーマンス$_i$とΔX_i）に加えて外生変数としての年ダミー・産業ダミー・省ダミー・定数項が，操作変数として使用される。先決変数の1期及びより離れたラグ階差は次のように定義される：Δ企業パフォーマンス$_{it-1}$＝企業パフォーマンス$_{it-1}$−企業パフォーマンス$_{it-2}$及び

$\Delta X_{it-1} = X_{it-1} - X_{it-2}$。

　上で導入された操作変数の妥当性は，次の2つの仮定が現実に成立するどうかに依存している。第一の仮定は，操作変数が外生的だということである。より正確には，使用される操作変数が，階差方程式ではその今期誤差項（$\Delta e_{it} = e_{it} - e_{it-1}$），レベル方程式ではその今期攪乱項 $\varepsilon_{it} = \mu_i + e_{it}$ と相関しないことである。第二の仮定は，純粋な誤差項 e_{it} が系列相関していないことである。これら2つの仮定に対しては，それぞれについて操作変数の妥当性を評価する検定が示されている。第一の操作変数の外生性に対しては，Sargan あるいは Hansen の過剰識別制約検定が使用される。この検定は，使用されたサンプルにおけるモーメント条件の成立をチェックすることにより，操作変数の全体的な妥当性をテストするものである[10]。第二の e_{it} の系列相関には，Arellano and Bond（1991）によって提唱された自己回帰検定が用いられる。設定より階差方程式の誤差項が一階の系列相関をおこしていることは許容されるが，二階の系列相関はもとの e_{it} に系列相関が生じていることを意味するため，操作変数の妥当性は失われてしまう。従って，階差誤差項の二階の系列相関 AR（2）をチェックすれば，e_{it} の系列相関テストとなる。

　これもまた推定結果の頑健性を確認するため，企業の収益性及び生産性の双方が企業パフォーマンス変数として使用される[11]。収益性変数としては総資産利益率（ROA）が，生産性変数としては生産関数フレームワークで適切に推定された全要素生産性（TFP）が用いられる[12]。上述の

---

10) 過剰識別制約検定として Hansen のそれを使用する。なぜなら，Sargan の検定統計量は誤差項の分散不均一性に対して頑健性を欠くが，2ステップ GMM 評価関数を最小化した値である Hansen の検定統計量は分散不均一性に対して頑健だからである。

11) もう1つの頑健性チェックとして，企業パフォーマンス$_{it-1}$ のかわりにその一階階差 Δ 企業パフォーマンス$_{it-1}$ も推定において使用してみた。しかしその結果に企業パフォーマンス$_{it-1}$ を使った場合と統計的に有意な相違はみられなかった。従ってスペースの節約のためその推定結果は報告しない。

12) 資本と労働を投入要素とするコブ・ダグラス型生産関数を，Olley and Pakes

ように慎重になされるモデル (1) の推定結果において企業パフォーマンスの係数が有意に正ならば，それは本章の仮説が想定しているように良好なパフォーマンスを示した企業がより多くの企業間信用を受信できると解釈してよいだろう。

　第一のコントロール変数は，企業が民間所有なら1公有なら0の値をとる民営企業ダミーである。サンプル企業が農村企業であるため，ここでの「公有」は実際には農村レベル地方政府所有を意味する「集団所有」である[13]。所有タイプはその企業の企業間信用受信量や銀行借款額に影響を及ぼす可能性があるため，この所有タイプ効果はコントロールされる必要がある。Brandt and Li (2003) は，異なる所有タイプを持つ企業間で銀行ファイナンスへのアクセスに差別があるかどうか，同じく代替的資金調達源での状況を考察している[14]。民営企業は銀行ファイナンスへのアクセスでは差別に直面しており，そのため企業間信用を通じた資金調達に依存する傾向があることを，彼らは見出している。

　上記のようにコントロール変数のなかに企業規模・設立以来年数が含まれている。その狙いは，規模や設立以来年数で分類したとき，どのようなタイプの企業が資金調達において企業間信用により強く依存するのか，企業間信用を通じる金融仲介の効率性は企業タイプ間で異なるのかを明らかにすることである。

　残りのコントロール変数は内部資金変数である。その企業が保有している内部資金の量は，外部資金調達への需要，そして企業間信用受信や

(1996) の方法を用いて推定した。資本は恒久棚卸し法で実質化された固定資産取得額で，労働は労働者数で計測されている。従属変数は実質化された付加価値額である。

13) 民間資本の割合が50％を超えかつデータセットに「民営」として記載されている企業を民間所有，それ以外を公有と分類する定義を用いている。観察期間中に企業が民営化を経験すれば，このダミー変数は時変でその企業の中で0から1へと変化する。

14) 彼らのサンプル企業も本章と同様に農村企業である。そのため所有タイプ分類も民間所有と「集団所有」(彼らのサンプルでは鎮所有) になる。

銀行借款の受け入れを含む実際の企業行動に影響を与える可能性が高い。結果として，多くの内部資金を持つ企業は企業間信用受信や銀行借款の量が少なくなると期待される。企業規模をコントロールした内部資金変数を作成するために，本章での内部資金変数は総資産額で基準化されたものになる。従って，実際に使用される内部資金変数は，留保利潤／総資産，減価償却／総資産，現金保有量／総資産である。前の2つは今期のフロー変数である。現金保有量はストック変数であり，前期末（すなわち今期初）にその企業が保有する現金の量を表す。上記のように係数推定値は負の符号をとると期待される。

産業ダミー（$\sum Dummy_{ind}$）と省ダミー（$\sum Dummy_{prov}$）を独立変数に含める目的は，産業及び省固有の要素をコントロールするためである。

企業間信用の効率性を銀行ファイナンスのそれを比較するため，次のような実証モデルを推定することにより銀行ファイナンスも検証する[15]。

$$\Delta 銀行借款_{it}／総資産_{it} = \alpha_0 + \alpha_t + \beta 企業パフォーマンス_{it-1}$$
$$+ \sum \gamma_{ind} Dummy_{ind} + \sum \gamma_{prov} Dummy_{prov} \qquad (2)$$
$$+ \delta X_{it-1} + \varepsilon_{it},$$

ここで，$\Delta 銀行借款_{it} = 銀行借款_{it} - 銀行借款_{it-1}$ かつ $\varepsilon_{it} = \mu_i + e_{it}$ である。

銀行借款変数は今期末における銀行借款の量を表す。Δ買掛ストックやΔ全企業間信用債務項目ではなく（総資産で基準化された）Δ銀行借款

---

[15] Firth et al. (2009) は，2002年の企業レベルクロスセクションデータを用いて，中国において非国有企業の一部をなす民営企業に対して銀行がどのような融資配分を行っているかを検証している。(1) その効率性検証の対象として銀行ファイナンスに加え企業間信用にまで拡大した考察を行っている，(2) 1年限りのクロスセクションデータではなくパネルデータを使用している，(3) 従属変数が最初の実証モデルの段階で階差変数になっている，(4) パネル GMM 推定を採用している，等の点で本章は彼らの考察の拡張を行っていると言ってよい。本文中で説明したように，このデータ使用や計量経済学上の推定戦略は内生性問題を軽減するのに貢献している。

が従属変数であることを除けば，記号と結果の解釈は企業間信用モデルと同じである。

3　データ —— 沿海部に立地する農村企業

本節では使用データを紹介し，記述統計による幾つかの重要な観察結果を報告する。

本章で使用されるデータは，中国の東海岸部に位置する4つの省に立地する農村企業から得られた企業レベルマイクロパネルデータである。具体的には，山東省・安徽省・江蘇省・浙江省の4省である[16]。

一定規模以上の工業企業センサスデータ中，農業部がデータを保管していた農村企業の部分が本章のデータソースとなっている[17]。オリジナルデータには，個々の企業の会計表とその企業についての基本的な情報が含まれている。我々は本章の分析のために，オリジナルデータの一部にアクセスすることができた。オリジナルのセンサスデータから上記の4省立地企業について適切なサンプリングが行われているが，サンプルデータ内でも個々の企業のマイクロ情報は基本的に保持されて提供されている。第一段階のサンプリング単位は鎮であり，4省より100鎮がランダムに抽出された。第二段階では，利用可能データの質と連続的使用可能性のような基準を使用して，各鎮あたり5ないし6企業が抽出された。こうして509社のサンプル企業を得た。また外資系企業は企業レベルでのサンプル対象から外されている。

---

16) この地域は農村工業が発達していることで有名である。Ge and Qiu（2007）が示すように，中国において非国有企業は国有企業より積極的に企業間信用を利用しており，農村企業は非国有企業の重要な一部分である。本章のサンプル企業も全て工業企業であり，正確には農村工業企業である。
17) 一定規模以上とは，具体的には売上が年間500万元以上であることを意味する。

第4章　企業間信用ファイナンスの効率性

　オリジナルデータの期間は1999-2006年である。最初の2年間を脱落させ，結果として2001-2006年を推定作業に使用する。その理由は，1期のラグ変数企業パフォーマンス$_{it-1}$及びX_{it-1}がモデルの独立変数として使用され，上に説明したように，システムGMM推定におけるレベル方程式と階差方程式の操作変数を作成するためには少なくとも2期のラグレベル変数が企業パフォーマンス及びXに関して使用されねばならないからである。サンプル企業数は509社で，パネルデータは6年間でバランスしたものである。そのため観測値数は3054となる。
　本章のサンプル企業の記述統計が表4-2に示されている。
　労働者数で計測された企業規模は，本章のサンプルが主として中小企業により構成されていることを明らかにしている（平均労働者数は207人である）。このサンプル企業の中であるが，相対的大企業と相対的小企業を，それぞれ90パーセンタイル以上と20パーセンタイル以下の規模を持つ企業として定義する。企業規模順位は観察期間中の平均従業員数で付けられている[18)][19)]。
　サンプル中の90％以上は民営企業であり，10％弱の公有企業を残して民営化は概ね完了していると言えよう。全サンプルが工業に属しており，さらにその中で15業種に分類される。その各業種に産業ダミーが使用される。
　記述統計段階で，企業規模あるいは設立以来年数により企業間信用ファイナンスへのアクセスの程度に差異があることが分かる。表4-2においては，買掛ストック／総資産や全企業間信用債務項目／総資産で計測された企業間信用受信への依存度の比較がなされている。ここで示し

---

18) 相対的大企業と相対的小企業の期間平均従業員数は，それぞれ482人と61人である。

19) たとえ相対的大企業と相対的小企業のパーセンタイル定義設定を ── 例えば70パーセンタイル以上と10パーセンタイル以下，のように ── 相当変化させたとしても，本章の重要な点における推定結果は基本的に変化しない。下に示すような成熟企業と新設企業の定義設定についても事情は同様である。

表 4-2　サンプル農村企業の記述統計：2001-2006 年期間の 509 社

	Mean	Std. Dev.	Obs. No.
従属変数			
Δ買掛ストック／総資産	0.008	0.050	3054
買掛ストック／総資産			
全サンプル企業	0.141	0.109	3054
相対的大企業[1]	0.098	0.080	300
相対的小企業[2]	0.104	0.071	600
成熟企業[3]	0.152	0.111	300
新設企業[4]	0.097	0.074	600
Δ全企業間信用債務項目／総資産	0.009	0.082	3054
全企業間信用債務項目／総資産			
全サンプル企業	0.237	0.199	3054
相対的大企業	0.146	0.128	300
相対的小企業	0.140	0.104	600
成熟企業	0.248	0.223	300
新設企業	0.122	0.094	600
Δ銀行借款／総資産	−0.011	0.066	3054
銀行借款／総資産			
全サンプル企業	0.175	0.126	3054
相対的大企業	0.353	0.141	300
相対的小企業	0.057	0.099	600
成熟企業	0.183	0.195	300
新設企業	0.066	0.065	600
独立変数			
(1) パフォーマンス変数			
ROA$_{-1}$	0.099	0.103	3054
TFP$_{-1}$	0.000	0.457	3054
(2) コントロール変数			
年ダミー	利用可能	利用可能	3054
産業ダミー	利用可能	利用可能	3054
省ダミー			3054
山東ダミー	0.230	0.177	3054
安徽ダミー	0.179	0.147	3054
江蘇ダミー	0.295	0.208	3054
浙江ダミー	0.297	0.209	3054
民営企業ダミー$_{-1}$	0.917	0.076	3054
設立以来年数$_{-1}$	10.031	10.977	3054
従業員数$_{-1}$（人）	206.853	284.117	3054
（留保利潤／総資産）$_{-1}$	0.039	0.070	3054
（減価償却／総資産）$_{-1}$	0.045	0.019	3054
（現金保有量／総資産）$_{-1}$	0.093	0.111	3054

[1] 観察期間中の平均従業員数において 90 パーセンタイル以上の規模を持つ企業
[2] 観察期間中の平均従業員数において 20 パーセンタイル以下の規模の企業
[3] 設立以来年数において 90 パーセンタイル以上の企業
[4] 設立以来年数において 20 パーセンタイル以下の企業

第4章　企業間信用ファイナンスの効率性

た数値の相違はすべて統計的に有意である。相対的小企業の企業間信用受信への依存度が低いのは，それら企業は融資上の評判を確立するのに困難をきたしがちであり，そのため企業間信用ファイナンスへのアクセスが難しいからであろう。これは Fisman and Love（2003）の議論と整合的な観察結果である。相対的大企業については，企業規模による銀行ファイナンスへのアクセス格差は興味深い（表4-2）。相対的大企業は銀行ファイナンスにより多くアクセスしている。そしてこれは，相対的大企業は中小企業と比較して企業間信用を通じて資金調達をする必要性がそれほどないことを意味している。その結果，相対的大企業の企業間信用受信への依存度も低い。設立以来年数により企業を分類した場合，設立以来年数の増加に伴い企業間信用アクセスは単調に増大する。成熟企業は企業間信用により多くアクセスしており，新設企業はアクセスできていない[20]。

　上ですでに示したように，企業規模と企業間信用アクセスとの間にはこのような単純な関係はみられない。従って，以下では規模（すなわち，従業員数）による企業分類に焦点をあて，次節の計量分析でもこの非線形な関係についてさらに探求していく。

　最後に，本章のデータにサンプリングバイアスが生じていないかをチェックするのに，サンプルから得られた幾つかの記述統計量と省レベル集計データによるそれらを比較しておくのは有益であろう。平均従業員数で計測された企業規模，買掛ストック／総資産，銀行借款／総資産を比較してみる。省レベル集計データは『郷鎮企業年鑑』2003-2007年版から採られている。比較に使用される期間は，平均従業員数については2002-06年，買掛ストック／総資産と銀行借款／総資産については

---

[20] 規模に基づく相対的大・小企業のときと同様に，設立以来年数においてそれぞれ90パーセンタイル以上と20パーセンタイル以下の企業を，成熟企業・新設企業に分類した。これは，新設企業はまだ融資上の評判を確立できていない結果として企業間信用アクセス難に直面するという，Fisman and Love（2003）の議論と完全に整合的である。

表4-3 本章のサンプルデータと省レベル集計データの比較：サンプリングバイアスのチェック[1]

	平均従業員数 2002-06 年 (persons)		買掛ストック／総資産 2003-04 年		銀行借款／総資産 2003-04 年	
	サンプルデータ	省レベル集計データ	サンプルデータ（平均）	省レベル集計データ	サンプルデータ（平均）	省レベル集計データ
山東	241.004	218.027	0.140	0.144	0.188	0.207
安徽	207.008	183.858	0.135	0.132	0.135	0.141
江蘇	181.010	163.627	0.195	0.209	0.211	0.209
浙江	172.013	155.045	0.207	0.243	0.202	0.238

[1] 省レベル集計データは『郷鎮企業年鑑』2003-2007 年版から採られている。両データとも対象は売上500 万元以上の農村工業企業である。比較に使用される期間は，平均従業員数については 2002-06 年，買掛ストック／総資産と銀行借款／総資産については 2003-04 年である。このように使用期間に違いがあるのは省レベル集計データの利用制約による。

2003-04 年である。このように使用期間に違いがあるのは省レベル集計データの利用制約による。表 4-3 によれば，従業員数で計測された平均企業規模では省平均よりも本章サンプルの方がやや大きいものの，その他の統計量と省間の差異についてはサンプルと省レベルデータはよく類似している。従って，本章のデータに深刻なサンプリングバイアスはないと言える。

4 推定結果 ―― 企業間信用と銀行借款の比較

推定結果は表 4-4〜表 4-6 に報告されている。2 節で説明したようにパフォーマンス変数は ROA_{-1} あるいは TFP_{-1} であるが，それらと相対的大企業ダミー・相対的小企業ダミーとの交差項も使用することがある。受信企業の規模によって企業間信用の効率性が異なるかどうかを考察するためである。この場合，システム GMM 推定においてそれら交差項に対応した操作変数を追加使用する。

どのような実証モデル特定化においても，Hansen の過剰識別制約検

定は使用した操作変数が外生であるという帰無仮説を棄却していない。さらに，AR (2) の結果も誤差項 e_{it} に通常の有意水準では系列相関を見出していない。これらの結果は使用した操作変数の妥当性を支持するものである。

　表4-4には，Δ買掛ストック$_{it}$／総資産$_{it}$ あるいはΔ全企業間信用債務項目$_{it}$／総資産を従属変数としたモデル (1) でパフォーマンス変数をROA$_{-1}$ としたときの推定結果が提示されている。ベースラインの結果は1列目と4列目に示されている。両方の特定化においてROA$_{-1}$が正に有意な係数推定値を持っていることは，パフォーマンスが良好な企業は企業間信用を通じて資金を引き寄せ受信していることを示す。表4-5はROA$_{-1}$ に替えてTFP$_{-1}$をパフォーマンスに使用した場合のモデル (1) の推定結果を報告している。やはり，ベースラインの結果においてTFP$_{-1}$の係数推定値は正に有意である。良好なパフォーマンスを示す企業は企業間信用受信を容易にすることを確認できる。次に産業ダミー・省ダミー以外のコントロール変数をすべて除去した特定化での推定も試みてみた。表4-4・表4-5の2列目と5列目に結果が提示されている。それは，産業固有及び省固有の要素以外の諸条件をコントロールしない場合でさえ，パフォーマンス変数ROA$_{-1}$・TFP$_{-1}$に有意に正の係数推定値が得られることを示している。

　表4-4・表4-5の3列目と6列目は，ROA$_{-1}$・TFP$_{-1}$に加えて，それらと相対的大企業ダミー・相対的小企業ダミーとの交差項の係数推定値も独立変数として使用したケースでの推定結果を示している。前述のように，企業間信用の効率性が受信企業の規模に依存するかどうかを考察しようとしている。そこでは，統計的に有意ではないものもあるが，パフォーマンス変数 (ROA$_{-1}$・TFP$_{-1}$) と相対的大企業ダミー・相対的小企業ダミーとの交差項の係数推定値はそれぞれ負の符号と正の符号を持っている。企業パフォーマンスの良好さに対する企業間信用受信の感応度

表 4-4 農村企業の企業間信用受信決定要因：2 ステップ GMM 推定結果 (A)[1]

(パフォーマンス変数＝ROA)

独立変数	従属変数＝Δ買掛ストック／総資産			従属変数＝Δ全企業間信用債務項目／総資産		
	(1)	(2)	(3)	(4)	(5)	(6)
定数項	−0.034	0.002	−0.03	0.001	−0.014	0.001
	(−1.20)	(0.08)	(−0.99)	(0.06)	(−0.43)	(0.07)
(1) パフォーマンス変数						
ROA_{-1}	0.128**	0.088**	0.125**	0.284**	0.174**	0.292**
	(4.71)	(6.34)	(4.14)	(3.83)	(6.71)	(3.24)
ROA_{-1}×相対的大企業ダミー			−0.063*			−0.041
			(−2.22)			(−1.10)
ROA_{-1}×相対的小企業ダミー			0.070*			0.133*
			(2.50)			(2.46)
(2) コントロール変数						
年ダミー	yes	yes	yes	yes	yes	yes
産業ダミー	yes	yes	yes	yes	yes	yes
省ダミー						
安徽	−0.038	−0.021	−0.034	−0.058	−0.047	−0.062
	(−1.59)	(−0.88)	(−1.64)	(−1.42)	(−0.42)	(−1.39)
江蘇	0.019*	0.017	0.017*	0.045*	0.038**	0.040*
	(2.24)	(1.79)	(2.22)	(2.01)	(2.92)	(2.31)
浙江	0.014	0.013*	0.013	0.029	0.022	0.029
	(1.60)	(1.98)	(1.71)	(1.27)	(0.98)	(1.18)
民営企業ダミー$_{-1}$	−0.034*		−0.035*	−0.062**		−0.064**
	(−2.57)		(−2.54)	(−3.25)		(−3.30)
設立以来年数$_{-1}$	0.001*		0.001*	0.001*		0.001*
	(2.30)		(2.14)	(2.31)		(2.00)
従業員数$_{-1}$	0.0002**		0.0002**	0.0002**		0.0002**
	(2.64)		(2.76)	(2.96)		(2.81)
従業員数$^2_{-1}$	-0.262×10^{-6}**		-0.257×10^{-6}**	-0.186×10^{-6}**		-0.172×10^{-6}**
	(−3.19)		(−3.26)	(−4.04)		(−4.83)
(留保利潤／総資産)$_{-1}$	−0.063		−0.062	−0.163		−0.193
	(−1.72)		(−1.60)	(−1.72)		(−1.80)
(減価償却／総資産)$_{-1}$	−0.096*		−0.083*	−0.141**		−0.155**
	(−2.44)		(−2.32)	(−3.04)		(−2.94)
(現金保有量／総資産)$_{-1}$	−0.084**		−0.091**	−0.128**		−0.136**
	(−2.80)		(−2.91)	(−2.90)		(−3.32)
p-value of Hansen test	0.252	0.167	0.227	0.130	0.175	0.242
p-value of AR (2) test	0.134	0.274	0.390	0.559	0.488	0.629
Obs. No.	3054	3054	3054	3054	3054	3054

[1] Blundel and Bond のシステム GMM (2 ステップ) による推定結果を示している。従属変数はΔ買掛ストック／総資産とΔ全企業間信用債務項目／総資産である。( ) 内に報告されているのは, 2 ステップ推定における標準誤差に対する Windmeijer (2005) の有限サンプル補正により得られた z 値である。
* 5%水準で有意。
** 1%水準で有意。

表4-5 農村企業の企業間信用受信決定要因：2ステップ GMM 推定結果 (B)[1]

(パフォーマンス変数＝TFP)

独立変数	従属変数＝Δ買掛ストック／総資産			従属変数＝Δ全企業間信用債務項目／総資産		
	(1)	(2)	(3)	(4)	(5)	(6)
定数項	−0.019	0.002	−0.017	0.001	0.018	0.001
	(−1.84)	(0.09)	(−1.85)	(0.10)	(0.37)	(0.08)
(1) パフォーマンス変数						
TFP_{-1}	0.033**	0.014**	0.037*	0.051**	0.035**	0.057**
	(2.74)	(7.61)	(2.36)	(3.74)	(4.94)	(3.76)
TFP_{-1}×相対的大企業ダミー			−0.019*			−0.007
			(1.98)			(−0.30)
TFP_{-1}×相対的小企業ダミー			0.010*			0.088**
			(2.01)			(2.99)
(2) コントロール変数						
年ダミー	yes	yes	yes	yes	yes	yes
産業ダミー	yes	yes	yes	yes	yes	yes
省ダミー						
安徽	−0.036	−0.019	−0.042	−0.038	−0.023	−0.033
	(−1.82)	(−0.98)	(−1.65)	(−0.74)	(−0.69)	(−0.66)
江蘇	0.013	0.023	0.011	0.034**	0.058*	0.041*
	(1.95)	(1.34)	(1.83)	(2.76)	(2.47)	(2.43)
浙江	0.010	0.011	0.013	0.028	0.022	0.027
	(1.52)	(1.95)	(1.48)	(1.80)	(1.15)	(1.52)
民営企業ダミー$_{-1}$	−0.054**		−0.065**	−0.072*		−0.063
	(−2.62)		(−3.00)	(−2.14)		(−1.80)
設立以来年数$_{-1}$	0.001*		0.001*	0.001**		0.001*
	(2.24)		(2.35)	(2.63)		(2.26)
従業員数$_{-1}$	0.0001**		0.0001*	0.0001*		0.0001*
	(2.91)		(2.50)	(2.23)		(2.17)
従業員数$^2_{-1}$	-0.554×10^{-7}**		-0.584×10^{-7}**	-0.148×10^{-6}*		-0.145×10^{-6}**
	(−3.990)		(−3.720)	(−2.440)		(−2.860)
(留保利潤／総資産)$_{-1}$	−0.100		−0.097	−0.231*		−0.207*
	(−0.89)		(−0.87)	(−2.30)		(−2.18)
(減価償却／総資産)$_{-1}$	−0.115**		−0.115**	−0.164**		−0.159**
	(−3.15)		(−3.13)	(−3.35)		(−3.39)
(現金保有量／総資産)$_{-1}$	−0.070**		−0.074**	−0.175**		−0.172**
	(−3.50)		(−3.16)	(−3.35)		(−2.81)
p-value of Hansen test	0.128	0.291	0.166	0.237	0.204	0.198
p-value of AR (2) test	0.440	0.233	0.508	0.189	0.459	0.600
Obs. No.	3054	3054	3054	3054	3054	3054

[1] Blundel and Bond のシステム GMM (2ステップ) による推定結果を示している。従属変数はΔ買掛ストック／総資産とΔ全企業間信用債務項目／総資産である。( ) 内に報告されているのは，2ステップ推定における標準誤差に対する Windmeijer (2005) の有限サンプル補正により得られた z 値である。
* 5％水準で有意。
** 1％水準で有意。

は，規模が小さい企業においてより強くなるのである[21]。中小企業については，良好なパフォーマンスを示す企業により多くの信用を配分することを通じて，企業間信用は将来性のある小企業（・新設企業）の生き残りと成長を実際に金融側面から後押ししているのである。ただし，Wald 検定によると，ROA_{-1} と ROA_{-1}×相対的大企業ダミー・TFP_{-1} と TFP_{-1}×相対的大企業ダミーの係数推定値の合計は正の統計的有意性を失ってはいない。従って，相対的大企業に対しても，企業間信用による金融仲介は効率的であることが確認できる。

　企業間信用ファイナンスに関する推定結果と銀行ファイナンスのそれを比較することで，企業間信用の効率性のより精確な評価が可能になる。表4-6は実証モデル (2) の推定結果を，幾つかの特定化のバリアントにおいて示している。どの実証モデル特定化においても，企業パフォーマンス（ROA_{-1}・TFP_{-1}）は銀行借款に正に有意な影響力を持っていない。これは銀行借款が企業のパフォーマンスや将来性とは無関係に配分されていることを証拠付ける。無論それは銀行借款を通じた資金配分が非効率的になることにつながる。このようにマイクロレベルで農村企業に対する銀行ファイナンスの非効率性が確認できる。この銀行ファイナンスについての観察結果と比較すると，企業間信用を通じる金融仲介の効率性の高さは一層際だって見える。企業間信用が発達すれば，それは中国経済における資金配分効率性の改善に貢献する可能性が高い。

　表4-4・表4-5両方の1・3・4・6列目において，従業員数の係数は正に有意である。同様の傾向が設立以来年数の係数にも認められる。計量分析において他の条件をコントロールしてもなお，規模が小さい企業や新設企業は企業間信用受信難に直面していることが見出されるのである。融資上の評判の確立の不十分さがこれに関連しているのであろう。表4-4・表4-5における企業規模の二乗項（従業員数^2）にも注意を払うと，企業規模と企業間信用アクセスの間の非線形な関係が明らかになる。

---

21) 推定結果は報告しないが，新設企業に対しても同様の推定結果が得られている。

表4-6 農村企業の銀行ファイナンス（借款）アクセス決定要因：2ステップGMM推定結果[1]

独立変数	従属変数=Δ銀行借款／総資産			
	(1)	(2)	(3)	(4)
定数項	0.060	0.065*	0.072**	0.086**
	(1.93)	(1.99)	(2.73)	(2.90)
(1) パフォーマンス変数				
ROA$_{-1}$	−0.069	−0.051		
	(−0.97)	(−1.10)		
ROA$_{-1}$×相対的大企業ダミー		−0.007		
		(0.40)		
ROA$_{-1}$×相対的小企業ダミー		0.072		
		(0.90)		
TFP$_{-1}$			−0.016	−0.017
			(−0.38)	(−0.42)
TFP$_{-1}$×相対的大企業ダミー				0.008
				(0.07)
TFP$_{-1}$×相対的小企業ダミー				0.039
				(0.91)
(2) コントロール変数				
年ダミー	yes	yes	yes	yes
産業ダミー	yes	yes	yes	yes
省ダミー				
安徽	0.011	0.013	0.011	0.011
	(1.09)	(0.95)	(1.41)	(1.75)
江蘇	−0.008	−0.008	−0.007	−0.008
	(−1.14)	(−1.41)	(−1.05)	(−1.30)
浙江	−0.010*	−0.011	−0.012*	−0.010**
	(−2.01)	(−1.60)	(−2.44)	(−2.75)
民営企業ダミー$_{-1}$	−0.042*	−0.041*	−0.026*	−0.033*
	(−2.27)	(−2.14)	(−2.00)	(−1.99)
設立以来年数$_{-1}$	0.001**	0.001**	0.001**	0.001**
	(4.13)	(3.41)	(3.94)	(3.30)
従業員数$_{-1}$	0.0001**	0.0001**	0.00003**	0.0001**
	(4.47)	(5.07)	(2.78)	(3.19)
(留保利潤／総資産)$_{-1}$	−0.109**	−0.090**	−0.126*	−0.158**
	(−2.58)	(−2.74)	(−2.56)	(−2.85)
(減価償却／総資産)$_{-1}$	0.061	0.058	0.046	0.042
	(1.01)	(1.02)	(0.62)	(0.55)
(現金保有量／総資産)$_{-1}$	−0.124**	−0.099**	−0.140**	−0.167**
	(−3.27)	(−3.38)	(−4.04)	(−3.81)
p-value of Hansen test	0.318	0.105	0.223	0.237
p-value of AR (2) test	0.187	0.230	0.337	0.429
Obs. No.	3054	3054	3054	3054

[1] Blundel and BondのシステムGMM（2ステップ）による推定結果を示している。従属変数はΔ銀行借款／総資産である。（　）内に報告されているのは，2ステップ推定における標準誤差に対するWindmeijer（2005）の有限サンプル補正により得られたz値である。
* 5％水準で有意。
** 1％水準で有意。

従業員数と従業員数^{2}の係数推定値はそれぞれ正と負に有意である。計量経済学分析の枠組を使用して他の条件をコントロールしても，企業規模と企業間信用アクセスの関係は非線形なのである。3節における記述統計を用いた観察結果と同様に，銀行ファイナンスへのアクセスは企業規模が大きくなるにつれて単調に増大する（表4-6）。大企業にとって銀行ファイナンスへの容易なアクセスは，その企業間信用を通じる資金調達への需要を減少させるであろう。すでに分かっているように，企業間信用は将来性のある小企業（・新設企業）の生き残りと成長を助けていることは疑いがない。しかし，それへのアクセスにも目配りをするなら，企業間信用は小企業（・新設企業）よりむしろ中規模（・設立以来一定の年数を経た）企業に主として金融的支援を与え，それら企業の生き残りと成長を後押ししている，と総括するのが適切である。

　最後に，幾つかのマイナーな知見にも言及しておこう。民営企業ダミーは銀行ファイナンスの推定結果において負に有意であるのみならず（表4-6），企業間信用ファイナンスモデルの多く推定結果においても負に有意である（表4-4・表4-5）。Brandt and Li (2003)は銀行ファイナンスへのアクセスにおける民営企業への差別とそれが企業間信用を通じた資金調達への依存を生み出すと指摘している。それに対して本章の推定結果は，企業間信用を通じた資金調達においても民営企業は差別されていることを明らかにしている。このことを考慮に入れると，企業間信用も銀行ファイナンスと同様の欠点を共有している部分もあると考えた方が良さそうである。内部資金変数（留保利潤／総資産，減価償却／総資産，現金保有量／総資産）は，期待どおり企業間信用モデル・銀行ファイナンスモデルの双方のほとんどのケースで負値――必ずしも統計的に有意ではないが――の係数推定値を示している。

　付加すると，従属変数が買掛ストック≧0となる観測値とΔ買掛ストック＜0の観測値，あるいはΔ銀行借款≧0となる観測値とΔ銀行借

第4章　企業間信用ファイナンスの効率性

款＜0 の観測値間で推定結果が異なる可能性をチェックしてみた[22]。その結果, このような従属変数の正負領域で非対称な推定結果がでる可能性は無視できることが確認できた。

5　結論 —— 企業間信用を通じる資金配分効率性の高さ

　中国における農村企業を対象とした 1999-2006 年期間の企業レベルマイクロデータを用いて, 本章は企業間信用による金融仲介の効率性を検証してきた。企業間信用受信（買掛）と銀行ファイナンス双方のデータが個々の企業について得られることを利用して, 企業間信用ファイナンスと銀行ファイナンスの計量経済学的な比較も行った。
　本章が得た主たる知見は以下のようにまとめられる。
　第一に, 良好なパフォーマンスを示した企業は企業間信用をより多く受信する傾向がある。企業間信用を通じる金融仲介の効率性を支持するマイクロレベルでの証拠 —— 少なくとも農村企業では —— が見出された。銀行ファイナンスと比較すると企業間信用ファイナンスの効率性の高さは明瞭である。銀行借款は企業パフォーマンスと無関係に配分されており, それは銀行借款を通じた資金配分の非効率性をまねいている。従って, 企業間信用ファイナンスの発達は中国経済における資金配分効率性の改善に貢献するであろう。
　第二に, 企業パフォーマンスが企業間信用受信量に与える正の影響は, 大規模企業においてよりも小規模企業において一層強く鮮明に観察される。様々な金融ツールの中で, 企業間信用は小規模企業（・新設企業）の

---

22) 3054 個の観測値の内, Δ買掛ストック≧0 となる観測値と Δ買掛ストック＜0 の観測値の数はそれぞれ 2237 個と 817 個である。同様に Δ銀行借款についても, Δ銀行借款≧0 の観測値と Δ銀行借款＜0 の観測値の数はそれぞれ 1310 個と 1744 個である。

生き残りと成長を後押ししている。すなわち，パフォーマンスが良好な企業へ資金配分を行うという企業間信用が果たしている機能は，中規模企業だけではなく小規模企業においても成立しているのである。

　第三に，しかし本章の記述統計及び計量分析による観察結果は，小規模あるいは新設企業は企業間信用受信難に直面している可能性を示唆している。それはそれら企業の融資上の評判の確立の不十分さに起因するものであろう (Fisman and Love, 2003)。また，大規模企業は銀行ファイナンスへのアクセスに不足しない立場であり，そのため中小企業と比較すると企業間信用ファイナンスへの需要はそれほど大きくない。資金へのアクセスに関して言うならば，企業間信用が特に金融的な後押しを提供している対象は，まだ銀行借款はあまりできないが，企業間信用を与信できるだけの融資上の評判はこれまでの取引を通じて確立した中規模（そして，一定程度成熟した）企業である，とするのが正しい。

　最後に，民営企業は企業間信用を通じた資金調達へのアクセスにおいても差別されている。疑いなく企業間信用による金融仲介は銀行ファイナンスによるそれよりも効率的である。しかし，企業間信用も銀行ファイナンスの欠点をすべて克服できているわけではない。

　本章の知見は，中国における企業間信用はオルタナティブ金融チャネルの1つとしてよく機能している可能性を概ね支持するものである。しかし，本章が示したのは中小企業に対する金融仲介経路としては企業間信用はその資金配分効率性の高さを発揮しているということにとどまる点は留意されなければならない。本章における「相対的大規模」企業は，あくまでも本章のサンプルの中で従業員数が90パーセンタイル以上の企業として定義されているだけであり，実際には480人以上の従業員を抱える企業というにすぎない。中国の文脈においてはそれらは真の大企業と見なすことはできない。中国での典型的な大企業とは上場企業のことである。上場国有企業のようなより大規模な企業に対しても企業間信用の相対的効率性が成立するのかどうかを検証するためには考察をより進める必要がある。

第5章 所有権，企業間信用，企業家行動

1 はじめに
―― 所有権保護と金融の中継地点としての企業間信用

　移行経済における企業活動に関する近年の諸研究は次の2つの重要な制度の発展に特別な関心を払っている。すなわち，所有権保護と金融の発展である。堅固な法システムは所有権をよく保護するものであるため，所有権保護の問題はよく機能する法システムの問題であるともみなせる。そのため，本章の以下ではこの2つの概念を「所有権の法的保護」という用語に統一し，この用語を今後使用する。中国の省レベルパネルデータから得られた実証的証拠に基づき，本章で我々は，所有権の法的保護と金融発展の関係を再考する必要があること，その際のキーポイントは企業間信用の発展は両者をつなぐ中継地点のような位置づけをもっていること，を論じる。

　我々の知る限り Johnson et al. (2002a) が，移行経済の文脈のなかで所有権の法的保護と外部金融の相対的重要性と比較に関する実証的考察を行った最初の論考である。この大きな影響力をもった論考に続いて，様々な研究者が移行経済における所有権の法的保護と外部金融の双方，ないしはそのどちらかに関する実証的な探求を行ってきた。所有権の法的保護の方が経済発展に対してより大きな貢献をしているというものもあれば (Johnson et al., 2002a; Acemoglu and Johnson, 2005; Bai et al., 2009)，両者

どちらとも経済発展のために重要であるとするものもある（Cull and Xu, 2005; Hasan et al., 2009）。

それらの共通の弱点は，これら 2 つの制度の発展をつなぐ中継地点としての企業間信用に十分な注意が払われていないことである。企業間信用は外部金融の 1 つであり，銀行借款へのアクセスを制限されがちな民営企業にとって特に重要な金融チャネルである。同時に所有権の法的保護はより信頼性の高い契約履行強制を通じて企業間信用の発達を促進する可能性がある。さらに企業間信用がもつ中継地点的な位置は企業間信用を計量的に取り扱う際には内生性（因果性）問題が生じる可能性があることを意味する。当然この問題を無視すれば，推定にバイアスをもたらす。従って，Cull and Xu (2005) のような論考—この研究の流れの中で中国経済に焦点をあてたものである—の知見はミスリーディングかもしれない。このように，これら 2 つの制度の発展の間での企業間信用の位置づけの重要性を認識することにより，所有権の法的保護と金融発展の関係をより深く理解することを通じて一連の研究に学術上の貢献を行うことができると我々は考える。

さらに省レベル集計データを用いることにより，我々は先行研究にのこる 2 つの問題を解決することに挑戦する。1 つめの挑戦は，既存の民営企業と新設の民営企業の双方から構成される民営セクター全体の投資を計測し，その決定要因を探求することである。マイクロデータでは既存企業の投資にのみ注意が向けられがちになる。2 つめの挑戦は，客観的状況を把握する変数と人々の行動を通じて顕示された真の主観的認識を反映した変数を用いることにより所有権の法的保護を計測することである。マイクロデータでは，質問への回答を通じて人々の主観的認識を問うという不正確さを免れない所有権保護の計測法がとられることが常である。

本章の実証分析は次のようなことを明らかにする。よく機能する法システムが企業間信用の発達の要因であるかどうかという因果関係を考察し企業間信用の内生性を考慮すると，中国において所有権の法的保護変

数は民営企業による投資にそれほど有意な直接的インパクトは持たなくなる。法システムによる所有権保護は，企業間信用の発達を通じてあくまでも間接的に民営企業による投資を促進しているのである。さらに，企業間信用は民営企業による投資促進に対して有意な貢献をしているのに対し，銀行ファイナンスにはそのような貢献はみられないことも見出された。一方企業間信用の内生性あるいは因果性問題に考慮を払わないで分析を行うと，所有権の法的保護変数と銀行ファイナンス変数の双方が民営企業投資に正に有意な影響を与えるかに見える結果が得られる。このような結果はCull and Xu (2005) が得た分析結果と整合的であるが，実は企業間信用の内生性あるいは因果性問題がもたらしたものである可能性が極めて高い。

　本章の以下の部分は次のように構成される。2節では企業家活動に対する所有権の法的保護と金融発展の貢献を考察した文献のレビューを行う。3節では実証モデルと推定方法が提示され，4節で使用されるデータの紹介がなされる。5節は推定結果の提示とそれに関する議論を行い，最後に6節で結論を述べる。

2 文献レビュー ── 所有権保護と金融の発展

　本章の分析は企業家活動に対する所有権の法的保護と金融発展の貢献を考察する一連の先行研究にその基礎をおいている。

　Johnson et al. (2002a) は，ロシア・ウクライナ・東欧諸国の移行経済における所有権の法的保護と外部金融の相対的重要性を検証している。彼らによれば所有権の法的保護の方が圧倒的に重要である。すなわち，所有権保護がよくなされていると認識するとき民間企業家は利潤の再投資率を高める決定をするという。そうして活発な民間投資が経済発展の原動力になるのである。中国企業に対する世界銀行の調査から得られた

マイクロデータを用いて Cull and Xu（2005）が見出したところによると，所有権保護—政府による収奪リスクの抑制と契約履行強制の2つに分類される—と銀行借款の形での外部金融へのアクセス双方が，中国における民営企業による再投資の重要な決定要因となっている。さらに，彼らの実証的観察結果は，銀行借款とは異なり企業間信用の再投資への影響は統計的に有意ではないことを示している。彼らは，彼らの中国企業における知見と Johnson et al.（2002a）のそれとの相違の原因を中国における経済の移行がより進んだ段階にあることに求めている。Acemoglu and Johnson（2005）は，クロス・カントリー分析において所有権の法的保護—非保護代理変数を先に述べた2つの変数グループに分けている。すなわち，政府による収奪の危険性変数と契約履行強制変数がそれらである。それらのうちどれが経済発展にとってより重要かを検証した結果，政府による収奪から所有権を保護することが契約履行強制よりも重要であることを彼らは見出している。

　Cull and Xu（2005）の論考以外にも，幾つかの先行研究が中国経済の文脈において様々な制度の発展が企業家活動・その結果としての経済発展に対して持つ重要性を考察している。Allen et al.（2005）は，中国の企業レベルデータを用いた自らの研究に基づいて，中国には良好に機能する法システム・金融システムが存在しないにもかかわらず非国有・非上場企業がその経済発展の最大の駆動力になっていると指摘している。そして，インフォーマルな金融チャネルとガバナンスのメカニズムが存在し有効に機能していることが，このような中国の経済成長を支えているのだと彼らは論じている。彼らの議論は，所有権保護と外部金融へのアクセスのようなフォーマルな制度的環境こそが中国における活発な企業家活動にとって重要だとする Cull and Xu（2005）とは整合的ではないようにみえるし，残念ながら Cull and Xu（2005）が使用したデータの方が Allen et al.（2005）のそれよりも大規模で系統的に収集されていることは事実である。しかし本章は，「インフォーマルな金融チャネル」の重要な一部である企業間信用とその発達のメカニズムに十分な注意を払え

ば，Allen et al.（2005）と Cull and Xu（2005）の議論は実は整合的でありうることを示す。我々は Allen et al.（2005）の議論を修正された枠組みで再生させることに取り組む[1]。Djankov et al.（2006）は企業家精神の形成における法的・経済的制度の重要性を強調している。中国省パネルデータを用いた Hasan et al.（2009）は，様々な制度の発展が各省の経済発展に対して持つ役割を考察している。彼らが報告している実証的証拠によれば，法的環境・所有権に対する意識の高さ・政治的多元性・金融市場の発展は省レベルでの経済発展度と正の相関を持つ。Bai et al.（2009）は，操作変数を用いて内生性問題を軽減することにより Cull and Xu（2005）の分析の修正を試みている。中国でも外部金融へのアクセスよりも所有権保護が再投資決定にとってより重要であることを彼らは発見している。この結果は Cull and Xu（2005）よりも Johnson et al.（2002a）のそれに近い[2]。

---

1) また Allen et al.（2005）は La Porta et al.（1998）のリーガル・インデックス評価に基づいて中国の法システムは不完全なものであると述べている。彼らの見解は，中国の目覚ましい成長と契約履行強制力の貧弱さ間にギャップが存在するとする Pei（2001）の見解と概ね同様である。本章は，中国においても法システムの下での契約履行強制は活発な企業家活動とその結果としての経済発展にとって重要であることを示す統計的証拠を提示する。逸話的なものにすぎないが，我々の現地調査もこれを支持している。中国で我々が取材した多くの企業経営者は，彼らが顧客に対して企業間信用を与信するかどうかあるいはより一般的に取引相手と契約を結ぶかどうかを決定する際に，法システムと法廷の機能の良し悪しは重要なファクターであると考えている，と述べている。勿論，フォーマルな法システムだけではなく，Allen et al.（2005）が主張するようにインフォーマルなガバナンスメカニズムが契約履行強制にとって有効に機能している可能性は否定できない。
2) 中国の法的環境に関心を向けた研究は他にも幾つか存在する。Li et al.（2008）は，市場に関する制度整備や法的保護が不十分な地域において共産党員資格を持つことが民営企業が良い業績をあげるために重要であることを見出した。Lu and Yao（2009）は法システムと金融システムの関係についての興味深い議論を提起している。彼らの研究によれば，逆説的なことに，1990年代中国における法システムの改善は民間投資を抑制する効果を持ち，金融深化に実際は何の効果もなかったと

所有権の法的保護と金融の発展によって促進される企業家活動という枠組みにおいて，企業間信用は特別に重要な位置を占めていると我々は考える。実際，Allen et al. (2005) も企業間信用を中国における有効なインフォーマルな金融チャネルの1つとして言及している。Bai et al. (2009) は，金融抑圧と正規金融へのアクセス難にも関わらず中国民営企業が革新的でありうる1つの要因は企業間信用の活用であると述べている。この枠組みにおいて企業間信用が占める位置について再考する必要性についてここで確認しておこう。金融仲介経路の1つとしての企業間信用を考慮する際，所有権の法的保護の重要性と企業間信用の発達（金融の発展の一形態）の重要性だけではなく両者間の因果関係も考察する必要がある。Acemoglu and Johnson (2005) や Cull and Xu (2005) が述べるように，所有権の法的保護は契約履行強制をその一部として含む。より実効的な契約履行強制があればより多くの企業間信用の授受を可能にする。企業間信用の与受信はその返済に関する契約をともなうものであり，その返済は1つの契約履行だからである。そのため，我々は企業間信用発達の原因としての所有権の法的保護に大きな注意を払うのであり，それらの企業家活動や経済発展にとっての重要性を単に比較するという立場をとらない。Johnson et al. (2002b) は，ロシア・ウクライナ・東欧諸国の文脈における法廷の重要性とその契約履行強制との関係を考察する際に，売り手企業の顧客に対する企業間信用与信を顧客の契約遵守への（売り手側からの）信頼と解釈している。そして彼らは，良好な機能を持った法廷による所有権の法的保護は企業家による企業間信用与信を促進することを見出している。

　経済発展の1つの原動力としての民営企業投資を促進する要因の探求において，民営企業による総投資を促進するものは何なのかを考えるこ

いう。これは特権を持った国有セクターから融資割当を余儀なくされている民間セクターへの金融資源の漏出が存在したことを証拠づけるものだと彼らは論じている。

とは実りある試みである。「総投資」という用語により，我々は利潤の再投資部分 ── 企業自身が得た利潤にファイナンスされた投資部分 ── だけに限定しない民営企業による投資全体を表現しようとしている。これは Johnson et al. (2002a), Cull and Xu (2005), Bai et al. (2009)は検証しなかった問題である。厳密に言えば，民営企業による総投資は他の資金源にファイナンスされた投資に加えて，新設民営企業の初期投資も含む。しかし Johnson et al. (2002a), Cull and Xu (2005), Bai et al. (2009)による分析は。既存民営企業の利潤再投資部分だけに限定されている。この問題を探求するための最善の戦略は（可能ならば）既存・新設双方の民営企業の投資行動に関するマイクロデータを用いることであろう。しかしそのようなデータは我々には利用不可能である。従って次善の選択として，我々はこの問題を探求するための高いカバレッジをもつ集計データを利用することにする。そのため本章は中国の省レベルパネルデータを使用する。このデータはほとんどの項目について既存・新設双方の民営企業の情報を一括して含んでいる。

省レベル集計データを使用することにはもう1つのメリットがある。この種のデータは，客観的状況を把握する変数あるいは人々の行動を通じて顕示された真の主観的認識を反映した変数によって所有権の法的保護を計測することを分析者に許すのである。Johnson et al. (2002a)や Cull and Xu (2005)のように，所有権の法的保護を計測するために企業レベルマイクロデータを使う研究は，これらの問題に関する企業経営者の認識を問う質問票への回答を利用するほかない。しかし，この種の計測には様々なバイアスがつきまとってしまう。バイアスは，企業経営者は所有権保護や法システムの機能の良し悪しに対する主観的認識を表明しているにすぎない，というだけではない。彼らの主観的認識自体が口頭で表明されたものであり，真の主観的認識を正しく記録できていないかもしれないという問題もあるのだ。この問題に関して，Bai et al. (2009)は Cull and Xu (2005)の普通最小二乗法（OLS）による推定結果にはバイアスがある可能性がある，なぜなら高い再投資率（活発な企

業家活動）と所有権保護の確かさへの認識は双方とも回答している経営者の楽観的見通しを単に反映しているだけかもしれないからである，と指摘している[3]。このバイアスは，Cull and Xu (2005) が所有権の法的保護の客観的指数を計測できず主観的指数を計測しているに過ぎないことに起因していると言ってよい。すなわち，彼らが直接に計測しているのは，所有権の法的保護に関して経営者がどの程度楽観的であるか，なのである。この計測は別の意味でも問題を引き起こしかねない。口頭による回答は回答者の真の主観的認識をも隠蔽する可能性があるからである。法と法システムに関する集計データの中からなら，所有権の法的保護を客観的に計測する適切な代理変数を見つけ出すことが可能である。所有権の法的保護についての人々の主観的認識も情報として必要な場合には（おそらく実際の実証分析においては客観的指数を補完するものとしての価値があるだろう），省レベルや国全体の集計データを使用して人々の行動により顕示された—単に言葉での回答ではない—真の主観的認識を計測する変数を探し出すこともできる。

3 実証モデル
—— 民営企業投資の決定要因と企業間信用発達の決定要因

　先行研究と同様に，本章の実証モデルは法システムと金融システムの発展が企業家の投資行動の活発さに与える影響を分析・比較しようとするものである。金融仲介経路の1つとしての企業間信用の考察を行うために，実証モデルには企業間信用の発達を計測する変数として買掛ストック／総資産が含まれる。バランスシート上において企業間信用受信は買掛ストックとして現れるため，買掛ストック／総資産は企業がその

---

[3] いわゆる脱落変数 (omitted variables) 問題である。

資産購入に際して企業間信用受信にどれだけ依存しているかを表すものと考えられる。Cull and Xu (2005) の実証モデルも，各企業が投入要素のうちどれだけの割合を信用取引で購入しているか，言い換えるとフローレベルでの企業の購買における企業間信用依存度を，独立変数の1つとして採用している。従って，この点においては本章のモデルは Cull and Xu (2005) と相違はない。我々はまず次のような実証モデルを採用する。

$$民営部門投資_{it} = \alpha_0 + \alpha_i + \alpha_t + \beta_1 所有権保護_{it-1}$$
$$+ \beta_2 (買掛ストック／総資産)_{it} + \beta_3 (銀行借款／総資産)_{it}$$
$$+ \beta_4 (総貯蓄額／省GRP)_{it} + \beta_5 (総融資額／総貯蓄額)_{it}$$
$$+ \beta_6 企業の収益性_{it} + \varepsilon_{it}, \qquad (1)$$

ここで，i と t はそれぞれ省と年を表すインデックスであり，α_0 は定数項，α_i は省個別効果項，α_t は年個別効果項，$\beta_1 \sim \beta_6$ は推定対象となる係数，ε_{it} はモデル (1) における誤差項である。

従属変数である民営部門投資として，2種のカテゴリーの変数を使用する。1つは投資に占める民営セクターの割合，もう1つは民営セクターにおける投資率である。これは推定結果の頑健性を確保するための措置である[4]。

より詳細に言えば，「投資に占める民営セクターの割合」は，ある省の当該年における民営企業によって行われた投資がその省一年の粗投資に占める比率を表している。この変数は，民営企業による投資の活発さを測る1つの適切な指標であろう。「民営セクターにおける投資率」は次のように定義される。

---

4) 投資に占める民営セクターの割合は，国有あるいは公有セクターの投資が民営セクター投資やその決定要因と本質的に関係がないとにきも，国有あるいは公有セクターで生じた外的変化に影響されやすいことは認識しておかなくてはならない。

粗投資$_{it}$／固定資産ストック$_{it}$

ここで粗投資$_{it}$はi省のt年における民営企業による粗投資，固定資産ストック$_{it}$はi省のt年初期時点における民営企業の固定資産額である。この粗投資$_{it}$と固定資産ストック$_{it}$関係を定式化すると，

粗投資$_{it}$＝固定資産ストック$_{i,t+1}$－$(1-s)$固定資産ストック$_{it}$，

となる。ここでsは資本の廃棄率（スクラップ率）であり，本章では年5％と仮定されている。民営セクターにおける投資率も，民営企業による投資の活発さを測るもう1つの適切な指標であると考えられる。

さらに，この2種のカテゴリーの民営部門投資変数のそれぞれについて，3種類の民営企業の定義を使用する：(1) 非国有企業（3つの中で最も広義の民営企業），(2) 非国有支配企業（非国有控股企業），(3) 私営企業（最狭義），である。非国有支配企業という中間的な定義が本章の分析にとっては最も妥当であろうが，得られた実証結果の頑健性チェックのためその他2つの定義も使用する。

所有権保護変数は所有権の法的保護を計測している。我々は何種類かの所有権保護変数を用意する。第一のカテゴリーのそれは，人々の行動を通じて顕示された所有権の法的保護に対する主観的認識を計測する諸変数である。このカテゴリーに入る変数として，それぞれ一期のラグをとった特許申請受理数／省GRPと商事係争法廷受理数／省人口が使用される。従って形式的に書けば，（特許申請受理数／省GRP）$_{it-1}$及び（商事係争法廷受理数／省人口）$_{it-1}$が使用される変数である[5]。両変数がこのカテゴリーの変数として適当である理由を以下に述べる。特許申請受理数変数は知的所有権保護についての人々の認識を直接に反映している。

---

[5] 所有権保護変数にラグをとる重要な理由の1つは，独立変数としてのこれらの内生性問題を避けるためである。つまり，ラグをとらず同時期（年）のデータを使用すると，民営企業による投資から所有権の法的保護への因果関係が生じてしまうかもしれないことを懸念している。

商事係争法廷受理数は Lu and Yao (2009) や Li et al. (2008) がその使用を提唱したもので，法的保護の有効性を反映させるためのものである。彼らは，この指標は法システムに対する人々の信頼—信頼しているからこそ法廷での係争に持ち込む—を計測したものであると主張している。所有権の法的保護に関するこの 2 つの変数は，それぞれ各省の域内総生産 (gross regional product：GRP) と人口で基準化される[6]。第二のカテゴリーの所有権保護変数は，所有権の法的保護の程度を客観的に測る変数である。Hasan et al. (2009) は，中国各省をケースとして法制度を含む制度の発展が省の経済発展にもたらす影響を分析している。そこで彼らは，法手続の質と法の支配両方の指標として，法曹の数の上でのプレゼンスを使用している。我々は彼らに倣い，人口 1 万人あたりの法曹数 (の一期ラグ) を所有権の法的保護の程度を客観的に測る変数として採用する。すなわち，(法曹数／省人口)$_{it-1}$ である。その係数は，法システムが良好に機能することより所有権が保護されたときに，民営企業の投資がどれほど活発になるかを示す。

買掛ストック／総資産，銀行借款／総資産，総貯蓄額／省 GRP，総融資額／総貯蓄額は当該年におけるその省の金融の発展の状況を表している。中でも，買掛ストック／総資産は上述のように企業間信用の発達を示す指標である。買掛ストックと総資産とに関するデータは，省レベルで集計された工業企業の会計データから採られている。一方，銀行借款／総資産，総貯蓄額／省 GRP，総融資額／総貯蓄額は銀行ファイナンスの発達を計測する指標である。銀行借款／総資産は銀行ファイナンスの発達度を測る直接的で最も重要な指標であり，この変数を作るのに必要なデータも省レベルで集計された工業企業の会計データからのものである。総貯蓄額／省 GRP は，その省の銀行預金総額を GRP で基準化したものである。言い換えると，この変数は銀行口座への預金の側面

---

[6] この基準化に使用される分母の単位はそれぞれ，GRP は億元 (RMB)，人口は万人である。

から金融の発展ないしは深化がどの程度進んでいるかを示すものである。総融資額／総貯蓄額は当該年におけるその省での銀行借款総額を預金総額でわったものである。我々はこれを銀行が融資に対してどれほど積極的かを測る指標と考えている[7]。

　企業の収益性も，民営企業投資の決定要因の1つである可能性がある。この要素をコントロールするために，我々は独立変数として企業の収益性変数を実証モデルに導入する。これは具体的には，工業企業利潤総額／工業企業総資産額として計測される。この収益性変数もまた省レベルで集計された工業企業の会計データのデータから作成されている。

　モデル（1）を単一方程式システムとして推定することは，企業間信用がもつ重要な位置づけと知的所有権の法的保護と企業間信用の発達の間にありうる因果関係を無視することにつながるかもしれない。そのため，良好に機能する法システムによる所有権保護が企業間信用発達においてもつ因果性に十分な注意を払うため，我々はモデル（1）に加えて以下のモデル（2）を同時推定する。

$$（買掛ストック／総資産）_{it} = \gamma_0 + \gamma_i + \gamma_t + \delta_1 所有権保護_{it-1}$$
$$+ \delta_2 競争的市場環境_{it-1}$$
$$+ \delta_3 (銀行借款／総資産)_{it} + e_{it}, \quad (2)$$

ここでγ_0は定数項，γ_iとγ_tはそれぞれ定数に付加する省及び年個別効果項，$\delta_1 \sim \delta_3$は推定すべき係数，e_{it}は誤差項である。モデル（2）は企業間信用の発達要因を考慮するためのものである。以下に述べるように，我々は発達要因として3つの候補を考える。

　第一に，上で説明したように，法システムによる所有権保護は当然企業間信用の発達に正の影響を与える可能性がある。そのため，モデル（1）

7）　中国人民銀行による商業銀行に対する行政指導を考慮すると，正しくは，この総融資額／総貯蓄額は銀行が融資にどれほど積極的になるのを許されるかを計測していると考えるのが適当かもしれない。

での3つの所有権保護変数と同じ変数をモデル(2)でも使用する。

　第二に,競争的な市場環境も企業間信用の発達を促進させるかもしれない。第1章や第3章で紹介したように,Fisman and Raturi (2004) はサプライヤー(売り手)間の競争が企業間信用与信を促進する環境を顧客側が作るような動機付けを与えるという理論的見通しを示し,それを支持する実証的な証拠も得ている。やはり即に第3章で紹介した Fabbri and Klapper (2008) や Van Horen (2004) は,顧客に対して市場での交渉力が相対的に弱い企業は一般的により多くの企業間信用を与信することを実証的に示している。顧客に対してサプライヤー企業の市場での交渉力が相対的に弱いという状況は主としてその製品市場の競争の激しさからきている。そのため,彼らの知見は競争的な市場環境は企業間信用を通じた金融仲介を促進する可能性があるというアイデアを支持するものであると解釈できる。Fabbri and Klapper (2008) の統計的証拠は中国の企業レベルマイクロデータから得られたものである。競争的市場環境は当該年のその省での市場の競争性を計測する変数である。我々は2種類の競争的市場環境変数を使用する。1つはその省—年における人口1万人あたり企業数(の一期ラグ)であり,(企業数／省人口)$_{it-1}$ と表記される。もう1つは企業数をその変化分に替えた Δ 企業数$_{it-1}$／省人口$_{it-1}$ である。企業数$_{it}$ をi省のt年における企業数とするならばΔ企業数$_{it-1}$=企業数$_{it-1}$－企業数$_{it-2}$ と定義できる。つまり競争的市場環境変数として企業密度のレベルと1階の差分が使用されるのである。両者を同時に使用する理由は以下に述べるとおりである。レベル変数((企業数／省人口)$_{it-1}$)はその省の市場の競争性の代理変数として直感的な説得力をもつ一方,市場の競争性以外にも省—年特有の観察不可能な何らかの要素 —— 例えば産業構造 —— も計測してしまうかもしれない。省個別効果項・年個別効果項($\gamma_i \cdot \gamma_t$)は産業構造のような省固有で時変な変数はコントロールできない。従って,この種の計測ミスを回避し市場競争による効果を極力純粋な形で確認するため,レベル変数に加えて1階差分変数(Δ企業数$_{it-1}$)が使用されるのである。この2つの競争的市場環境変数はモ

デル (1) の独立変数から除外された変数である[8]。企業間信用発達がより良い所有権の法的保護をもたらす，あるいは，企業間信用発達がより競争的な市場環境をつくる —— どちらもありそうなことである —— という因果関係の逆転をさけるため，所有権保護変数と競争的市場環境変数については一期のラグをとる。

最後に，金融変数の1つで銀行融資変数である銀行借款／総資産を企業間信用発達の決定要因の1つとしてモデル (2) に導入する。これは，銀行ファイナンスは企業間信用を通じる金融仲介と代替的かもしれないからである。そのため，銀行ファイナンスの発達度を表す銀行借款／総資産を実証モデル (2) に入れることにより，この代替効果をコントロールすることを狙った変数選択を行った。

4 データ —— 省レベル集計データ

本章では2001-2008年の中国省レベル集計パネルデータを使用する。そのデータソースについての説明は以下のとおりである。

本章はモデル (1) において，上記の2×3の定義の採用の結果次の6つの従属変数を使用する：(1) 投資に占める非国有企業の比率，(2) 投資に占める非国有支配企業（非国有控股企業）の比率，(3) 投資に占める

[8) これらの変数が排除性制約を満たしているかをテストするために，排除性制約テストをインフォーマルなかたちでも行ったみた。手順は以下である。除外変数のそれぞれどちらか一方をモデル (1) に独立変数として加え，その係数の有意性をチェックした。ほとんどのモデル (1) 特定化で，どちらの変数をモデル (1) に加えても，除外変数は民営部門投資に対して5％有意水準で有意な説明力を持たなかった。この結果は，モデル (1) の識別のために我々が行った除外変数の選択が妥当であることを支持している。フォーマルなテストは後述のようにSargan検定で行われている。

私営企業の比率，(4) 非国有企業の投資率，(5) 非国有支配企業（非国有控股企業）の投資率，(6) 私営企業の投資率，である。(1) 及び (3) の変数については，『中国統計年鑑』からデータを採っている。(2) の変数については『中国固定資産投資年鑑』から，(4)〜(6) の変数については『中国統計年鑑』と『中国固定資産投資年鑑』の双方をデータ源としている。

次に所有権保護変数に移ろう。特許申請受理数／省GRP，商事係争法廷受理数／省人口，法曹数／省人口のデータ源の1つは『中国統計年鑑』である。商事係争法廷受理数と法曹数は，『中国法律年鑑』『中国検察年鑑』『中国司法行政年鑑』『中国律師年鑑』から得たデータ及び我々が中国司法部より直接得たデータから作成されている。

金融発展変数の中で，買掛ストック／総資産と銀行借款／総資産に必要なデータは『中国工業経済統計年鑑』『中国経済普査（センサス）年鑑2004』及び国家統計局より直接入手した省レベル集計統計資料から得られている。総貯蓄額／省GRPと総融資額／総貯蓄額に関しては，先に説明したように『中国統計年鑑』は各省GRPの情報を提供し，その他のデータは『中国金融年鑑』から収集されている。

企業の収益性変数，すなわち工業企業利潤総額／工業企業総資産額の作成においては『中国統計年鑑』から得られたデータ使用している。モデル (2) にのみ新たに現れる変数は，(企業数／省人口)$_{it-1}$，Δ企業数$_{i-1}$／省人口$_{it-1}$の3変数である。これらの作成に必要なデータもすべて『中国統計年鑑』から得られる。

推定に使用される31省×2001-2008年間の変数の記述統計は表5-1に報告されている。

実証モデル (1) 及び (2) の推定に3段階最小二乗法 (3SLS) を使用する。上で説明したように，操作変数は，買掛ストック／総資産を除くモデル (1) 及び (2) に現れる独立変数すべてである。Sargan検定（過剰識別性制約検定）はこれらの操作変数の外生性を帰無仮説のかたちで支持している。

表 5-1　記述統計：2001-2008 年期間の 31 省

	Mean	Std. Dev.	Obs. No.
従属変数：民営企業投資			
(1) 投資に占める民営セクターの割合			
投資に占める非国有企業の割合	0.615	0.123	248
投資に占める非国有支配企業（非国有控股企業）の割合	0.415	0.137	248
投資に占める私営企業の割合	0.140	0.063	248
(2) 民営セクターにおける投資率			
非国有企業における投資率	0.325	0.082	248
非国有支配企業における投資率	0.310	0.102	248
私営企業における投資率	0.288	0.096	248
独立変数			
(1) 所有権保護			
(特許申請受理数／省 GRP)$_{-1}$	1.335	0.909	248
(GRP1 億元 (RMB) あたり)			
(商事係争法廷受理数／省人口)$_{-1}$	1.646	0.770	248
(人口 1 万人あたり)			
(法曹数／省人口)$_{-1}$	1.339	1.365	248
(2) 金融の発展			
買掛ストック／総資産	0.132	0.041	248
銀行借款／総資産	0.441	0.069	248
総貯蓄額／省 GRP	1.447	0.569	248
総融資額／総貯蓄額	0.754	0.125	248
(3) 企業の収益性			
工業企業利潤総額／工業企業総資産額	0.058	0.035	248
モデル (2)：企業間信用の発展要因			
(企業数／省人口)$_{-1}$	1.931	1.978	248
Δ 企業数$_{-1}$／省人口$_{-1}$ [1]	0.179	0.201	248

[1] Δ 企業数$_{-1}$ は，t−1 期と t−2 期の間での企業数の変化である。つまり，Δ 企業数$_{-1}$＝企業数$_{-1}$ − 企業数$_{-2}$ と定義される。

5 推定結果 ── 単一方程式推定と同時推定の結果の相違

まず始めに，単一方程式システムとしてモデル (1) を推定した結果をみてみよう。上で示唆したように，この推定の仕方は所有権の法的保護と企業間信用発達の間にあるかもしれない因果関係を無視している。この推定は，後に表 5-2・表 5-3 で報告されるモデル (1) 及び (2) の同時推定の結果との比較のための参照点である。

所有権保護変数の選択と従属変数である民営部門投資変数の選択の組み合わせによって，表 5-2・表 5-3 に示された (1)-1 から (1)-12 の 12 種類の実証モデル特定化ができる。前に説明したように，我々には 6 種類の従属変数選択のバリエーションがある。そのそれぞれの従属変数選択に，所有権保護変数からの組み合わせ選択により 2 種類の特定化をしている。残念ながら，どの特定化においても所有権保護変数の第一カテゴリーに属する変数 (人々の所有権の法的保護に対する主観的認識を計測する諸変数) を同時に使用することはできない。(特許申請受理数／省 GRP)$_{it-1}$ と (商事係争法廷受理数／省人口)$_{it-1}$ がそれらである。なぜなら，予想できることだがこの両変数は相当強く相関しているからである。もう 1 つの問題は，省個別効果項の特定化である。すべてのケースにおいて固定効果 (fixed-effects) モデルにが採用されている。ほとんどすべてのパネル推定結果において，Hausman 検定が変量効果 (random effects) モデルを棄却したためである。

表 5-2・表 5-3 のほとんどの特定化において所有権保護変数が従属変数，すなわち民営企業投資に正に有意な影響を与えている。さらに銀行借款／総資産という最も重要な銀行ファイナンス発達変数も 12 のモデル特定化中の 8 ケースで正に有意な係数推定値を持っているのに対して，買掛ストック／総資産の係数推定値はすべての特定化において統計的有意性を持たない。これらの結果は，中国において民営セクター投資

第Ⅲ部　企業間信用が果たす役割

表 5-2　民営企業投資の決定要因：単一方程式システムとしてのモデル (1) の推定結果（従属変数＝投資に占める民営セクターの割合）[1,2]

独立変数		従属変数＝投資に占める非国有企業の割合		従属変数＝投資に占める非国有支配企業の割合		従属変数＝投資に占める私営企業の割合	
		(1)-1 固定効果	(1)-2 固定効果	(1)-3 固定効果	(1)-4 固定効果	(1)-5 固定効果	(1)-6 固定効果
年ダミー	2002	0.068** (2.752)	0.074** (3.660)	0.006 (0.305)	0.005 (0.409)	0.017 (1.044)	0.017 (1.154)
	2003	0.094** (4.833)	0.118** (5.571)	−0.009 (−0.702)	−0.010 (−0.715)	−0.012 (−0.824)	−0.012 (−0.862)
	2004	0.146** (7.933)	0.132** (9.552)	−0.047** (−2.768)	−0.061** (−3.241)	−0.044** (−3.674)	−0.057** (−4.941)
	2005	0.144** (6.698)	0.157** (7.688)	0.014 (0.821)	0.017 (0.721)	0.002 (0.134)	0.002 (0.167)
	2006	0.174** (9.690)	0.222** (12.331)	0.007 (0.458)	0.008 (0.524)	0.009 (0.690)	0.008 (0.681)
	2007	0.187** (11.127)	0.226** (11.638)	0.031* (1.963)	0.034* (2.063)	0.033* (2.307)	0.029** (3.064)
	2008	0.200** (10.990)	0.204** (12.701)	0.032* (2.256)	0.034** (2.596)	0.031* (2.487)	0.039** (2.468)
(1) 所有権保護[3]							
（特許申請受理数／省 GRP）$_{-1}$		0.043* (2.106)		0.014* (2.118)		0.022* (2.017)	
（商事係争法廷受理数／省人口）$_{-1}$			0.039** (2.764)		0.018* (2.190)		0.027** (2.885)
（法曹数／省人口）$_{-1}$		0.030** (3.476)	0.027** (4.228)	0.008* (1.966)	0.007** (2.385)	0.003* (1.969)	0.003** (2.225)
(2) 金融の発展							
買掛ストック／総資産		0.088 (0.313)	0.118 (0.422)	0.412 (1.440)	0.368 (1.577)	0.210 (1.211)	0.219 (1.280)
銀行借款／総資産		0.217 (1.560)	0.245 (1.912)	0.203 (1.807)	0.202* (2.323)	0.197* (2.467)	0.256* (2.370)
総貯蓄額／省 GRP		−0.099** (−2.518)	−0.126** (−3.183)	0.012 (0.361)	0.010 (0.482)	−0.028 (−1.786)	−0.032 (−1.628)
総融資額／総貯蓄額		0.026 (0.323)	0.028 (0.296)	0.111* (2.311)	0.099* (2.239)	0.024 (0.432)	0.029 (0.505)
(3) 企業の収益性							
工業企業利潤総額／工業企業総資産額		−0.297 (−0.898)	−0.363 (−0.930)	−0.035 (−0.132)	−0.037 (−0.112)	−0.210 (−0.980)	0.110 (1.115)
Adj.R^2		0.970	0.965	0.899	0.870	0.928	0.903
p-value of Hausman-test[4]		0.000	0.000	0.003	0.019	0.008	0.000
Obs. No.		248	248	248	248	248	248

[1] ここでは単一方程式システムとしてのモデル (1) の推定結果を示している。これは表 5-4 で示されるモデル (1) の同時推定の結果との比較対象である。
[2] 係数推定値が報告されている。（ ）内に報告されているのは z 値である。
[3] どの特定化においても所有権保護変数の第一カテゴリーに属する変数（人々の所有権の法的保護に対する主観的認識を計測する諸変数）を同時に使用することはできない。（特許申請受理数／省 GRP）$_{it-1}$ と（商事係争法廷受理数／省人口）$_{it-1}$ がそれらである。なぜなら両変数は相当強く相関しているからである。
[4] この Hausman 検定は変量効果（random effects）モデルが一致性を持つという帰無仮説を検定している。
* 5％水準で有意。
** 1％水準で有意。

表 5-3 民営企業投資の決定要因：単一方程式システムとしてのモデル (1) の推定結果（従属変数=民営セクターにおける投資率）[1,2]

独立変数		従属変数=非国有企業における投資率		従属変数=非国有支配企業における投資率		従属変数=私営企業における投資率	
		(1)-7 固定効果	(1)-8 固定効果	(1)-9 固定効果	(1)-10 固定効果	(1)-11 固定効果	(1)-12 固定効果
年ダミー	2002	0.050 (1.561)	0.053 (1.632)	0.046 (1.517)	0.047 (1.476)	0.048 (1.314)	0.039 (1.341)
	2003	0.065 (1.840)	0.060 (1.756)	0.058 (1.860)	0.055 (1.614)	0.060 (1.829)	0.050 (1.455)
	2004	0.193** (3.097)	0.184** (3.326)	0.170** (2.777)	0.191** (3.430)	0.162** (3.065)	0.147** (2.904)
	2005	0.593 (1.789)	0.641 (1.813)	0.603 (1.532)	0.582 (1.577)	0.484 (1.555)	0.563 (1.546)
	2006	0.614 (1.608)	0.645 (1.728)	0.539 (1.508)	0.566 (1.791)	0.435 (1.427)	0.559 (1.724)
	2007	0.707 (1.762)	0.726 (1.745)	0.67 (1.517)	0.644 (1.592)	0.665 (1.551)	0.611 (1.642)
	2008	0.144** (2.773)	0.150** (2.888)	0.144** (2.671)	0.148** (2.895)	0.144* (2.263)	0.147* (2.460)
(1) 所有権保護[3]							
（特許申請受理数／省 GRP）$_{-1}$		0.011** (2.619)		0.011* (1.975)		0.009 (1.849)	
（商事係争法廷受理数／省人口）$_{-1}$			0.013* (2.222)		0.010* (2.280)		0.012** (2.667)
（法曹数／省人口）$_{-1}$		0.006* (2.403)	0.007** (3.471)	0.006** (2.839)	0.006** (2.994)	0.005* (2.075)	0.007** (2.873)
(2) 金融の発展							
買掛ストック／gross assets		0.209 (0.899)	0.159 (1.045)	0.163 (0.891)	0.157 (0.954)	0.204 (0.725)	0.146 (0.976)
銀行借款／gross assets		0.187 (1.801)	0.200* (1.999)	0.261* (2.198)	0.280** (2.490)	0.170* (1.984)	0.190* (2.004)
総貯蓄額／省 GRP		0.055 (1.207)	0.072 (1.063)	0.054 (0.935)	0.060 (1.104)	0.050 (0.936)	0.06 (0.930)
総融資額／総貯蓄額		0.800* (2.431)	0.733** (2.967)	0.659* (2.185)	0.757* (2.442)	0.590* (2.149)	0.687** (2.802)
(3) 企業の収益性							
工業企業利潤総額／工業企業総資産額		0.111 (0.560)	0.059 (0.646)	0.102 (0.514)	0.055 (0.559)	0.095 (0.412)	0.047 (0.504)
Adj.R^2		0.898	0.901	0.922	0.910	0.906	0.900
p-value of Hausman-test[4]		0.000	0.000	0.000	0.000	0.039	0.051
Obs. No.		248	248	248	248	248	248

[1] ここでは単一方程式システムとしてのモデル (1) の推定結果を示している。これは表 5-5 で示されるモデル (1) の同時推定の結果との比較対象である。
[2] 係数推定値が報告されている。( ) 内に報告されているのは z 値である。
[3] どの特定化においても所有権保護変数の第一カテゴリーに属する変数（人々の所有権の法的保護に対する主観的認識を計測する諸変数）を同時に使用することはできない。（特許申請受理数／省 GRP）$_{it-1}$ と（商事係争法廷受理数／省人口）$_{it-1}$ がそれらである。なぜなら両変数は相当強く相関しているからである。
[4] この Hausman 検定は変量効果（random effects）モデルが一致性を持つという帰無仮説を検定している。
* 5％水準で有意。
** 1％水準で有意。

を促進するのには所有権保護と銀行ファイナンスの発達が重要であり，企業間信用はそれほど重要な役割は果たしていないとする Cull and Xu (2005) の統計的証拠と整合的である。Cull and Xu (2005) のように企業レベルデータではなはく省レベル集計データを用いたものではあるが，所有権の法的保護と企業間信用発達の間にあるかもしれない因果関係を無視すると彼らと同様の推定結果を得るのである。

　今度は，表 5-4・表 5-5・表 5-6 に報告されているモデル (1) とモデル (2) の同時推定をした結果をみてみよう。

　実証モデルの特定化の方針は，単一方程式システムとしてモデル (1) を推定したときと概ね同様である。

　まず初めに表 5-6 に示されたモデル (2) の推定結果からみていこう。あらゆる特定化において所有権保護変数のすべてが買掛ストック／総資産によって計測された企業間信用の発達に対して正に有意な説明力を持っている。これは所有権の法的保護から企業間信用の発達への因果関係を強く支持している。法システムによる所有権保護が堅固になされているほど企業間信用の発達が促進される可能性が極めて高いことを示すものである。市場の競争性を計測した 2 つの競争的市場環境変数，(企業数／省人口)$_{it-1}$，Δ 企業数$_{it-1}$／省人口$_{it-1}$ もまた全部のケースにおいて正に有意である。期待されたように，競争的な市場環境もまた中国において企業間信用の発達を促進する要因となっている。負に有意な銀行借款／総資産の係数推定値からは，銀行ファイナンスと企業間信用の代替性が確認できる。

　モデル (1) の推定結果について，従属変数である民営部門投資の定義にかなりの違いあるにもかかわらず表 5-4 と表 5-5 の間には重要な点に関して似通った結果が得られている。これは本章の推定結果の頑健性を確認するものである。従って，ここでは表 5-2・表 5-3 と比較したときの重要な相違に注目していこう。

　第一に，表 5-2・表 5-3 でみられた所有権保護変数の統計的有意性の大部分が表 5-4・表 5-5 では失われてしまっている。統計的有意性を保っ

第 5 章 所有権，企業間信用，企業家行動

表 5-4 民営企業投資の決定要因：モデル (1) の同時推定結果 (従属変数=投資に占める民営セクターの割合)[1,2]

独立変数	従属変数=投資に占める非国有企業の割合		従属変数=投資に占める非国有支配企業の割合		従属変数=投資に占める私営企業の割合	
	(1)-1 固定効果	(1)-2 固定効果	(1)-3 固定効果	(1)-4 固定効果	(1)-5 固定効果	(1)-6 固定効果
年ダミー						
2002	0.070** (3.249)	0.067** (3.651)	0.022 (1.390)	0.022 (1.502)	0.031* (2.044)	0.028* (2.380)
2003	0.097** (5.628)	0.113** (6.191)	−0.001 (−0.044)	−0.001 (−0.058)	−0.005 (−0.437)	−0.005 (−0.431)
2004	0.148** (8.569)	0.172** (10.521)	−0.037** (−2.991)	−0.043** (−2.900)	−0.046** (−4.338)	−0.061** (−5.478)
2005	0.157** (8.407)	0.202** (11.262)	0.020 (1.320)	0.021 (1.550)	0.008 (0.669)	0.011 (0.661)
2006	0.195** (11.787)	0.248** (12.321)	0.023 (1.869)	0.030* (2.075)	0.015 (1.173)	0.016 (1.276)
2007	0.195** (11.903)	0.228** (11.104)	0.053** (3.421)	0.064** (3.139)	0.040** (2.995)	0.051** (3.628)
2008	0.225** (11.735)	0.275** (12.228)	0.061** (3.131)	0.075** (3.750)	0.034** (3.132)	0.037** (3.771)
(1) 所有権保護[3]						
(特許申請受理数／省 GRP)$_{-1}$	0.013 (0.872)		0.007 (0.582)		0.015 (1.556)	
(商事係争法廷受理数／省人口)$_{-1}$		0.009 (0.669)		0.007 (0.462)		0.012 (1.283)
(法曹数／省人口)$_{-1}$	0.019* (1.989)	0.018* (2.445)	0.006 (0.951)	0.008 (0.888)	0.007 (1.068)	0.008 (1.400)
(2) 金融の発展						
買掛ストック／総資産	1.666** (2.918)	1.659** (3.806)	1.784** (4.664)	1.880** (5.640)	1.523* (2.464)	1.322* (2.308)
銀行借款／総資産	0.151 (1.182)	0.134 (1.392)	0.066 (0.829)	0.062 (0.765)	0.011 (0.230)	0.015 (0.213)
総貯蓄額／省 GRP	−0.089** (−2.748)	−0.077** (−3.355)	0.021 (0.579)	0.024 (0.549)	−0.029 (−1.811)	−0.038* (−2.285)
総融資額／総貯蓄額	0.026 (0.328)	0.026 (0.416)	0.061 (0.893)	0.063 (0.870)	0.012 (0.231)	0.012 (0.207)
(3) 企業の収益性						
工業企業利潤総額／工業企業総資産額	0.393 (1.799)	0.449 (1.720)	−0.183 (−0.769)	−0.237 (−0.725)	0.337 (1.662)	0.337* (2.216)
Adj.R^2	0.961	0.950	0.877	0.866	0.906	0.900
p-value of Hausman-test[4]	0.003	0.015	0.064	0.040	0.029	0.000
Obs. No.	248	248	248	248	248	248

[1] (1)-1, (1)-3, (1)-5 は 3 段階最小二乗法 (3SLS) を用いて，モデル (2) の特定化 (2)-4 と同時推定されている。同様に (1)-2, (1)-4, (1)-6 は (2)-5 と同時推定されている。表 5-6 に報告されている，(2)-4, (2)-5 を含むモデル (2) の各特定化の推定結果は，モデル (1) の特定化 (1)-3 或いは (1)-4 との同時推定の結果得られたものである。

[2] 係数推定値が報告されている。( ) 内に報告されているのは z 値である。

[3] どの特定化においても所有権保護変数の第一カテゴリーに属する変数 (人々の所有権の法的保護に対する主観的認識を計測する諸変数) を同時に使用することはできない。(特許申請受理数／省 GRP)$_{it-1}$ と (商事係争法廷受理数／省人口)$_{it-1}$ がそれらである。なぜなら両変数は相当強く相関しているからである。

[4] この Hausman 検定は変量効果 (random effects) モデルが一致性を持つという帰無仮説を検定している。

* 5%水準で有意。
** 1%水準で有意。

表 5-5 民営企業投資の決定要因：モデル (1) の同時推定結果（従属変数＝民営セク

独立変数	従属変数＝非国有企業における投資率		
	(1)-7 固定効果	(1)-8 固定効果	(1)-9 固定効果
年ダミー			
2002	0.055 (1.711)	0.050 (1.621)	0.053 (1.602)
2003	0.064 (1.919)	0.059 (1.740)	0.067 (1.481)
2004	0.185** (3.297)	0.200** (3.334)	0.199** (3.301)
2005	0.685* (1.971)	0.655 (1.950)	0.715 (1.757)
2006	0.632 (1.696)	0.591 (1.776)	0.518 (1.831)
2007	0.701 (1.884)	0.751 (1.906)	0.844 (1.668)
2008	0.156** (2.729)	0.152** (2.795)	0.161** (2.608)
(1) 所有権保護[3]			
（特許申請受理数／省 GRP）$_{-1}$	0.005 (1.290)		0.005 (1.508)
（商事係争法廷受理数／省人口）$_{-1}$		0.003 (0.822)	
（法曹数／省人口）$_{-1}$	0.003 (1.037)	0.002 (1.077)	0.002 (0.891)
(2) 金融の発展			
買掛ストック／総資産	1.008** (3.741)	1.112** (4.049)	0.931** (3.173)
銀行借款／総資産	0.082 (0.551)	0.100 (0.846)	0.106 (0.994)
総貯蓄額／省 GRP	0.061 (1.339)	0.054 (1.144)	
総融資額／総貯蓄額	0.564* (2.208)	0.632** (2.601)	
総融資額／省 GRP			0.127 (1.753)
(3) 企業の収益性			
工業企業利潤総額／工業企業総資産額	0.130 (1.600)	0.112 (1.725)	0.091 (1.612)
Adj.R^2	0.866	0.890	0.852
p-value of Hausman-test[4]	0.033	0.007	0.016
Obs. No.	248	248	248

[1] (1)-7, (1)-9, (1)-10, (1)-12, (1)-13, (1)-15 は 3 段階最小二乗法 (3SLS) を用いて，モデル (2) 表 5-6 に報告されている．(2)-4, (2)-5 を含むモデル (2) の各特定化の推定結果は，モデル (1) の特
[2] 係数推定値が報告されている．（　）内に報告されているのは z 値である．
[3] どの特定化においても所有権保護変数の第一カテゴリーに属する変数（人々の所有権の法的保護に対（特許申請受理数／省 GRP）$_{it-1}$ と（商事係争法廷受理数／省人口）$_{it-1}$ がそれらである．なぜなら両変数
[4] この Hausman 検定は変量効果 (random effects) モデルが一致性を持つという帰無仮説を検定している．
* 5% 水準で有意．
** 1% 水準で有意．

ターにおける投資率)[1,2]

従属変数=非国有支配企業における投資率			従属変数=私営企業における投資率		
(1)-10 固定効果	(1)-11 固定効果	(1)-12 固定効果	(1)-13 固定効果	(1)-14 固定効果	(1)-15 固定効果
0.048 (1.530)	0.050 (1.382)	0.045 (1.304)	0.049 (1.415)	0.046 (1.358)	0.04 (1.260)
0.062 (1.733)	0.064 (1.949)	0.064 (1.742)	0.052 (1.596)	0.052 (1.442)	0.058 (1.327)
0.157** (2.923)	0.158** (3.255)	0.162 (2.898)	0.129** (2.985)	0.133** (2.619)	0.126 (2.271)
0.646 (1.542)	0.654 (1.438)	0.713 (1.429)	0.465 (1.853)	0.495 (1.770)	0.521 (1.827)
0.575 (1.393)	0.638 (1.383)	0.576 (1.307)	0.529 (1.884)	0.596 (1.590)	0.567 (1.633)
0.734 (1.669)	0.708 (1.805)	0.727 (1.793)	0.656 (1.478)	0.638 (1.429)	0.707 (1.373)
0.141** (2.671)	0.134** (2.777)	0.126** (2.600)	0.156** (2.753)	0.133* (2.515)	0.116** (2.704)
0.003 (1.343)		0.003 (1.583)	0.004 (1.056)		0.005 (1.154)
	0.004 (0.635)			0.003 (0.806)	
0.002 (1.008)	0.002 (1.062)	0.002 (1.225)	0.002 (0.901)	0.002 (1.072)	0.002 (1.132)
1.373** (6.056)	1.249** (7.007)	1.177** (6.947)	1.484** (8.901)	1.215** (7.676)	1.729** (8.738)
0.123* (2.002)	0.119 (1.844)	0.098 (1.564)	0.150 (0.908)	0.093 (0.581)	0.103 (0.586)
0.036 (1.100)	0.030 (0.997)		0.050 (1.000)	0.044 (0.699)	
0.648** (2.811)	0.701** (3.190)		0.781** (2.792)	0.752* (2.563)	
		0.151 (1.909)			0.119 (1.651)
0.096 (1.276)	0.089 (1.101)	0.073 (1.169)	0.101 (1.488)	0.122 (1.380)	0.113 (1.320)
0.851	0.872	0.845	0.883	0.895	0.870
0.000	0.009	0.001	0.001	0.001	0.004
248	248	248	248	248	248

の特定化 (2)-4 と同時推定されている。同様に (1)-8, (1)-11, (1)-14 は (2)-5 と同時推定されている。
定化 (1)-3 或いは (1)-4 との同時推定の結果得られたものである。

する主観的認識を計測する諸変数)を同時に使用することはできない。
は相当強く相関しているからである。

表 5-6　所有権の法的保護が企業間信用の発展に与える影響：モデル (2)[1,2]

	従属変数=買掛ストック／総資産				
独立変数	(2)-1 固定効果	(2)-2 固定効果	(2)-3 固定効果	(2)-4 固定効果	(2)-5 固定効果
年ダミー					
2002	-0.003 (-0.969)	-0.003 (-0.936)	-0.003 (-0.802)	-0.003 (-1.027)	-0.003 (-1.096)
2003	-0.009** (-2.633)	-0.009* (-2.514)	-0.007 (-1.879)	-0.009** (-2.891)	-0.009** (-2.747)
2004	-0.012** (-3.682)	-0.012** (-3.399)	-0.013** (-4.364)	-0.013** (-4.296)	-0.014** (-3.971)
2005	-0.012** (-3.566)	-0.013** (-3.866)	-0.010** (-3.162)	-0.014** (-3.584)	-0.015** (-3.519)
2006	-0.013** (-4.050)	-0.013** (-3.831)	-0.012** (-4.355)	-0.014** (-4.307)	-0.014** (-4.315)
2007	-0.017** (-5.274)	-0.019** (-5.121)	-0.016** (-5.553)	-0.017** (-4.840)	-0.016** (-5.099)
2008	-0.012** (-4.214)	-0.012** (-4.590)	-0.010** (-6.920)	-0.011** (-3.717)	-0.010** (-3.965)
(1) 所有権保護[3]					
(特許申請受理数／省 GRP)$_{-1}$	0.011** (3.249)			0.010* (2.354)	
(商事係争法廷受理数／省人口)$_{-1}$		0.009** (2.911)			0.007** (2.591)
(法曹数／省人口)$_{-1}$			0.009** (3.163)	0.006** (3.196)	0.006** (3.014)
(2) 競争的市場環境					
(企業数／省人口)$_{-1}$	0.006** (4.092)	0.007** (4.161)	0.010** (5.553)	0.010** (4.350)	0.010** (4.086)
Δ 企業数$_{-1}$／省人口$_{-1}$	0.021* (2.507)	0.020* (2.375)	0.027** (2.605)	0.023* (2.141)	0.022* (2.213)
(3) 代替的金融仲介経路の発展					
銀行借款／総資産	-0.151** (-5.023)	-0.137** (-4.703)	-0.174** (-5.226)	-0.169** (-4.563)	-0.156** (-4.837)
Adj.R^2	0.879	0.890	0.864	0.921	0.933
p-value of Hausman-test[3]	0.049	0.040	0.078	0.011	0.017
Obs. No.	248	248	248	248	248

[1] (2)-1, (2)-3, (2)-4 の推定結果はモデル (1) の特定化 (1)-3 と同時推定から得られたものである。同様に (2)-2, (2)-5 は (1)-4 と同時推定されている。モデル (2) の特定化 (2)-4 或いは (2)-5 との同時推定の結果得られた (1)-3, (1)-4 を含むモデル (1) の各特定化の推定結果は表 5-4・表 5-5 において報告されている。

[2] 係数推定値が報告されている。( ) 内に報告されているのは z 値である。

[3] どの特定化においても所有権保護変数の第一カテゴリーに属する変数 (人々の所有権の法的保護に対する主観的認識を計測する諸変数) を同時に使用することはできない。(特許申請受理数／省 GRP)$_{it-1}$ と (商事係争法廷受理数／省人口)$_{it-1}$ がそれらである。なぜなら両変数は相当強く相関しているからである。

[4] この Hausman 検定は変量効果 (random effects) モデルが一致性を持つという帰無仮説を検定している。

* 5% 水準で有意。

** 1% 水準で有意。

ている変数（モデル特定化 (1)-1 及び (1)-2 の（法曹数／省人口）$_{it-1}$）でさえ，その係数推定値及び z 値は大きく低下している。モデル (2) と同時推定することにより，企業間信用発達を媒介とした所有権の法的保護から民営企業投資への間接的影響を考慮すると，所有権の法的保護は民営企業投資に直接的な影響力を持つとは言えなくなるのである。

　第二に，すべての実証モデル特定化において，買掛ストック／総資産が正に有意な係数推定値を示している。これは表 5-2・表 5-3 の推定結果とは全く逆であり，第一の所有権保護変数についての知見との関連づけのなかで解釈されるべきものである。所有権の法的保護が企業間信用の発達を促進するという因果関係をコントロールすると，買掛ストック／総資産（換言すると企業間信用発達）が内生性を持ちつつも民営企業投資を促進する直接の要因となっていることが分かる。つまり，所有権の法的保護は企業間信用発達を媒介として間接的にのみ民間投資に影響するのである。別の観点から言い換えれば，所有権の法的保護が中国における民営企業投資にとって普遍的に重要なのではなく，民営企業がその投資において直面している最も深刻な問題は金融制約だということである。企業間信用の発達はこの問題を効果的に軽減し，所有権の法的保護はこの軽減メカニズムを機能することを助けている，という構図である。

　第三に，15 の実証モデル特定化中のほとんど（14 ケース）で銀行借款／総資産の係数推定値は正ではあるが統計的に有意ではない。表 5-2・表 5-3 では銀行借款／総資産は民営企業投資に有意に正の影響力を持っているかにみえた。しかし表 5-4・表 5-5 が示しているのは，銀行借款／総資産の有意な影響力は，実際は買掛ストック／総資産の内生性を無視したことに起因する同時推定バイアスの所産である可能性が極めて高いということである。これは銀行ファイナンスの発達は民営企業投資にそれほど大きなインパクトを持っていないということを含意する。

　Ayyagari et al. (2010) は，フォーマルな銀行ファイナンスに依存する民営企業は，企業間信用等のオルタナティブ金融チャネルを資金源とする民営企業よりもパフォーマンスが良い（成長率，利潤の再投資率，生産

性の伸びが高い）ことを見出している。彼らの知見は一見すると我々のそれと矛盾しているようにみえる。しかし，本当は両者は整合的に解釈することもできる。Ayyagari et al. (2010) が主張するように，中国において銀行ファイナンスにアクセスできる企業のパフォーマンスは確かに良いだろう。しかしそれを，中国において銀行は良好なパフォーマンスを達成する可能性が高い企業にのみ融資をする ── 銀行の極めて厳格でよく機能する融資前モニタリングがそれを可能にする ── と解釈すれば我々の知見と彼のそれは整合的である。すなわち，Ayyagari et al. (2010) の知見が証拠立てているのは，銀行による民営企業の事前モニタリングが成功しており，結果的に民営企業にとって銀行ファイナンスは非常に限定的にしか利用できなくなっているという事態なのである[9)][10)]。従って，限定的にしか提供されない銀行ファイナンスは民営企業投資の量的拡大には小さなインパクトしか持たないという結果が生じている，と考えてよい。

　表5-4・表5-5での主要な知見はそれぞれの表内でも頑健性を持っている。上に述べた重要な知見については，それぞれの表の3つの従属変数による実証モデル特定化の間に重大な相違は無い。

　第一のカテゴリーの従属変数（投資に占める民営セクターの割合）を使用した場合，銀行ファイナンスの発達度を計測した変数中，総貯蓄額／省GRPが表5-4における特定化の半数のケース（モデル特定化(1)-1,(1)-2, (1)-6）で負に有意な係数推定値を持っている。1つの解釈は，銀行預金増加のかたちでの金融深化は国有企業への資金配分比率の上昇，つまり民営企業への資金配分比率の低下に結果してしまう，という

---

9) Ayyagari et al. (2010) が提供している統計的観察事実は，（内資）民営企業は国有企業に比して銀行ファイナンスへのアクセスが困難であることを示している。

10) Hericourt and Poncet (2009) と Poncet et al. (2010) も，中国民営企業は金融制約に直面しており，それは民営企業に対する銀行融資が極めてタイトにしかなされないという中国の金融事情の結果である可能性が高いことを見出している。

第5章 所有権,企業間信用,企業家行動

ものである[11]。銀行融資における国有企業に有利で民営企業に不利なバイアスを通じてこれは生じる。第二のカテゴリーの従属変数（もう1つは民営セクターにおける投資率）を使用したときには，表5-5において総貯蓄額／省GRPの係数推定値は正の符号をもっているが統計的には有意ではない。これは民間投資に対する銀行ファイナンスのインパクトの弱さを確認するものである。しかし，総融資額／総貯蓄額の係数推定値は表5-5のすべての特定化において正に有意である。これが指し示すのは，積極的な銀行融資は民営企業による投資を促進する，ということである。おそらく普段銀行ファイナンスへアクセスしにくい民営企業は，銀行が積極的な融資姿勢をとったときに初めて銀行借款ができるいわば「限界的な借り手」であるからこのような観察事実が得られるのであろう。この解釈の妥当性をチェックするために，総貯蓄額／省GRPと総融資額／総貯蓄額を1つの変数に合体させて（総融資額／省GRP）モデル（1）の推定に使用してみた[12]。このモデル特定化が（1）-9,（1）-12,（1）-15である。有意水準5%では有意とはいえないが，総融資額／省GRPの係数のz値は比較的高い。これが明らかにしているのは，銀行預金をコントロールしなければ銀行融資変数は民営企業投資に対して明確とまでいえる正の影響を示さないものの，正の影響を与える傾向くらいまでは確認できるということだ。総融資額／総貯蓄額の推定結果に対する上記の解釈は概ね妥当であることが示されたといえよう。このように，銀行ファイナンスの発達あるいは銀行預金のかたちでの金融深化は民営企業投資にとって無意味だとか有害だとまでは言えないものの，民営企業に対する銀行ファイナンスを通じた資金配分がタイトなものに

---

11) この推定結果は（脚注4で言及した）従属変数としての投資に占める民営セクターの割合は国有あるいは公有セクターで生じた外的変化に影響されやすいことに帰着されるといえるかもしれない。

12) スペースを節約するために表5の(1)-7,(1)-10,(1)-13を修正したモデルの推定結果のみを報告するが，(1)-8,(1)-11,(1)-14の修正モデルを用いてもほぼ同様の結果が得られる。

なっていることは,民営企業投資に対する金融上の障害の1つであること確かであろう。

6 結論 ── 所有権保護が企業間信用の発展を通じてもたらす民営企業投資促進

　本章は,民間投資で計測された企業活動にとって,中国においては所有権の法的保護と金融の発展がどれほど決定的かを再検証してきた。我々の再検証のポイントは,これら2つの制度の発展をつなぐ中継地点としての企業間信用の位置づけに十分な配慮を行うことであった。企業間信用もまた金融仲介経路の1つであり,従ってその発達は金融の発展の一部をなしている。本章の計量分析の主たる知見は以下のように要約できる。
　第一に,法システムによる堅固な所有権保護は企業間信用の発達を促進する可能性は極めて高い。別の言い方をすると,本章の統計的証拠は所有権の法的保護から企業間信用の発達への因果関係を確認している。良好に機能する法システムによる有効な契約履行強制が,より多くの企業間信用授受を可能にするという現実を反映したものであろう。この知見は企業間信用発達の内生的な性質に注意を払う必要性を示唆している。また,競争的な市場環境も企業間信用の発達を促進する。
　第二に,その内生性をコントロールすると,企業間信用の発達は民営企業投資に直接の正の影響をもたらすことが明らかにされた。一方,企業間信用発達の内生性を制御するための同時推定から得られた結果においては,所有権の法的保護は民間企業投資に対する直接の説明力を失ってしまう。ただし,所有権の法的保護は企業間信用の発達を促すため,前者は後者を媒介として間接的に民間企業投資を促進するとは言える。従って企業間信用の発達は,所有権の法的保護が活発な企業家活動につ

ながるための結節点なのである。企業間信用は金融仲介経路の1つであり，本章の分析枠組みは移行経済における企業家活動を考察するために，所有権保護と金融という2つの制度の発展に特別な注意を振り向けている。従って，この分析枠組みにおいて企業間信用の発達が所有権の法的保護と金融の発展の中継地点的な位置づけを持つというのは自然なことでもある。

　第三に，企業間信用の発達とは異なり，金融の一構成要素としての銀行ファイナンスの発達は民営企業投資に対してずっと小さなインパクトしか持たない。この違いはおそらく中国における民営企業に不利な銀行融資バイアスから生じているのだろう。このように，民営企業は資金調達のためにオルタナティブ金融チャネルの1つしての企業間信用に依存する傾向がある。所有権の法的保護は，それが企業間信用を通じた金融仲介を発展させるのを助けるという意味で同じく重要である。今日の中国における企業家活動に対する直接的で主要な障害は，所有権保護の不十分さではなく外部金融へのアクセスが制限されていることだ，とも言い換えられる。無論，後者は前者によって軽減される可能性も大いにある。

　第四に，企業間信用発達の内生性を無視した推定を行った場合，企業間信用と銀行ファイナンスの発達の両方が中国における民営企業投資を促進するために重要であるという結果が得られた。この推定結果はCull and Xu (2005) によって示された統計的証拠と整合的ではあるが，明らかに企業間信用発達の内生性を無視したことによる同時推定バイアスの所産である。

　本章は，移行経済における制度の発展と企業家活動についての新しい分析枠組の中で企業間信用がもつ極めて重要な位置づけを強調してきた。そして，中国においては所有権の法的保護と競争的市場環境が企業間信用の発達を促進してきたことも示した。これの政策的含意は，移行経済における政策決定者が企業家活動を促進するためには企業間信用の発達を直接の政策目標とすべきであり，それは所有権の法的保護を実現

し競争的な市場環境を作り出すことで達成できるということである。

第6章 企業間信用の進化

1 はじめに ── 2種類の企業間信用と企業活動

　本書でこれまでみてきたように，銀行借款のような正規金融へのアクセスを制限されてきた中国の民営企業にとって企業間信用は重要な資金調達源である。この点に関して先行研究は概ねコンセンサスを形成している。しかし，本来短期資金をファイナンスするための企業間信用が，投資という長期資金のファイナンスまでを部分的にでもしているかどうかを検証した先行研究は本書第2章を除き，未だない。しかも第2章も聞きとり調査レベルでの観察結果を提示するにとどまっている。我々が知る限り，本章は企業間信用を途上国経済における投資をファイナンスするオルタナティブな金融チャネルとして計量的に考察した初めての試みである。

　より正確に言えば，本章は，中国においてどのようなタイプの企業間信用が如何なる企業活動をファイナンスしているのかを探求する。企業間信用にもタイプ分類が存在するという点が重要であり，これが本章の分析の新しさでもある。このために本章は1998-2007年期間の大規模な企業レベルマイクロパネルデータを用いる。投資用資金源の考察をより深く行うために，短期の運転資金はどのような資金源によりファイナンスされているのかも計量的に分析する。

　本章においては，その性質が異なる2種類の企業間信用を明示的に分

類して取り扱う。それらを受信ストックとして表現すれば，（振出手形を含む）買掛と前受金の2つである。この区分に注目した先行研究は存在しない。買掛は銀行ではなく企業によって創造される信用である。Burkart and Ellingsen (2004) は，現物での貸借という買掛（売掛）だけが持つ性質にオルタナティブ金融チャネルとしての企業間信用の重要性があると指摘した。現物での貸借であるために企業でも信用創造が可能になることに着目し，Burkart and Ellingsen (2004) のアイデアに則るならば前受金よりも買掛の方がオルタナティブ金融チャネルとしてより重要だということになるだろう。また別の一連の諸研究は，買掛が発生するためには企業間の信頼関係（以下では，企業間の信頼と表現する）が必要であり，従ってその代理変数となりうると指摘している (Johnson et al., 2002b; Fafchamps, 2004; Fisman and Raturi; 2004)。それらが想定しているのは，企業間の信頼が出荷後に支払がきちんと行われることへの信用を生み出し，その出荷から支払までの期間において買掛債務が生じるという状況である。本章は，中国において企業間の信頼の発達が企業間信用を前受金から買掛の形式へ進化させることを実証的に示す。

　得られる具体的な知見は次のとおりである。経済的先進地域である沿海部と後発地域である内陸部との比較は，企業間信用の形式が前受金から買掛へと進化することを明らかにする。両地域間の差異は時間の経過につれて小さくなり，それは企業間信用の進化を支持する時系列側面での証拠になっている。フォーマル金融—インフォーマル（非正規）金融という枠組でいうと，中国における企業間信用はそのなかで比較的インフォーマルに近い形式（前受金）から相対的にフォーマルなもの（買掛）へと進化してきており，その進化の原動力は企業間の信頼の発達である。

　以下，2節では簡単な理論モデルを用いて実証分析の背後にある理論的枠組を説明した後，各資金調達源の性質と検証される仮説についての説明を行う。3節では使用される実証モデル及びその推定戦略が具体的に提示される。4節はマクロ統計から得られる幾つかの重要な観察結果を示す。例えば，省レベルの経済発展と買掛の発達の間にみられる強い

正相関がそれである。5節では本章の計量分析に使用されるマイクロデータの解説がなされる。6節では実証モデルの推定結果の考察が行われ，そこでは前受金から買掛への進化に焦点があてられる。最後に7節で結論が述べられる。

2 分析枠組 ── 理論モデル，資金調達源の性質，仮説

本節は，実証分析の理論的な裏付けとなる簡単な理論モデルを提示し，幾つかの重要な資金源の性質を確認し，検証されるべき仮説を提示することで，本章の分析の枠組を作り上げる。

2.1. 理論的背景

本章の理論モデルは，Love (2003) と Harrison et al. (2004) のそれに修正を加えたものである。それら先行研究がモデルの中心的含意を企業が直面する金融制約に置いているのに対し，本章は，キャッシュフローのみならず企業間信用をも含む各資金調達源に企業がどれほど依存しているかを描写するものとして理論モデルを位置づける。その理論モデルは企業価値最大化のダイナミックモデルの一種である。企業価値 V_t は以下のように与えられる。

$$V_t(K_t, M_t, \xi_t) = \max_{\{I_{t+s}\}_{s=0}^{\infty}} D_t + E_t \left[\sum_{s=1}^{\infty} \beta_{t+s} D_{t+s} \right] \tag{1}$$

s. t.

$$D_t = \Pi(K_t, M_t, \xi_t) - C(I_t, K_t) - I_t - P_M M_t \tag{2}$$

$$K_{t+1} = (1-\delta)K_t + I_t \tag{3}$$

$$D_t \geq 0. \tag{4}$$

(1) 式は企業価値 V_t を株主への配当の流列の現在割引価値として定義

している。β_{t+s} は t 期時点でみたときの $t+s$ 期に対する割引ファクター，D_t は配当である。(2) 式が示すのは，株主に支払われる配当は利潤 $\Pi(K_t, M_t, \xi_t)$ から，新たになされた投資調整費用 $C(I_t, K_t)$・投資そのものにかかる支出 I_t・中間投入費用 $P_M M_t$ を差し引いたものに等しいということである。投資財の価格は 1 に基準化され，中間投入財の価格は P_M である。利潤関数 $\Pi(K_t, M_t, \xi_t)$ において，K_t は期初の資本ストック，M_t は期中に使用された中間投入，ξ_t は個々の企業特有の生産性ショックを表している。投資の調整費用 $C(I_t, K_t)$ は利潤の損失部分に反映されると仮定している。(3) 式は資本蓄積制約を表しており，δ は減価償却率である。金融摩擦は配当の非負性制約のかたちでモデルに導入されている ((4) 式)。この制約にかかる乗数 λ_t は，投資支出と中間投入のための新規資金調達のプレミアムコストと解釈するのが自然である。新規の外部資金調達のようにコストが高い資金調達源もあれば，キャッシュフローや事前に得たストックのように低コストのものもあるだろう。

　この最大化問題の I_t についての 1 階の条件と包絡線条件を結合して変形すれば，次のような I と K に関するオイラー方程式が得られる。

$$1+\frac{\partial C(I_t, K_t)}{(\partial I_t)}=\beta_t E_t\left[\frac{1+\lambda_{t+1}}{1+\lambda_t}\left\{\frac{\partial \Pi_{t+1}}{\partial K_{t+1}}+(1-\delta)\left(1+\frac{\partial C(I_{t+1}, K_{t+1})}{(\partial I_{t+1})}\right)\right\}\right], \quad (5)$$

ここで $\partial C/\partial I$ は投資の限界調整費用，$\partial \Pi/\partial K$ は資本の限界収益性，すなわち追加的な資本一単位による企業の利潤への貢献部分，$(1+\lambda_{t+1})/(1+\lambda_t)$ は t 期と t+1 期の新規資金調達プレミアムコストの相対比である。

　オイラー方程式 ((5) 式) において，$(1+\lambda_{t+1})/(1+\lambda_t)$ はディスカウントファクターとして機能している。新規資金調達をするプレミアムコストが t+1 期よりも t 期においてより高い場合，$(1+\lambda_{t+1})/(1+\lambda_t)<1$ となり，今期の資金は来期のそれよりも高くつき，今期の投資から得られる限界

利潤はより多く割り引かれることになる。その結果企業は今期の投資を抑制する。$(1+\lambda_{t+1})/(1+\lambda_t)$ が増加するにつれ、言い換えればt期とt+1期の新規資金調達プレミアムコストの相対比が下がるにつれ、企業は今期の投資を増やしていく。すなわち、今期新規資金調達をするプレミアムコスト λ_t が低ければ、それはより多くの今期の投資につながる。従って、どのような資金調達源ならば λ_t が低くなるのかを発生させるのかを考察する。実証的な文脈で言い直すと、調達コストが低くそのため投資をファイナンスするのに有効に使用できる資金源を明らかにすることが本章の課題になる。外部資金の一種ではあるが、キャッシュフローや現金ストック以外に企業間信用も重要な役割を果たす可能性がある。本章の理論モデルセッティングでは、（資金調達のプレミアムコスト λ_t が重要なのであるから）今期の投資を変化させる―すなわちバランスシートにおける資産を変化させる―のは、すでに得られているという意味で調達コストが安い、最近年において事前に得たストックであって、今期のストックではない、ということになる。

中間投入 M_t にも同様の議論ができる。M_t に関する最大化問題は静学的なものに縮減され、

$$(1+\lambda_t)P_M = \frac{\partial \Pi_t}{\partial M_t}. \qquad (6)$$

となる。新規資金調達のプレミアムコストが低いほど、より多くの中間投入がなされる。従って、I_t と同様に、M_t についてもどのような資金調達源が中間投入 M_t にかかるプレミアムコスト λ_t を低くできるのか、言い換えれば、どのような資金調達源が中間投入をファイナンスするのか、が実証上的に考察されるべき課題となる。

以上のように、本章の実証モデルの基本的なアイデアは、

投資=f(資金調達源, X_I)
中間投入=f(資金調達源, X_M)

となる。X_I 及び X_M はそれぞれ投資関数と中間投入関数におけるコント

ロール変数である。次の小節では資金調達源について論じる。そこでは企業間信用に分類される資金調達源，すなわち買掛と前受金に焦点があてられる。

2.2. 諸種の資金調達源

ここでは最初に，それぞれ企業間信用の一形態である買掛と前受金の性質の違いを説明しよう。

買掛：企業間信用が狭義に定義される多くのケースにおいて，買掛（売掛）は企業間信用受信（与信）に分類される唯一の資金源（提供）である。それは現物による借款（貸付）である（Burkart and Ellingsen, 2004）。この形態の企業間信用においては，借り手（貸し手）企業は支払期日よりも前に原材料・部品を受け取る（供給する）。従って，この企業間信用受信が無ければ原材料・部品を購入するのに必要であったはずの現金を節約できたという意味で，企業間信用は借り手企業に間接的にのみ現金を供給していることになる。要約すれば，顧客企業（サプライヤー）企業がサプライヤー企業から（顧客企業に）現物で借入（貸出）をしているのがこの企業間信用である。

前受金：サプライヤー企業がその製品の出荷日よりも前に顧客企業から支払の一部を受け取るという形態の企業間信用である。このタイプの企業間信用においては，サプライヤー企業が借り手で，顧客企業が貸し手だ。前受金と買掛の重要な違いは，前受金は現金借款—サプライヤー企業は顧客企業から現金を借りる—の一形態だということである。

投資のキャッシュフローに対する感応度を現金の利用可能性の効果としてのみ解釈することに対して疑問を投げかけてきた一連の研究がある。その主張の共通しているのは，投資—キャッシュフロー感応度は，利用可能な現金のみを計測しているのではなく，投資機会の代理変数にもなっているという点である（Kaplan and Zingales, 2000; Gomes, 2001; Alti, 2003; Cummins et al. 2006）。これは企業間信用のような投資における他の

資金調達源にも適用可能な議論である。しかし，多くの研究者は今でも投資のキャッシュフローに対する感応度を現金の利用可能性の効果として解釈している（例えば，Allayannis and Muzomdar, 2004）。この問題に関して理論的あるいは実証的なコンセンサスはまだ無い。そのため，少なくとも投資とそのキャッシュフローあるいは資金調達源感応度の関係は重要な実証課題ではある。本章の実証モデルは，企業の投資機会を可能な限りコントロールしこの問題を考察する。

次の小節は，これまでの議論を土台として検証されるべき仮説を提示する。

2.3. 仮説

本書のこれまでの分析及び先行研究が示唆するように，中国において企業間信用は民営企業の重要な資金調達源であり，本章の計量分析はその民営企業データを使用する。これら企業は資金不足状態にあるのが常で，特に投資（長期）資金が足りない。その理由の1つは銀行借款のような正規金融へのアクセスを制限されてきたことにある。企業間信用は最初は短期の信用（授受）であるが，それが企業間の継続した取引の中で借り換え（ロールオーバー）を繰り返しなされていくならば，実質的に長期信用に転化していく[1]。

> 仮説1: 中国において企業間信用は短期資金のみならず長期資金もファイナンスする。言い換えれば，企業間信用は民営企業の投資を金融面からサポートしている。

企業間信用受信の重要な2形態，買掛と前受金はその性質の違いから

---

1) 既に第2章でその一部を紹介したが，我々の中国全土にわたる200社以上の企業経営者からの聞き取り調査は，買掛のロールオーバーの繰り返し（「滚动」）が頻繁に行われていることを見出している。

来る異なった機能を持っている。

　第一に，上記のように，買掛は借り手つまり顧客が現物で借りて現金で返すものである。これは，買掛をした企業が購入した原材料・部品の支払を遅らせて短期に資金を節約したとしても，それが長期にわたって繰り返されない（ロールオーバーされない）限り，それを投資をファイナンスする資金源として使用することは不可能であることを意味する。それに対して，前受金は借り手，このケースではサプライヤーが現金で借りて現物で返すものであり，借りては直接キャッシュフローを手にすることができる。従って，企業は比較的簡単にそれを投資や運転資金に転用することができる。我々のフィールド調査もこの区分が実際に重要であることを示唆している。聞き取り調査において中国各地の多くの企業経営者が，前受金を投資信金に流用した経験があり，その理由の1つが前受金は現金であり流用が容易であるから，と回答している。

　第二に，買掛（売掛）を生み出す信用買い（売り）は企業間の堅固な信頼を必要とする。Fisman and Raturi (2004) は，先行研究はしばしば企業間信用を企業間の信頼の代理変数として取り扱ってきたと述べている（Johnson et al., 2002; Fafchamps, 2004）。信用取引においては，サプライヤー企業売上代金回収が困難であるという事態に直面する可能性がある。従って，顧客（買い手）が買掛部分の代金を支払ってくれると確信するのに十分なほど顧客に対する信頼が強いときのみ，サプライヤーは信用売りをする。一方，前受金を生み出す前払方式での販売（購入）はそのような信頼を必要としない。注文された製品を出荷しないなどということでこの種の借款でのデフォルトを起こすサプライヤー企業は当然の結果として顧客を失うだろう。中国では市場は十分に競争的であるため，このようなデフォルトを起こせば深刻な事態がその企業を待っている。実際中国で企業が前受金のデフォルトを起こすことはほとんど無い。従って，企業間の信頼が弱い場合でも前受金の形式での企業間信用は発達するだろう。

　しかし，もし企業間の信頼が十分に発達していれば，そのときは前受

金よりも買掛の形式での企業間信用が企業金融の中でより重要な役割を果たすはずである。なぜなら，買掛の形式での企業間信用は現物借款であるため，貸し手企業の現金保有量に制約されないという長所があるからだ。すなわち，買掛の形式での企業間信用を使う場合には企業間での信用創造が可能なのである。一方，現金借款の一形態である前受金は貸し手企業の現金保有量に制約され，企業間での信用創造はあり得ない。中国の民営企業に対する企業間信用における貸し手も民営企業であるケースが多く，民営企業は現金保有量に制約を抱えているのが常態である。そのような状況下ではこの違いがもたらすインパクトはより大きなものとなる。

要約すれば，銀行ではなく企業による信用創造は買掛の形式での企業間信用を通じてのみ可能である，ということになる。このような信用供与は企業の現金保有量に制約されないため，オルタナティブな金融チャネルとして前受金より重要である。また，それは強い企業間の信頼が形成されている環境でより発達する傾向がある。さらに，企業間の信頼が信用売り・信用買いを可能にするほどに強ければ，その信頼が買掛のロールオーバーをも容易にするだろう。このような状況下では，買掛のロールオーバーはたとえそれが直接のキャッシュフローでなくでも投資をファイナンスできるようになる。中国における企業間の信頼は，内陸部より沿海部のような経済的先進地域でより発達していると考えられるので，次のような仮説を提起したい。

　仮説2: 　内陸部よりも沿海部において買掛形式の企業間信用は発達しており，そこでは投資をファイナンスする資金源としても使用される。前受金形式の企業間信用は内陸部の企業金融においてより重要な役割を果たしている。

逸話的なものにすぎないが，我々のフィールド調査における観察結果も仮説2を支持している。主として中国沿海部において聞き取り調査の対象となった企業経営者の多くが，1990年代から半ばにかけて買掛の

ロールオーバーを通じて節約できた現金を投資に使用したことがあると報告している（第2章を参照）。本章はこの仮説2を後に計量的に厳密に検証する。

沿海部と内陸部の相違を生み出しているのは企業間の信頼のレベルが違うことであり，どの地域でも時間が経過するにつれて企業間の信頼は発達していくと期待される。従って，最後に企業間信用の進化に関する次の仮説を提起したい。

> 仮説3: 企業間の信頼が発達するに従って，企業間信用は前受金から買掛へと進化していく。

上記をフォーマル金融—インフォーマル金融の枠組で言い換えてみよう。イタリアをケースとしてGuiso et al. (2004) は，社会資本が生み出した信頼は人々のフォーマル金融とインフォーマル金融の使用に，それぞれ正と負の効果をもたらすことを示して見せた。ここで，企業間信用は典型的なインフォーマル金融というわけではなく，フォーマルとインフォーマルの中間に位置する金融仲介経路であり，前受金はどちらかというとインフォーマル金融に近く買掛はフォーマル金融に近接していることに注意する必要がある。従って，我々が考察しようとしているのは，企業間信用内部でのインフォーマルからフォーマルへの金融形態の進化であるとも言える。

3　実証モデル —— 投資関数と日常操業関数

本節では，上述の仮説を検証するために使用される計量モデルが示される。

以下の計量分析では投資関数と日常操業関数（設備稼働率関数）が推定される。そこで投資あるいは日常操業がどの資金調達源に対して感応度

が高いかを考察していく。この分析により，どの資金調達源が投資をファイナンスし，どの資金調達源が企業の日常操業をファイナンスするかが明らかになる。言い換えれば，長期資金と短期資金の調達源を解明する。

実証モデルとしての投資関数は以下のような特定化がなされる。

$$(I/K)_{it} = \alpha + \alpha_t + \beta_1(\Delta売上/K)_{it} + \beta_2(\Delta売上/K)_{it-1} + \beta_3\ln(K/売上)_{it-2}$$
$$+ \beta_4(純利潤/K)_{it} + \beta_5(減価償却/K)_{it}$$
$$+ \beta_6(現金保有量/K)_{it} + \beta_7(\Delta短期銀行借款/K)_{it}$$
$$+ \beta_8(\Delta短期その他借款/K)_{it} + \beta_9(\Delta買掛ストック/K)_{it}$$
$$+ \beta_{10}(\Delta前受金ストック/K)_{it} + \beta_{11}(\Delta長期銀行借款/K)_{it}$$
$$+ \beta_{12}(\Delta長期その他借款/K)_{it} + \varepsilon_{it}, \qquad (7)$$

ここで I_{it} は企業 i による t 年における粗投資，K_{it} は企業 i の t 年期初時点の固定資産ストックを表す。I_{it} と K_{it} の関係は

$$I_{it} = K_{i,t+1} - (1-s)K_{it},$$

で表現され，s は資本のスクラップ率で年5％と仮定されている。α は定数項，α_t は年ダミーの年固有の係数である。そして $\beta_1 \sim \beta_{12}$ は推定されるべき係数である。また第4章と同じく，

$$\varepsilon_{it} = \mu_i + e_{it}.$$

のように攪乱項は2つの構成部分からなる。企業固定効果項 μ_i と純粋な誤差項（イディオシンクラティック・ショック）e_{it} である。この誤差項 e_{it} には0平均周りでの i.i.d. が仮定される。

売上$_{it}$ は企業 i が t 年に達成した売上を表し，$\Delta売上_{it}=売上_{it}-売上_{it-1}$，$\Delta売上_{it-1}=売上_{it-1}-売上_{it-2}$ である。すべての変数が固定資産額（K）で基準化される。一見すると，このモデルにおいて $(\Delta売上/K)_{it}$ と $(\Delta売上/K)_{it-1}$ は，投資需要を引き出す売上促進要因による投資行動決定をコントロールするように見えるかもしれない。しかしこれらの変数を使用する本質的な目的は，売上促進要因よりもむしろ企業の投資機会をコン

トロールするところにある。別の言い方をすれば，当該企業の売上の伸びはその投資機会の1つの代理変数となっており，従ってその係数は正の符号をとることが期待される。Bond et al. (2003) に従い，$\ln(K/売上)_{it-2}$ という企業の投資機会をコントロールするための変数をさらに追加して使用する。この変数は企業の誤差修正的行動を表現しており，企業の実際の資本ストック量が望ましい量よりも多ければその減少を図り逆は逆である。従って，$\ln(K/売上)_{it-2}$ の係数は負値をとると期待される。企業にとっての望ましい資本ストックのレベルはその投資機会を反映しており，そのためこの変数は投資機会を強力にコントロールすることができる。これらの投資機会コントロール変数を実証モデルに導入することで，2節で述べたような投資の各資金調達源に対する感応度をその資金源の利用可能性と解釈することにつきまとう困難をかなりの程度軽減できるであろう。

　その他の変数は資金調達源変数である。

　純利潤（税引後利潤），減価償却，現金保有量は，正確には今期の純利潤，今期の減価償却，前期末（すなわち今期初）にその企業が保有する現金の量をそれぞれ表す。前の2つはキャッシュフロー変数で，最後の変数はキャッシュフローではなくキャッシュのストックを表す変数である。短期銀行借款$_{it}$と短期その他借款$_{it}$は，企業 i の t 年期初のバランスシート上に現れた銀行からの短期借款とその他（地方政府・個人を含む）からの短期借款である。Δ短期銀行借款$_{it}$＝短期銀行借款$_{it}$－短期銀行借款$_{it-1}$と定義されるので，Δ短期銀行借款$_{it}$は t－1 年における銀行借款からの資金流入である。その他の借款や企業間信用項目についても，そこからの前年における資金流入をこの実証モデルにおける資金調達量とする。これらはすべて「事前に得たストックあるいは最近年期の資金流入が投資資金のファイナンスにおいて重要な役割を果たす」という本章の理論モデルの含意を反映したものである。結果的に従属変数と債務からの資金流入変数間に時間ラグをとることになり，両者間の因果関係の逆流を防ぐことにも役立つ。

買掛ストック$_{it}$・前受金ストック$_{it}$は，やはり t 年期初の量で計測された2つの企業間信用項目である[2]。仮説1が現実的に妥当ならば，少なくともどちらか1つの係数は正となるはずである。また仮説2が成立するなら，Δ買掛ストックは沿海部については正に有意な係数を持つはずであるし，内陸部においては従属変数にそれほどの影響力を持たないだろう。逆に，Δ前受金は沿海部より内陸部においてより強い影響力を示すだろう。この地域間の係数の差は，独立変数と内陸部ダミーの交差項を実証モデルに導入することにより推定される。

ほとんどの企業は，企業間信用を受信するだけではなく同時に与信もしている。そのため我々は企業間信用からの資金流入のネット量も考察の範囲に入れた方がよい。すなわち買掛と前受金それぞれについて，Δネット買掛ストック＝Δ買掛ストック－Δ売掛ストック，Δネット前受金ストック＝Δ前受金ストック－Δ前払金ストックと定義される。この企業間信用からの資金流入のネット量を用いて推定結果の頑健性をチェックすることができる。

長期銀行借款と長期その他借款は，それぞれ短期銀行借款$_{it}$と短期その他借款$_{it}$の長期借款版に対応している。ここでいう長期とは借入期間が一年以上のものを指す。

もう1つの重要な企業活動である日常操業をファイナンスする資金源の検証も行う。この検証もまた上述の仮説の正否を判定するための統計的証拠を提供する。そのために次のような日常操業関数を推定する。

$$(M/K)_{it} = \alpha + \alpha_t \\
+ \gamma_1 (純利潤/K)_{it} + \gamma_2 (減価償却/K)_{it} \\
+ \gamma_3 (現金保有量/K)_{it} + \gamma_4 (\Delta 短期銀行借款/K)_{it} \\
+ \gamma_5 (\Delta 短期その他借款/K)_{it} + \gamma_6 (\Delta 買掛ストック/K)_{it} \\
+ \gamma_7 (\Delta 前受金ストック/K)_{it} + \gamma_8 (\Delta 長期銀行借款/K)_{it} \\
+ \gamma_9 (\Delta 長期その他借款/K)_{it} + \varepsilon_{it}, \tag{8}$$

---

[2] 本章での買掛ストックは手形振出の形態によるものを含む。

使用されている変数の多くは投資関数モデル (7) と同じだが，若干の相違もある。まず日常操業はその企業の設備・機械稼働率で数量化されており，固定資産に対する中間投入の比率 M／K がその設備・機械の稼働率の代理変数として使用されている。そしてこの M／K が日常操業関数の従属変数である。加えて，売上変数である $(\Delta 売上／K)_{it}$ や $(\Delta 売上／K)_{it-1}$ は日常操業関数モデル (8) の独立変数には使用されていない。それは稼働率と売上はほぼ原理的に同調して動いてしまうため，その間の相関を確認することにそれほどの意味はないし，売上変数を入れた場合，両者間の相関が強力すぎてその他の重要な変数の影響をみることができなくなってしまうからである。投資の誤差修正項 $\ln(K／売上)_{it-2}$ も除去されている。

　企業の日常操業資金は通常短期資金によりファイナンスされているため，短期資金調達源としての各種の企業間信用（本章の実証モデルでは Δ 買掛ストックと Δ 前受金ストック）が日常操業関数の推定結果において有意な説明力を持ちそうだということは想像に難くない。ただし，仮説 2 の下では Δ 買掛ストックの説明力が沿海部に対して，Δ 前受金ストックの説明力は内陸部に対してそれぞれ強くなるはずある。投資関数の場合と同様に，推定結果の頑健性をチェックするために企業間信用からのネット資金流入量を用いた推定も行う。

　実証モデル (7) 及び (8) の推定には，第 4 章と同じくシステム GMM 推定を使用する。システム GMM 推定の概略についてはすでに第 4 章で説明済みであるので，ここでは本章特有の推定上の問題に触れておく。内生性が疑われるのは投資機会変数と資金調達源変数であり，定数項や年ダミーを除くすべての独立変数ということになる。そこで，実証モデル (7) のシステム GMM 推定における階差方程式に対しては，外生変数としての年ダミーの一階階差に加えて内生変数の t−2 期とそれ以前の期のラグレベルが操作変数として使用される。レベル方程式に対しては，外生変数としての年ダミー・定数項に加えて内生変数の t−1 期及びそれ以前の期のラグ階差が操作変数として使用される。ここで内生変

数 (ベクトル) X のラグ階差 ΔX は次のように定義される：$\Delta X_{it-1} = X_{it-1} - X_{it-2}$。

システム GMM 推定や階差 GMM 推定はもともとダイナミックパネル推定用に開発された。従って，実証モデル (7) あるいは (8) の右辺の独立変数として，従属変数のラグ $(I/K)_{it-1}$ あるいは $(M/K)_{it-1}$ を入れても良い。推定結果の頑健性を確認するためにも，この $(I/K)_{it-1}$ あるいは $(M/K)_{it-1}$ をそれぞれモデル (7) あるいはモデル (8) に付加した特定化実証モデルも推定する。このダイナミックモデルを推定する際には，階差方程式の操作変数には $(I/K)_{it-2}$ あるいは $(M/K)_{it-2}$ が，レベル方程式の操作変数には $\Delta(I/K)_{it-1}$ あるいは $\Delta(M/K)_{it-1}$ が加わる。

4　マクロ統計による概観

この節では，マクロ統計から得られる本章にとって重要な観察結果が提示される。

第一に，経済的後進地域である内陸部より経済が発達した沿海部において買掛形式の企業間信用も発達しているという傾向をより詳細に検証できる。すでに第 3 章の図 3-2 で示したように，中国においては，経済発展水準が高い省ほど，より発展した買掛・売掛を通じる金融仲介システムを持つ傾向がある。また本章 2.3 小節で述べたように，多くの先行研究が買掛形態の企業間信用を企業間の信頼の代理変数としている。この想定に従うならば，この図は中国において経済的発展水準の高い省で企業間の信頼もより発達していることを証拠付けていると言えるかもしれない。しかし，後の計量分析では企業間の信頼関係を計測する別の方法を採用する。

買掛が経済的発展水準の高い地域でよく機能していそうだということは分かるが，第 3 章の図 3-2 のデータソースである『中国経済普査』

からの情報では前受金と経済発展の関係を省レベルで確認することはできない。『中国経済普査』には（省レベルの集計データとしても）前受金情報が提供されていないからである。そこで，『中国経済普査』のような既製のマクロデータのかわりに，下で説明する本章のサンプル企業のマイクロ情報を集計して省レベルでの前受金と経済発展の関係をチェックしてみた。その結果，省レベルの経済発展（一人当たり工業生産額）と前受金の発達の間の相関係数は−0.142で，有意な相関は無いことが分かった（散布図はスペースの節約のため省略）。前受金は中国すべての地域で等しく利用されているのに対し，経済的発展水準の高い地域に立地する民営企業はその資金調達のために買掛により強く依存する傾向がある，ということになる。この観察結果は仮説2と関連するが，下の企業レベルマイクロデータを用いた計量分析においてより詳細に分析することにしよう。

5 データ ── 民営企業マイクロデータ

　本章の計量分析のために，1998年から2007年の10年間の中国全31省から収集された国内（内資）民営企業の企業レベルマイクロデータを使用する。このデータは，売上が年500万元以上のすべての工業企業についての中国国家統計局による毎年のセンサスデータを来源としている。オリジナルデータは，マイクロレベルでの企業財務情報と個別企業の基本情報を含んでいる。個々の企業のバランスシートは，企業間信用の各分類項目のような詳細な会計情報も提供している。

　オリジナルデータから次のようなプロセスを経て，本章が使用するサンプルが選び出された。国有企業（国有支配企業，いわゆる「国有控股企業」を含む）は除去される。次に外資企業も除去された。結果として本章のサンプルは国内民営企業に限定される。連続して6年のデータが観察さ

れていない企業もサンプルから除去している。それは下に述べる実証モデルのセッティングと操作変数作成の問題によるものである。最後に，計量分析に使用するためには情報が不完全であったり，情報があっても疑わしい企業も除去した。これらのプロセスを経て，最終的に 51,007 企業がサンプルとして選択された。

当初の観察期間 1998-2007 年から最初の 4 年間は除去される。従って 2002-2007 年が推定期間ということになる。これは $(K/売上)_{it-2}$ のような二期ラグ変数が実証モデルに含まれており，そこからさらに一期及び二期のラグをもった変数が操作変数を作成するのに必要だからである。観測値数は 183,625 であり，アンバランスなパネルデータである。

表 6-1 には全中国のサンプル企業の記述統計及び，沿海部・内陸部に分けた記述統計が示されている。重要な幾つかの変数については，それらの両地域間の差に関する検定結果も報告している。本章でいう沿海部は次の省（特別市）からなっている：北京，天津，河北省，遼寧省，吉林省，黒竜江省，上海，江蘇省，浙江省，山東省，福建省，広東省，海南省。内陸部はその他の省である[3]。両地域を比較してみると，買掛のプレゼンスは内陸部より沿海部で大きいことが明らかである。買掛ストック／K の平均は沿海部で 0.26，内陸部で 0.19 である。さらにこの平均値差は 1％水準で統計的に有意である。このように買掛は沿海部でより発達した企業間信用の形態であるあることが分かるが，前受金は沿海部と内陸部間で有意な差を示さない（前受金ストック／K の平均は沿海部・内陸部でそれぞれ 0.06 と 0.07 で有意な差は無い）。

表 6-1 には企業間の信頼を表す 3 つの代理変数の記述統計も報告されている。本章のデータは，個々のサンプル企業の売掛債権の毀損部分（坏帐）の情報を提供している。これは当該企業の顧客の信用取引におけ

---

[3] たとえ沿海部と内陸部の区分をある程度変更したとしても，本章の主要な推定結果に変更は生じない。例えば，遼寧省，吉林省，黒竜江省（ある場合には海南省も）を「沿海部」から「内陸部」への区分に移す等の変更である。

第Ⅲ部　企業間信用が果たす役割

表6-1　サンプル民営企業の記述統計[1]

	(a) 全中国	(b) 沿海部	(c) 内陸部	(b)-(c) の差の z 統計量[2]
(1) 従属変数				
I/K	0.110	0.110	0.112	
	(0.26)	(0.24)	(0.35)	
M/K	2.350	2.283	2.644	
	(1.47)	(1.52)	(1.16)	
(2) 投資機会変数				
Δ売上$/K$	0.188	0.181	0.217	
	(0.30)	(0.29)	(0.35)	
$(\Delta$売上$/K)_{-1}$	0.132	0.139	0.103	
	(0.22)	(0.21)	(0.27)	
$\ln(K/$売上$)_{-2}$	1.213	1.243	1.080	
	(0.46)	(0.46)	(0.41)	
(3) 資金調達源変数				
純利潤$/K$	0.145	0.148	0.133	
	(0.13)	(0.13)	(0.14)	
減価償却$/K$	0.066	0.068	0.057	
	(0.03)	(0.03)	(0.04)	
現金保有量$/K$	0.147	0.152	0.126	
	(0.09)	(0.09)	(0.06)	
Δ短期銀行借款$/K$	-0.009	-0.010	-0.002	
	(0.10)	(0.10)	(0.06)	
Δ短期その他借款$/K$	-0.008	-0.008	-0.006	
	(0.05)	(0.04)	(0.05)	
Δ買掛ストック$/K$	0.008	0.012	-0.009	
	(0.07)	(0.07)	(0.08)	
Δ前受金ストック$/K$	-0.003	-0.003	-0.001	
	(0.03)	(0.03)	(0.04)	
買掛ストック$/K$	0.250	0.264	0.191	5.87**
	(0.18)	(0.19)	(0.14)	
前受金ストック$/K$	0.061	0.059	0.072	-0.41
	(0.10)	(0.10)	(0.12)	
Δネット買掛ストック$/K$	0.0003	0.0004	0.0001	
	(0.003)	(0.003)	(0.002)	
Δネット前受金ストック$/K$	-0.0001	-0.0001	-0.0001	
	(0.0002)	(0.0002)	(0.0003)	
Δ長期銀行借款$/K$	-0.004	-0.004	-0.002	
	(0.04)	(0.04)	(0.03)	
Δ長期その他借款$/K$	-0.0004	-0.001	0.002	
	(0.043)	(0.037)	(0.064)	
(4) 企業間の信頼変数				
(同じ市に立地する他企業の売掛債権の毀損部分／それら企業の売掛ストック)$_{-1}$	0.012	0.009	0.024	-11.01**
	(0.007)	(0.003)	(0.007)	
(当該企業の売掛債権の毀損部分／その売掛ストック)$_{-1}$	0.012	0.009	0.024	-8.60**
	(0.03)	(0.03)	(0.04)	
契約履行強制の法的保護$_{-1}$	1.298	1.418	0.777	10.53**
	(1.69)	(1.92)	(0.69)	
Obs. No.	183,625	149,344	34,281	

[1] この表は各変数の平均及び（　）内に標準誤差を報告している。それらを全中国，沿海部，内陸部のそれぞれについて提示している。

[2] 沿海部と内陸部の比較は省レベルの平均を対象としておこなわれており，個別企業レベルの比較ではない。** は z 値が1％水準で有意であることを示す。

第6章　企業間信用の進化

るデフォルトを示すもので，企業間の信頼の低下に直結する。この情報を使って2つの代理変数が作成される。第一の代理変数は，同じ市に立地する他企業の売掛債権の毀損部分／それら企業の売掛ストックであり，その企業への信頼を表す[4]。ある企業の信用取引におけるデフォルトが少ないほど，その企業に対するサプライヤーの信頼は増す。その企業の顧客総体としての企業間信用デフォルトデータは利用可能であるが，個別の取引関係でのデフォルト情報は利用不可能である。そこで，同じ市に立地する他の企業は当該企業にとってのサプライヤーである可能性が最も高い企業群だと仮定すれば，それら企業の売掛債権の毀損比率をサプライヤーから当該企業への信頼の適切な代理変数だと考えることができる。第二の代理変数は，当該企業の売掛債権の毀損部分／その売掛ストックで，当該企業の顧客に対する信頼を表す。以上2種類とは異なった第三の代理変数として，契約履行強制の法的保護を計測する変数を採用する。なぜなら，良好に機能する契約履行強制の法的保護は，ある企業とその取引相手間での契約履行への信頼，すなわち企業間の信頼の強化に直結するはずだからである。そこで，契約履行強制の法的保護を各市における人口1万人当たりの法曹の人数と定義し計測する[5][6]。この3つの企業間の信頼変数はすべて一期のラグをとって使用される。同じ市に立地する他企業の売掛債権の毀損部分／それら企業の売掛ストックと当該企業の売掛債権の毀損部分／その売掛ストックの平均値は内陸部よりも沿海部において有意に低く，契約履行強制の法的保護のそれは

---

[4] 正確には，他企業の売掛債権の毀損部分／当該他企業売掛ストック，の各市での平均値がこの変数の定義である。

[5] 第5章と同様，Hasan et al. (2009) が中国における法制度の質の指標として法曹の数の上を使用しているのに倣い，人口当たりの法曹数を契約履行強制に対する法的保護を測る変数として採用する。ただし，Hasan et al. (2009) は省レベルでの変数を作成しているのに対して，本章は市レベルで計測をしており，よりローカルな情報を持った変数となっている。

[6] 市レベル法曹数データは中国全土カバーする法律事務所リスト『律師及相関的法律服務名単』各年版より作成されている。

211

沿海部において有意に高い。記述統計のレベルではあるが，この結果は企業間の信頼は沿海部においてより発達していることを示唆している。

6 推定結果 ── 企業間信用による投資ファイナンス及び地域・時点間の相違

推定結果は表 6-2〜表 6-7 に報告されている。

どのような実証モデル特定化においても，Hansen の過剰識別制約検定は使用した操作変数が外生であるという帰無仮説を棄却していない。AR (2) の結果も誤差項 e_{it} に系列相関を見出していない。さらに，使用された操作変数の数は個別ユニット数，この場合はサンプル企業数 51,007 社よりも圧倒的に少なく，Hansen テストの p 値は 5％を超えてはいるが比較的低い。これは，Roodman (2008) が提唱した操作変数が多すぎるための過剰なフィットを回避するための経験則的条件を満足させるものである。従って，これらの結果は使用した操作変数の妥当性を支持するものである。

6.1. 基本的な特定化

表 6-2 は投資関数 ((7) 式) の推定結果を示している。モデル特定化 (7)-b・(7)-c は Δ買掛ストック及びΔ前受金ストックと内陸部ダミーとの交差項を独立変数に入れている。モデル特定化 (7)-a にはそのような交差項は無いため，中国全体おける 2 変数の係数を推定していることになる。そのモデル特定化 (7)-a では，Δ前受金ストック／K は正に有意な係数推定値を持ち，Δ買掛ストック／K の係数推定値の z 値も 5％水準で有意ではないがかなり高い (1.81)。Δ前受金ストック／K の係数推定値 (4.85) は，Δ前受金ストック／K が 1 標準偏差 (表 6-1 より 0.03) 増

第6章 企業間信用の進化

表6-2 投資関数実証モデル (7) の推定結果：2ステップ GMM 推定結果[1]

独立変数	従属変数=I/K				
	(7)-a	(7)-b	(7)-c	(7)-d	(7)-e
(1) 年ダミー	Yes	Yes	Yes	Yes	Yes
(2) 投資機会変数					
Δ売上／K	0.041*	0.050*	0.033*	0.030*	0.031*
	(2.10)	(2.12)	(2.09)	(1.99)	(2.32)
(Δ売上／K)$_{-1}$	0.032	0.021	0.020*	0.023*	0.024
	(1.71)	(1.82)	(2.02)	(2.05)	(1.93)
ln(K／売上)$_{-2}$	-0.078**	-0.094**	-0.084**	-0.105**	-0.077**
	(4.54)	(5.30)	(3.34)	(4.85)	(3.40)
(3) 資金調達源変数					
純利潤／K	0.246*	0.201	0.269*	0.247*	0.199*
	(2.05)	(1.73)	(2.15)	(2.08)	(2.04)
減価償却／K	2.339**	3.721**	3.746**	3.433**	3.476**
	(3.99)	(4.73)	(5.55)	(4.65)	(6.40)
現金保有量／K	0.988**	1.136**	1.352**	1.184**	1.496**
	(2.67)	(3.25)	(2.78)	(2.95)	(3.19)
Δ短期銀行借款／K	3.147**	2.979**	2.775**	2.973**	3.310**
	(4.26)	(4.50)	(3.75)	(4.83)	(3.79)
Δ短期その他借款／K	2.308**	2.971**	2.660**	2.707**	2.689**
	(2.61)	(3.29)	(3.41)	(3.29)	(2.91)
Δ買掛ストック／K	2.455	3.910**	3.742*		
	(1.81)	(2.83)	(2.52)		
Δ買掛ストック／K ×内陸部ダミー		-1.677*	-1.705*		
		(-2.31)	(-2.14)		
Δ前受金ストック／K	4.854**	1.925	1.656		
	(2.62)	(0.73)	(0.67)		
Δ前受金ストック／K ×内陸部ダミー		3.801**	3.686**		
		(2.94)	(3.16)		
Δネット買掛ストック／K				274.290**	257.167*
				(2.65)	(2.16)
Δネット買掛ストック／K ×内陸部ダミー				-134.849*	-122.279*
				(2.52)	(2.24)
Δネット前受金ストック／K				141.128	132.025
				(0.67)	(0.74)
Δネット前受金ストック／K ×内陸部ダミー				278.843**	298.220**
				(2.91)	(3.42)
Δ長期銀行借款／K	2.185**	2.336**	2.606**	2.504**	2.624**
	(2.81)	(3.75)	(2.88)	(3.39)	(2.91)
Δ長期その他借款／K	1.670	0.848	0.649	0.771	0.660
	(1.21)	(0.47)	(0.49)	(0.45)	(0.48)
(4) ラグ付き従属変数					
(I／K)$_{-1}$			-0.276**		-0.296**
			(2.68)		(2.82)
p-value of Hansen test	0.228	0.180	0.163	0.179	0.135
p-value of AR (2) test	0.404	0.582	0.505	0.567	0.475
Instruments No.	225	315	333	315	333
Obs. No.	183,625	183,625	183,625	183,625	183,625

[1] Blundel and Bond のシステム GMM (2ステップ) による推定結果を示している。従属変数は I／K である。（ ）内に報告されているのは，2ステップ推定における標準誤差に対する Windmeijer (2005) の有限サンプル補正により得られた z 値である。
* 5％水準で有意。
** 1％水準で有意。

加すると，投資率 I/K が 0.15 増加することを意味する。これらの観察結果は仮説1を支持している。このように企業間信用，殊に直接のキャッシュフローである前受金は民営企業の投資をファイナンスしていることが示された。銀行借款も企業の投資をファイナンスするために使用されるのは自然であるが，表6-2 では長期銀行借款のみならず短期銀行借款も投資に対する有意な説明力を持っている。これは中国の民営企業がしばしば短期借款を長期資金に転化して使用していることを示唆している。キャッシュフロー及びキャッシュストック変数，純利潤，減価償却，現金保有量は正に有意な係数を持っている。これは中国において民営企業は金融制約下にあるということ意味しており，先行研究の知見と整合的な結果である。

　モデル特定化 (7)-b は，幾つかの重要な変数についての沿海部―内陸部間の比較の結果を提供している。Δ前受金ストック／K の係数推定値は統計的に有意ではなくΔ前受金ストック／K×内陸部ダミーのそれは有意である。またΔ買掛ストック／K は有意な係数推定値を持っている。この推定結果によると，内陸部においてのみΔ前受金ストック／K は投資に対する有意な説明力を持つ。一方，沿海部においてはΔ買掛ストック／K は投資に対する有意な説明力を持つが，Δ前受金ストック／K はそうではない。さらに，Δ買掛ストック／K×内陸部ダミーの負に有意な係数は，買掛は沿海部の投資に対して強い説明力を持ち，Δ買掛ストック／K が 1 標準偏差（表6-1 より 0.07）増加すると，それに伴って投資率 I/K も 0.27 増加することを示している。沿海部と内陸部に対する 2 つの形態の企業間信用―買掛と前受金―が果たしている役割の違いは，仮説2を支持している。経済的発展水準の高い沿海部で企業間の信頼がより強く，買掛形式の企業間信用はそこでより発達しているだけではなく投資をファイナンスするために使われる傾向もより強い。これは，堅固な企業間の信頼が形成されていることを前提として，この形式の企業間信用における現物での信用創造とロールオーバーが可能であることに由来している可能性が高い。後に，買掛の発達において企業間の信頼

が果たす役割についてより詳細に検討する。

　モデル特定化 (7)-c は，従属変数の一期ラグを独立変数として加えたダイナミックモデルである。当該変数の係数推定値は負に有意である。他の独立変数に関しては概ねモデル特定化 (7)-b と同様の結果が得られている。この推定結果により，本章における投資関数 (7) の推定結果の頑健性を確認することができる。

　モデル特定化 (7)-d 及び (7)-e は，企業間信用からの資金流入をグロス量で測るのではなく，そのネット量（買掛と売掛の差・前受金と前払金の差）で計測した変数を買掛・前受金変数として使用している。この企業間信用からのネット資金流入変数とその交差項 ── Δネット買掛ストック／K，Δネット買掛ストック／K×内陸部ダミー，Δネット前受金ストック／K，Δネット前受金ストック／K×内陸部ダミー ── については，その係数推定値の符号及び統計的有意性において，グロス量企業間信用変数を使用したモデル特定化と概ね同じ推定結果となっている。加えて，それら変数のへのインパクトは，グロス量企業間信用変数バージョンのモデルのそれと比較して，決して弱くないばかりかむしろより強くなっている。例えば，沿海部におけるΔ買掛ストック／K の 1 標準偏差分の増加（表6-1 より 0.003 の増加）は，(7)-d 及び (7)-e においてそれぞれ I／K の 0.82 と 0.77 の増加をもたらす。内陸部でのΔ前受金ストック／K の係数推定値（それぞれ 141.13+278.84=419.97 と 132.03+298.22=430.25）は，そこでのΔ前受金ストック／K が 1 標準偏差（表6-1 より 0.0003）増加すると，I／K の 0.13 の増加につながることを差し示している。この結果は，投資関数 (7) の推定結果の頑健性をもう一度確認していると言える。

　表6-3 は日常操業関数である実証モデル (8) の推定結果を報告している。モデル特定化のバリエーションは表6-2 の投資関数と同様のパターンを採用している。

　モデル特定化 (8)-b・(8)-c・(8)-d・(8)-e の推定結果によれば，Δ買掛ストック／K×内陸部ダミー，Δネット買掛ストック／K×内陸部

第Ⅲ部　企業間信用が果たす役割

表 6-3　日常操業関数実証モデル (8) の推定結果：2 ステップ GMM 推定結果[1]

独立変数	従属変数=M／K				
	(8)-a	(8)-b	(8)-c	(8)-d	(8)-e
(1) 年ダミー	Yes	Yes	Yes	Yes	Yes
(2) 投資機会変数					
純利潤／K	2.626**	2.960**	2.388**	2.865**	2.394**
	(3.70)	(3.80)	(4.18)	(3.40)	(4.22)
減価償却／K	0.797	0.729	0.846	0.828	0.910
	(0.47)	(0.88)	(0.87)	(0.85)	(0.87)
現金保有量／K	0.555	0.587*	0.621*	0.561*	0.596*
	(1.86)	(2.04)	(2.52)	(2.04)	(2.29)
Δ短期銀行借款／K	11.488**	11.276*	10.489*	10.884**	10.612**
	(3.73)	(2.53)	(2.53)	(2.64)	(2.68)
Δ短期その他借款／K	5.060	5.845	5.167	5.635	4.749
	(1.39)	(1.79)	(1.87)	(1.72)	(1.60)
Δ買掛ストック／K	24.250**	25.939**	26.801**		
	(5.56)	(7.23)	(8.42)		
Δ買掛ストック／K 　　×内陸部ダミー		−4.823* (−2.14)	−4.056 (−1.86)		
Δ前受金ストック／K	3.687	0.167	0.149		
	(0.92)	(0.01)	(0.01)		
Δ前受金ストック／K 　　×内陸部ダミー		6.820* (2.41)	5.244** (2.70)		
Δネット買掛ストック／K				2146.686**	1835.511**
				(7.21)	(8.41)
Δネット買掛ストック／K 　　×内陸部ダミー				−360.759* (−2.23)	−306.119* (−2.15)
Δネット前受金ストック／K				11.584	12.321
				(0.01)	(0.01)
Δネット前受金ストック／K 　　×内陸部ダミー				522.47** (2.85)	409.198* (2.39)
Δ長期銀行借款／K	3.441	3.892	3.969	3.818	3.723
	(1.58)	(1.27)	(1.15)	(1.21)	(1.25)
Δ長期その他借款／K	0.037	−1.030	−1.035	−0.946	−1.000
	(0.03)	(−0.28)	(−0.28)	(−0.32)	(−0.32)
(3) ラグ付き従属変数					
$(M/K)_{-1}$			−0.099*		−0.097*
			(−2.15)		(−2.11)
p-value of Hansen test	0.319	0.388	0.267	0.385	0.289
p-value of AR (2) test	0.610	0.377	0.501	0.409	0.476
Instruments No.	171	261	279	261	279
Obs. No.	183,625	183,625	183,625	183,625	183,625

[1] Blundel and Bond のシステム GMM (2 ステップ) による推定結果を示している。従属変数は M／K である。( ) 内に報告されているのは、2 ステップ推定における標準誤差に対する Windmeijer (2005) の有限サンプル補正により得られた z 値である。
* 5％水準で有意。
** 1％水準で有意。

ダミーは負に有意な係数を持つ傾向があるものの，Δ買掛ストック／Kとダネット買掛ストック／K自体は沿海部・内陸部の双方で大きな正の係数を持っている。これは，原材料・部品といった中間投入である現物での短期流動資金をファイナンスするのが本来の買掛であるからだろう。Δ前受金ストック／KとΔ前受金ストック／K×内陸部ダミーの係数推定値が，それぞれ統計的に非有意及び有意で，Δネット前受金ストック／Kとネット前受金ストック／K×内陸部ダミーの係数推定値も同じコンビネーションの結果である。内陸部においてのみΔ前受金ストック／Kとネット前受金ストック／Kは日常操業に説明力を持っていることを示しており，内陸部における民営企業は投資だけではなく日常操業に関しても前受金に金融的に依存しているということである。この観察結果は，この形態の企業間信用が内陸部においてより重要な役割を果たしていることを再確認するものであり，それはおそらく内陸部では（代金未回収リスクのある）出荷後に後払いよりも先払いの方が取引が成立しやすいという事情を反映しているのであろう。

6.2. 企業間信用の形態の進化と企業間の信頼

この小節では，中国における企業間の信頼が発達するにつれて，企業間信用の形態が前受金から買掛へと進化していくことを実証的に示す。これは仮説3に関連している。表6-4・表6-5・表6-6・表6-7は投資と日常操業に関する改変バージョンのモデル特定化による推定結果を報告している。表6-4・表6-5は投資関数の改変バージョン，表6-6・表6-7は日常操業関数の改変バージョンの結果をそれぞれ示している。表6-4・表6-6においてはグロス量企業間信用変数が使用され，表6-5・表6-7においてはネット量企業間信用変数が使用されていることに注意して欲しい。ここでのすべての実証モデル特定化は，前出のダイナミックモデル (7)-c・(7)-e・(8)-c・(8)-d を改変したものである。

表6-4と表6-6の実証モデル特定化 (7)-f 及び (8)-f は，買掛・前受

第Ⅲ部　企業間信用が果たす役割

表6-4　投資関数改変版実証モデル (7) の推定結果 (グロス量企業間信用変数)：2ステップ GMM 推定結果[1]

独立変数	従属変数=I／K		
	(7)-f	(7)-g	(7)-h
(1) 年ダミー	Yes	Yes	Yes
(2) 投資機会変数			
Δ売上／K	0.028*	0.030*	0.031**
	(2.50)	(2.17)	(2.61)
(Δ売上／K)$_{-1}$	0.020*	0.019*	0.019*
	(2.49)	(2.28)	(2.13)
ln(K／売上)$_{-2}$	−0.074**	−0.064**	−0.082**
	(−3.52)	(−4.01)	(−4.07)
(3) 資金調達源変数			
純利潤／K	0.149*	0.178*	0.170*
	(2.25)	(2.55)	(1.97)
減価償却／K	3.731**	4.605**	3.427**
	(6.26)	(6.84)	(6.54)
現金保有量／K	1.399**	1.688**	1.637**
	(3.87)	(2.94)	(3.04)
Δ短期銀行借款／K	3.620**	2.744**	2.779**
	(3.89)	(4.58)	(3.46)
Δ短期その他借款／K	2.449**	2.264**	2.991**
	(3.62)	(2.86)	(3.39)
Δ買掛ストック／K	3.667*	3.925*	4.234**
	(2.55)	(2.20)	(3.03)
Δ買掛ストック／K×内陸部ダミー	−1.889**	−0.150	−0.072
	(−3.23)	(−0.66)	(−0.32)
Δ買掛ストック／K×内陸部ダミー×後半期ダミー	0.882*	0.071	0.039
	(2.45)	(1.04)	(0.66)
Δ買掛ストック／K×(同じ市に立地する他企業の売掛債権の毀損部分／それら企業の売掛ストック)$_{-1}$		−137.708**	−115.185**
		(−12.40)	(−7.63)
Δ買掛ストック／K×(当該企業の売掛債権の毀損部分／その売掛ストック)$_{-1}$			−5.161**
			(−2.65)
Δ買掛ストック／K×契約履行強制の法的保護$_{-1}$[2]			0.211**
			(2.58)
Δ前受金ストック／K	1.908	1.720	1.511
	(0.71)	(0.56)	(0.65)
Δ前受金ストック／K×内陸部ダミー	3.989**	1.030	0.465
	(3.43)	(1.62)	(0.53)

第6章　企業間信用の進化

Δ前受金ストック／K 　×内陸部ダミー×後半期ダミー	−0.611* (−2.36)	−0.254 (−0.88)	−0.088 (−0.29)
Δ前受金ストック／K 　×(同じ市に立地する他企業の売掛債権の 　　毀損部分／それら企業の売掛ストック)$_{-1}$		261.446** (10.19)	246.470** (7.41)
Δ前受金ストック／K 　×(当該企業の売掛債権の毀損部分／その 　　売掛ストック)$_{-1}$			12.159* (2.21)
Δ前受金ストック／K 　×契約履行強制の法的保護$_{-1}$			−0.453** (−3.22)
Δ長期銀行借款／K	2.337** (3.78)	2.618** (3.32)	2.262** (3.37)
Δ長期その他借款／K	0.559 (0.55)	0.650 (0.54)	0.630 (0.47)
(4) ラグ付き従属変数 　(I／K)$_{-1}$	−0.329** (−3.40)	−0.344** (−3.39)	−0.323* (−2.29)
p-value of Hansen test	0.289	0.199	0.181
p-value of AR (2) test	0.309	0.382	0.426
Instruments No.	387	423	459
Obs. No.	183,625	183,625	183,625

[1] Blundel and Bond のシステム GMM (2 ステップ) による推定結果を示している。従属変数は I／K である。( ) 内に報告されているのは、2 ステップ推定における標準誤差に対する Windmeijer (2005) の有限サンプル補正により得られた z 値である。
[2] 契約履行強制の法的保護は，当該企業が立地する市における人口 1 万人当たりの法曹の人数，と定義されている。
* 5％水準で有意。
** 1％水準で有意。

金関連の変数としてΔ買掛ストック／K×内陸部ダミー・Δ前受金ストック／K×内陸部ダミーに加え，Δ買掛ストック／K×内陸部ダミー×後半期ダミー・Δ前受金ストック／K×内陸部ダミー×後半期ダミーをモデルに導入している。ここで後半期ダミーは 2004-2007 年の期間を表す[7]。表 6-5 と表 6-7 の実証モデル特定化 (7)-i 及び (8)-i は，それ

---

[7] この「後半期」の定義をある程度変更しても (例えば，2003-2007 年，2005-2007 年等)，表 6-4〜表 6-7 に示された推定結果は基本的に変化しない。

表 6-5 投資関数改変版実証モデル（7）の推定結果（ネット量企業間信用変数）：2 ステップ GMM 推定結果[1]

独立変数	従属変数=I/K		
	(7)-i	(7)-j	(7)-k
(1) 年ダミー	Yes	Yes	Yes
(2) 投資機会変数			
Δ売上／K	0.031**	0.049*	0.062**
	(2.92)	(2.23)	(2.83)
(Δ売上／K)$_{-1}$	0.018*	0.020*	0.022*
	(2.00)	(2.26)	(2.18)
ln(K／売上)$_{-2}$	−0.089**	−0.059**	−0.084**
	(−2.98)	(−3.02)	(−4.04)
(3) 資金調達源変数			
純利潤／K	0.206**	0.167**	0.144*
	(2.83)	(2.86)	(2.25)
減価償却／K	3.600**	4.189**	3.567**
	(7.25)	(6.41)	(4.71)
現金保有量／K	1.593**	1.681**	1.529**
	(3.46)	(2.83)	(3.34)
Δ短期銀行借款／K	3.438**	3.610**	2.862**
	(4.56)	(4.17)	(3.41)
Δ短期その他借款／K	3.191**	2.990**	2.899**
	(3.09)	(2.69)	(3.45)
Δ買掛ストック／K	284.506**	310.512**	298.693**
	(3.13)	(3.28)	(4.53)
Δ買掛ストック／K 　　×内陸部ダミー	−153.290**	−10.409	−5.137
	(−3.13)	(−0.69)	(−0.28)
Δ買掛ストック／K 　　×内陸部ダミー×後半期ダミー	78.152*	4.701	4.889
	(2.06)	(0.57)	(0.52)
Δ買掛ストック／K 　　×(同じ市に立地する他企業の売掛債権の 　　毀損部分／それら企業の売掛ストック)$_{-1}$		−9505.811**	−8115.822**
		(−13.33)	(−12.70)
Δ買掛ストック／K 　　×(当該企業の売掛債権の毀損部分／その 　　売掛ストック)$_{-1}$			−435.478**
			(−2.84)
Δ買掛ストック／K 　　×契約履行強制の法的保護$_{-1}$			13.369*
			(1.96)
Δネット前受金ストック／K	128.494	117.629	138.368
	(0.59)	(0.65)	(0.48)
Δネット前受金ストック／K 　　×内陸部ダミー	322.761**	88.739	30.628
	(4.98)	(1.03)	(0.37)

Δネット前受金ストック／K ×内陸部ダミー×後半期ダミー	−43.617** (−2.67)	−9.931 (−0.52)	−5.464 (−0.29)
Δネット前受金ストック／K ×(同じ市に立地する他企業の売掛債権の 毀損部分／それら企業の売掛ストック)$_{-1}$		16657.746** (8.91)	15600.289** (7.87)
Δネット前受金ストック／K ×(当該企業の売掛債権の毀損部分／その 売掛ストック)$_{-1}$			811.051** (2.61)
Δネット前受金ストック／K ×契約履行強制の法的保護$_{-1}$			−33.010 (−1.66)
Δ長期銀行借款／K	2.803** (3.61)	2.356** (2.86)	2.445** (3.35)
Δ長期その他借款／K	0.632 (0.49)	0.701 (0.43)	0.613 (0.48)
(4) ラグ付き従属変数			
$(I/K)_{-1}$	−0.296** (−2.62)	−0.378** (−2.61)	−0.328** (−2.99)
p-value of Hansen test	0.177	0.135	0.202
p-value of AR (2) test	0.300	0.219	0.444
Instruments No.	387	423	459
Obs. No.	183,625	183,625	183,625

[1] Blundel and BondのシステムGMM (2ステップ) による推定結果を示している。従属変数はI/Kである。( ) 内に報告されているのは, 2ステップ推定における標準誤差に対するWindmeijer (2005) の有限サンプル補正により得られたz値である。
* 5%水準で有意。
** 1%水準で有意。

らのネット量企業間信用変数バージョンである。

　このようなモデル設定を行うことで，件の2つの形態の企業間信用が投資と日常操業に対して持つ説明力の沿海部と内陸部間での差が，観察期間の前半期と後半期で変化したのかどうかをみることができる。後半期において地域間の差が減少すれば，それは内陸部において企業間信用の形態が前受金から買掛へ進化していったことを証拠付けるものとなるだろう。

　実証モデル特定化 (7)-f 及び (8)-f の双方において，Δ買掛ストック／K×内陸部ダミーとΔ前受金ストック／K×内陸部ダミーがそれぞれ負と正に有意な係数を持つ一方，Δ買掛ストック／K×内陸部ダミー×

表6-6 日常操業関改変版実証モデル (8) の推定結果（グロス量企業間信用変数）：2ステップ GMM 推定結果[1]

独立変数	従属変数=M／K		
	(8)-f	(8)-g	(8)-h
(1) 年ダミー	Yes	Yes	Yes
(2) 投資機会変数			
純利潤／K	2.236**	2.311**	2.404**
	(4.32)	(3.80)	(4.77)
減価償却／K	1.062	0.862	0.888
	(0.89)	(0.78)	(0.80)
現金保有量／K	0.613*	0.604**	0.630**
	(2.43)	(3.01)	(2.78)
Δ短期銀行借款／K	11.477*	9.987*	9.396**
	(2.30)	(2.44)	(2.87)
Δ短期その他借款／K	4.131	5.318*	5.031*
	(1.86)	(1.96)	(2.48)
Δ買掛ストック／K	23.371**	25.619**	26.912
	(6.17)	(7.73)	(6.80)
Δ買掛ストック／K×内陸部ダミー	−5.688**	−1.448	−1.023
	(−2.85)	(−1.02)	(−0.89)
Δ買掛ストック／K×内陸部ダミー×後半期ダミー	1.181**	0.337	0.289
	(2.77)	(0.96)	(0.93)
Δ買掛ストック／K×（同じ市に立地する他企業の売掛債権の毀損部分／それら企業の売掛ストック）$_{-1}$		−359.030**	−311.107**
		(−7.31)	(−7.00)
Δ買掛ストック／K×（当該企業の売掛債権の毀損部分／その売掛ストック）$_{-1}$			−11.137*
			(−2.60)
Δ買掛ストック／K×契約履行強制の法的保護$_{-1}$			0.723**
			(2.78)
Δ前受金ストック／K	0.178	0.180	0.164
	(0.01)	(0.01)	(0.01)
Δ前受金ストック／K×内陸部ダミー	6.086**	0.666	0.542
	(3.31)	(0.25)	(0.32)
Δ前受金ストック／K×内陸部ダミー×後半期ダミー	−1.149*	−0.247	−0.161
	(−2.46)	(−0.62)	(−0.29)
Δ前受金ストック／K×（同じ市に立地する他企業の売掛債権の毀損部分／それら企業の売掛ストック）$_{-1}$		411.836**	347.071**
		(5.90)	(4.89)
Δ前受金ストック／K×（当該企業の売掛債権の毀損部分／その売掛ストック）$_{-1}$			10.649
			(1.61)

Δ前受金ストック／K 　　×契約履行強制の法的保護$_{-1}$			−0.667** (−3.03)
Δ長期銀行借款／K	3.210 (1.25)	3.307 (1.45)	3.692 (1.20)
Δ長期その他借款／K	−1.112 (−0.34)	−1.031 (−0.28)	−1.180 (−0.35)
(3) ラグ付き従属変数			
(M／K)$_{-1}$	−0.102* (−2.15)	−0.119* (−2.38)	−0.109** (−2.61)
p-value of Hansen test	0.121	0.168	0.218
p-value of AR (2) test	0.329	0.531	0.277
Instruments No.	315	351	387
Obs. No.	183,625	183,625	183,625

[1] Blundel and Bond のシステム GMM（2 ステップ）による推定結果を示している。従属変数は M／K である。（ ）内に報告されているのは，2 ステップ推定における標準誤差に対する Windmeijer (2005) の有限サンプル補正により得られた z 値である。
* 5%水準で有意。
** 1%水準で有意。

　後半期ダミーとΔ前受金ストック／K×内陸部ダミー×後半期ダミーは，それとは逆の符号，すなわち正と負に有意な係数を持っている。ネット量企業間信用変数を用いた実証モデル特定化においても（(7)-i 及び (8)-i），得られる結果は同じである。明らかに，沿海部と内陸部間での買掛と前受金の説明力の差は，観察期間の後半期において減じているのである。これにより，内陸部において企業間信用の形態が前受金から買掛へ進化していったことが確認できる。

　それでは企業間信用形態の進化は本当に企業間の信頼の発達に帰着でき，沿海部と内陸部間での買掛と前受金の説明力の差は両地域間の企業間の信頼の発達程度の差によるものなのだろうか？これを検証するために，企業間の信頼変数と次の変数の交差項を実証モデルに導入してみた：Δ買掛ストック／K，Δ前受金ストック／K，Δネット買掛ストック／K，Δネット前受金ストック／K。これらの交差項は，企業間の信頼が発達するにつれて，投資と日常操業に対して買掛と前受金が持つ説明力が変化していく様子を捉えるものと想定されている。

第Ⅲ部　企業間信用が果たす役割

表6-7　日常操業関改変版実証モデル（8）の推定結果（ネット量企業間信用変数）：2ステップGMM推定結果[1]

独立変数	従属変数=M／K		
	(8)-i	(8)-j	(8)-k
(1) 年ダミー	Yes	Yes	Yes
(2) 投資機会変数			
純利潤／K	2.323**	2.067**	2.911**
	(4.16)	(3.64)	(3.82)
減価償却／K	0.792	0.956	0.802
	(0.65)	(0.65)	(0.73)
現金保有量／K	0.708**	0.680**	0.669*
	(2.72)	(3.51)	(2.57)
Δ短期銀行借款／K	11.072*	10.428**	9.638**
	(2.36)	(2.61)	(3.01)
Δ短期その他借款／K	3.801*	4.198	3.188
	(2.28)	(1.73)	(1.75)
Δネット買掛ストック／K	2220.931**	2223.550**	2483.367**
	(8.94)	(10.83)	(10.50)
Δネット買掛ストック／K　×内陸部ダミー	−422.801**	−110.479	−82.372
	(−3.50)	(−1.01)	(−0.91)
Δネット買掛ストック／K　×内陸部ダミー×後半期ダミー	102.551**	23.726	27.074
	(3.35)	(0.91)	(1.03)
Δネット買掛ストック／K　×（同じ市に立地する他企業の売掛債権の毀損部分／それら企業の売掛ストック）$_{-1}$		−27968.340**	−26059.801**
		(−9.49)	(−8.79)
Δネット買掛ストック／K　×（当該企業の売掛債権の毀損部分／その売掛ストック）$_{-1}$			−837.899*
			(−2.14)
Δネット買掛ストック／K　×契約履行強制の法的保護$_{-1}$			45.300*
			(2.20)
Δネット前受金ストック／K	11.161	13.113	12.745
	(0.01)	(0.01)	(0.01)
Δネット前受金ストック／K　×内陸部ダミー	488.871**	48.916	38.369
	(3.61)	(0.24)	(0.27)
Δネット前受金ストック／K　×内陸部ダミー×後半期ダミー	−89.031**	−17.296	−13.664
	(−2.69)	(−0.66)	(−0.34)
Δネット前受金ストック／K　×（同じ市に立地する他企業の売掛債権の毀損部分／それら企業の売掛ストック）$_{-1}$		28315.405**	30672.687**
		(9.65)	(5.77)
Δネット前受金ストック／K　×（当該企業の売掛債権の毀損部分／その売掛ストック）$_{-1}$			739.989
			(1.70)

Δネット前受金ストック／K ×契約履行強制の法的保護$_{-1}$			−41.05 (−1.92)
Δ長期銀行借款／K	3.530 (1.21)	3.300 (1.52)	3.209 (1.05)
Δ長期その他借款／K	−0.959 (−0.37)	−0.948 (−0.31)	−0.871 (−0.36)
(3) ラグ付き従属変数			
$(M/K)_{-1}$	−0.089* (−2.32)	−0.102* (−2.11)	−0.103* (−2.36)
p-value of Hansen test	0.251	0.168	0.149
p-value of AR (2) test	0.610	0.531	0.709
Instruments No.	315	351	387
Obs. No.	183,625	183,625	183,625

[1] Blundel and Bond のシステム GMM（2 ステップ）による推定結果を示している。従属変数は M／K である。（ ）内に報告されているのは，2 ステップ推定における標準誤差に対する Windmeijer (2005) の有限サンプル補正により得られた z 値である。
* 5％水準で有意。
** 1％水準で有意。

　まず，（同じ市に立地する他企業の売掛債権の毀損部分／それら企業の売掛ストック）$_{-1}$ の説明力が明らかに支配的である。モデル特定化 (7)-g において，この企業間の信頼変数とΔ買掛ストック／K 及びΔ前受金ストック／K との交差項を独立変数として追加している。すると，Δ買掛ストック／K×内陸部ダミー，Δ前受金ストック／K×内陸部ダミー，Δ買掛ストック／K×内陸部ダミー×後半期ダミー，Δ前受金ストック／K×内陸部ダミー×後半期ダミーのすべてが投資に対する有意な説明力を失っている。（同じ市に立地する他企業の売掛債権の毀損部分／それら企業の売掛ストック）$_{-1}$ の交差項の係数の符号は，Δ買掛ストック／K との交差項においては負，Δ前受金ストック／K との交差項においては正である。これは期待通りの結果である。なぜなら，同地域の他の企業が被った売掛債権毀損（の少なさ）により当該企業に対する信頼を表そうとする代理変数である，同じ市に立地する他企業の売掛債権の毀損部分／それら企業の売掛ストック，が低いほど，企業間の信頼が強いことを意味するからである。モデル特定化 (7)-j において，ネット量企業間信用変

数Δネット買掛ストック／K 及びΔネット前受金ストック／K と（同じ市に立地する他企業の売掛債権の毀損部分／それら企業の売掛ストック）$_{-1}$ との交差項を付加しても，やはり同様の結果を得る。

実証モデル特定化 (7)-h 及び (7)-k の推定結果は，（当該企業の売掛債権の毀損部分／その売掛ストック）$_{-1}$ と（契約履行強制の法的保護）$_{-1}$ もまた企業間の信頼変数として投資に対する説明力を持つことを示している。両方の特定化において，それらの交差項のうち少なくとも 1 つがΔ（ネット）買掛ストック／K あるいはΔ（ネット）前受金ストック／K との間で，期待された符号での有意な係数を持っている。

これらの結果は，地域間の企業間の信頼の発達格差と時間経過の中での企業間の信頼の発達こそが，買掛・前受金の説明力の地域差，投資をファイナンスする企業間信用形態の進化，の大部分を説明できることを意味している。特に，同じ市に立地する他企業の売掛債権の毀損部分／それら企業の売掛ストック，はその企業に対するサプライヤーの信頼の代理変数である。よって，サプライヤーからの信頼を得ることが，当該企業が買掛ロールオーバーの繰り返しにより投資資金をファイナンスし，前受金への依存を少なくすることができる最も効果的な手段であることは明確である。従って，企業間の信頼の発達は，前受金からより重要な役割を果たす企業間信用形態としての買掛への進化をもたらす可能性が高い。このように，本章の観察結果は仮説 3 を支持している。

表 6-6 と表 6-7 の日常操業関数モデル特定化 (8)-g・(8)-h・(8)-j・(8)-k の推定結果はこれを補強している。日常操業においても，沿海部と比較したときの内陸部における前受金の有意性の強さと買掛の有意性の弱さ，そしてその差が時間の経過の中で減少していくことはすでに確認している。(8)-g・(8)-h・(8)-j・(8)-k の推定結果が示しているのは，この地域差や地域差の縮小をもたらしたのは，やはり地域間の企業間の信頼の発達格差と時間経過の中での企業間の信頼の発達だろうということである。

7 結論
── 企業間の信頼の発達と前受金から買掛への進化

　1998-2007年を観察期間とする中国民営企業のマイクロデータを用いて，本書はどのような企業間信用が投資，すなわち長期資金，と日常操業，すなわち短期資金をファイナンスするのに貢献しているのかを考察してきた。さらに，経済的発展水準の高い沿海部と低い内陸部の比較も行った。

　本章の主たる知見とそこから引き出される政策的含意は次のとおりである。

　第一に，企業間信用は中国において民営企業の短期資金のみならず長期資金の調達源も提供している。言い換えれば，企業間信用は中国民営企業の投資を金融面からサポートしている。この知見は企業間信用研究，特に途上国経済における研究に新しい貢献を行っている。その政策的含意は，企業間信用は途上国におけるオルタナティブ金融チャネルとして重要性を持つ，というものである。

　第二に，買掛の形態での企業間信用は，内陸部と比して沿海部でより発達し投資をファイナンスする傾向も強い。それに対して，中国内陸部では前受金の形態での企業間信用が企業の資金調達においてより重要な役割を果たしている。

　第三に，その内陸部でさえ，観察期の後半には買掛が投資・日常操業資金の調達源としてその重要を増し，前受金の重要性は減じた。これは，企業間信用の形態が内陸部において前受金から買掛へ進化していることを確認するものである。

　第四に，企業間の信頼の発達が，前受金から買掛へという企業間信用の形態の進化を生じさせている可能性が高い。さらに，沿海部と内陸部間での買掛と前受金の重要性の差は，両地域間での企業間の信頼の発達

格差に帰着できる。別の言い方をすると，途上国経済で企業間の信頼が未発達な状況においては，買掛（売掛）よりもむしろ前受金（前払金）形式の企業間信用の方がオルタナティブ金融チャネルとして機能するということである。

　この第二から第四の知見は，それらが中国という途上国経済の文脈での企業間信用の進化を示した最初の実証的証拠であるという点で，企業間信用研究に新しい貢献を行っている。

　しかし，企業間の信頼の発達プロセスや企業間信用の授受に関する中国企業のスクリーニング・モニタリング能力についての研究はまだ手が付けられていない。既に本書でたびたび触れてきたように，Fisman and Raturi（2004）によれば，企業間信用がサプライヤーから顧客に提供される前に（この場合の企業間信用は出荷後後払い，すなわち買掛），融資上の評判を確立するために借り手（この場合は顧客）は関係特殊的な投資をする必要がある。この議論に従えば，中国では関係特殊的な投資は前払という手段により顧客企業により行われ，それはサプライヤー企業にとっては前受金であり，その授受が比較的初期段階において彼らの顧客に対する信頼を醸成した，ということもあり得よう。さらに，ここで形成された信頼を基礎に，企業は時代が下るにつれ買掛（売掛）を使用して，出荷後後払い方式の信用取引を行えるようになったというストーリーも描ける。しかしこれはあくまでも現段階では仮説であり，堅固な実証的証拠を伴ったものではない。

終　章　課題と展望

　序章でも述べたように，本書のこれまでの章では，中国経済において
オルタナティブ金融としての企業間信用が果たしてきた役割及び成長へ
の貢献を実証的に示してきた。それらの要約及び他の途上国経済の開発
に向けての政策的含意は，すでに序章において先取りをして提示してい
る。そこでこの終章では，本書が十分に分析できなかった中国における
企業間信用研究の重要な課題を示し，その見通しを述べる。

1　課題

　その最大のものは，企業間信用による金融仲介が中国経済の高度成長
に大きな貢献をしたことまでは本書により明らかにされたが，それでは
中国において企業間信用そのものはいかに発達してきたのか，どのよう
な要因が中国における企業間信用の発達を促進したのか，という問題に
ついては計量分析による考察を十分に行うには至らなかったという点で
ある。第3章は，市場競争，企業による特定の取引関係への投資，取引
関係の流動性，企業間での（潜在的）取引相手に関する情報の共有化，
法制度が一定程度機能していること，が信用取引を促進し企業間信用の
発達を促進していることを聞き取り調査のレベルで示唆した。しかしそ
れは厳密な計量分析に至らないレベルでの証拠であるというだけではな
く，その調査手法のために調査対象地が中国内の特定の地域（江蘇省南

部)に限定されたものであった。第6章では,中国における企業間の信頼の発達が,前払金・前受金から売掛・買掛へという企業間信用の形態の進化を生じさせており,その進化自体が企業間信用の企業金融におけるプレゼンスの増大を伴うことを示した。前払金・前受金という形態での企業間信用は貸し手企業の現金保有量の制約下でしか増加できないのに対して,売掛・買掛という形態での企業間信用は企業による信用創造が可能であるため量的な増大の可能性がより開けているからである。ただし,その企業間の信頼の発達をもたらす要因,特に政策の対象となる要因について第6章内部で十分に解明できたとは言い難い。第5章は,その問題に対する回答を一定程度提示している。すなわちそこで行われた省レベルパネルデータによる計量分析は,法システムによる堅固な所有権保護が企業間信用の発達を促進する可能性を強く示唆している。法システムが機能することにあり有効な契約履行強制が可能になり,それが企業間信用返済不履行のリスクを低める結果,より多くの企業間信用授受が可能になるという実態がうかがえる。さらに,市場が競争的であることが企業間信用の発達を促進することも確認されている。しかしこれも,法システムの良好な機能と競争的な市場環境も企業間信用の直接の発達要因に含まれる,ということ見出しているにすぎない。移行経済・途上国経済において企業間信用がいかにして発達するかについての複雑なメカニズムについては多くの点が未知のままである。どのような要因が中国を含む移行経済・途上国経済において企業間信用の発展を促進するのかについて,より詳細な分析をさらに行う必要がある。

　その他に,中国内の経済的後進地域における企業間信用の金融仲介機能に焦点をあてた企業レベルマイクロデータによる計量分析をより進める必要もあるだろう。第4章は,銀行借款と比較して企業間信用による金融仲介の効率性がより高いことをマイクロレベルで示しているが,使われたサンプルは経済的先進地域である沿海部の4省から採取されたものに限られている。第6章も沿海部・内陸部を経済的後進地域・先進地域の比較としてその相違を考察しているが,経済的後進地域である内陸

部に焦点を当てる分析枠組は用いていない。

2 展望

　上に挙げた課題について著者はすでにある程度まで考察をすすめ，個別の学術論文として発表したものもある。ただし，1冊の学術書におけるテーマの一貫性を保つにはふさわしくないため，それらを本書に収録することはしなかった。そのためここで，すでに明らかにできていること，また明らかにできそうな見込みと方向性について紹介をしておきたい。

　企業間信用の発達要因という課題について，省レベル集計パネルデータを用いた計量分析を行った結果，次のような知見を得ている。市場の競争性・法制度の質・政府の腐敗の少なさ・民営企業に対する銀行融資の活発さが，中国における企業間信用の発達を有意に促進する直接の要因である。しかし，それら諸要因間にも複雑な因果関係が存在することも分かっている。それを解きほぐすと，法制度の質と民営企業に対する銀行融資の活発さが，その因果関係の出発点となっている。従って，政策当局がオルタナティブ金融としての企業間信用を発達させようとするならば，法制度の質の改善と民営企業に対する銀行融資を促進することを直接の政策目標とするが合理的であることになる。

　この課題に対して，企業マイクロデータを用いた計量分析によるさらに詳細な考察を現在継続中である。暫定的には次のような解明ができそうな見込みが得られている。企業間信用の発達・法制度・市場の競争性・政府の腐敗・より伝統的なインフォーマル金融の間の関係を解明することより，企業間信用の発達メカニズムを示すことができそうである。具体的には，法制度の質の改善と伝統的なインフォーマル金融の一定の発達が因果関係の出発点となる。それらが，まず媒介項としての市場の

競争性の高まりや政府の腐敗問題の軽減を生じさせる。そしてこの媒介項が最終的に企業間信用の発達と伝統的なインフォーマル金融の衰退に結果するのである。ここから導かれる政策的含意は，企業間信用ファイナンスを発達させるには，法制度の質の改善という政策目標を達成することと，アイロニカルであるが企業間信用ファイナンスと競合関係にあるより伝統的なインフォーマル金融が先行して発達しているという前提条件が重要である，というものになる。しかし，このマイクロデータを用いた計量分析の結果は，その頑健性をチェックするための様々な追加的分析を必要としている段階であり，上記のストーリーもあくまでも実証的には暫定的なものとみなければならない。

　中国内の経済的後進地域に焦点を当てた企業間信用の考察の一環として，少数民族地域における企業間信用の分析も進行中である。具体的には新疆ウイグル自治区をケースとして取り上げている。同地域においては，経済発展のみならず企業間信用の発達も遅れている。第4章で経済的先進地域をケースとして示したような，銀行借款と比較したときの企業間信用ファイナンスの効率性の高さはそこでは観察されていない。少数民族企業においてそれはより深刻で，パフォーマンスの悪い企業ほど多くの企業間信用を受信するという統計的証拠が得られている。しかもそれはパフォーマンスの悪い少数民族企業が，その業績の悪さのために代金支払を滞らせ，結果としてバランスシート上企業間信用受信量が多くなるというメカニズムから生じている。これは第1章・第2章で他の多くの地域では過去のものとなったとした三角債状況が，新疆ウイグル自治区では部分的にではあれ残存しているということである。おそらくその結果として，企業間信用の与受信量で計測した企業間の信頼は，漢族企業と少数民族企業間でよりも，少数民族企業内部でより未発達であるという皮肉な観察事実も得られている。もちろん，漢族と少数民族間での民族的分断が企業間の信頼の発達を阻害する効果も有意に観察されており，それらが総合的に企業間信用の低発達に結果しているのであろう。第6章において，沿海部と内陸部間での企業間の信頼の発達の差

の縮小とその結果としての企業間信用の形態の収斂を示したが，内陸部の最後進地域の1つである新疆ウイグル自治区は企業間の信頼の発達の波に乗り遅れてしまっている。それは当地の民族問題を生じさせている本質的な原因の1つであろう。この状況を打開するための政策的対応を，企業間信用の発達要因という今1つの課題への挑戦から得られている暫定的な知見から考えてみよう。現在の到達点では，法制度の質の改善が企業間の信頼ひいては企業間信用の発達を引き起こすための最も効果的な直接的政策目標となりそうである。しかし，法制度の質の改善自体が達成に多くの困難を伴う政策目標であるという指摘も有り得よう。それに対して，上で紹介した省レベル集計パネルデータを用いた企業間信用の発達要因分析は一定の回答を出している。法制度の質の改善の一環として法曹人口数を増加させるという実行可能性の高い対応を行うだけでも，企業間信用は発達するという統計的証拠がマクロレベルでは得られているのだ。とはいえ，この統計的証拠が企業間の信頼の発達を経路として含んだメカニズムまで支持しているかどうかは不明である。様々な分析枠組とデータを使用することによる，企業間信用に限定されない企業間の信頼の発達を促進するメカニズムの精緻な分析も必要とされているのである。それは中国経済の研究の成果が他の途上国の開発に対する政策的含意につながるような普遍性を獲得するための1つの有力な視点でもあろう。

あとがき

　まえがきで「本書は中国経済の成功経験をより低開発段階にある途上国が有効に利用できるようにする社会科学的普遍化の試みである」と書いたが，このあとがき（と実はまえがき）を書いている 2015 年春，中国経済は大きな曲がり角にさしかかっており，中国経済が光り輝いた一時代はすでに一端終焉を迎えていると著者は理解している。新常態（ニューノーマル）を標榜する今後の中国経済の状況が，安定成長軌道のような穏やかなだが堅実な道のりをたどるという確かな保証もない。そのこと自体が現実に起きているかどうかについては明確には決着はつけられないが「国進民退」と言われる国有企業の復活，それによる民営企業のクラウディングアウトが指摘されて久しい。著者らの現地調査の実感では，民営企業が激しい競争をおこないそこから次の中国経済の成長を主導できる企業が勝ち上がるというトーナメント戦が 2000 年代末あたりを期に中断されてしまっているという印象を持っている。それには政府の資金的支援を背景とした各種国有企業の活動や政府の公共投資・公共支出が影響していることも，現地調査レベルで掴んでいる。このような中国経済がしばらく苦しい局面を迎える可能性も否定できない。中国経済が苦境に陥ることは日本経済や日本に暮らす人々にとっても大きなマイナス要因だ。国民経済間の関係は多くの場合ゼロサムゲームではなく，他国経済のマイナスは自国経済にとってもマイナスであり逆は逆である。ましてや中国経済は巨大であり，日本経済にとって最も密接な関係をもつ経済でもある。中国経済研究者としてまた一人の日本の生活者として，筆者は中国経済が次の飛躍を果たすことを切望している。本書が対象とした時代は，民営企業に主導された「中国経済が光り輝いた一時代」であり，そこでの金融システムがうまく機能したメカニズムを企業間信用に着目した一連の研究を本書に収録している。それは，他の途上国が有効に利用できるためだけではなく，中国経済が次の飛躍に踏み出すこと

を学術の側面から支援するための研究でもあると筆者は考えている。

　本書の基礎となった研究に至るまで，そしてその過程において多くの方々の大学院生時代の指導や学会・研究会における助言・コメントに支えられてきた。まず京都大学経済学研究科での大学院時代には，大西広名誉教授（現在は慶應大学教授），堀和生教授（京都大学）に指導教官として大変お世話になった。同じく塩地洋教授（京都大学），山本裕美名誉教授（京都大学）にも研究上の手ほどきを多くしていただいた。本書の基礎となる研究の過程でも大西教授には多くの助言をいただいている。また大学院生時代に経済統計学会関西支部の先生方に研究や研究姿勢に関わるご助言を多数賜ったことも忘れられない。さらに，学会・研究会さらに論文の初出誌における編集過程で，村上直樹教授（日本大学），胡海青教授（西安理工大学），劉徳強教授（京都大学），王京濱教授（大阪産業大学），厳善平教授（同志社大学），三重野文晴准教授（京都大学），馬欣欣講師（京都大学），仙田徹二准教授（京都大学），大坂仁教授（京都産業大学），岑 智偉教授（京都産業大学），徐涛教授（北海学園大学），牧野文夫教授（法政大学），杜進教授（拓殖大学），Kim Byung Yeon 教授（ソウル大学），Josef Brada 教授（アリゾナ州立大学），Tran Tuan Phong 教授（ベトナム社会科学院），ウマルジャン・ハサン副教授（新疆大学），馬相東教授（中共北京市委党校），孫俊芳副教授（蘇州大学）の助言・コメントによる修正を経て本書の基礎となる研究は出来上がっていった。それを論文として投稿した際に匿名レフェリーを努めてくださった方々のコメントと助言に大きな学恩を負っていることも記さなければならない。胡教授には湯可可氏（無錫市档案局・当時）及び徐立青教授（江南大学）とともに，現地調査の面でも多大なご協力をいただいた。これらの方々に，ここであらためて深い感謝の意を表したい。

　本書の基礎となる研究のために，若手研究（B）「中国企業間信用の探究—他のオルタナティブ金融との比較において—」（No. 21730229 研究代表 矢野剛），基盤研究（C）「中国企業間信用発達要因の解明」（No. 23530315 研究代表 矢野剛），日本学術振興会アジア教育拠点事業「人間

あとがき

発達の経済学」からの研究助成・資金的支援を受けた。厚く感謝の念を申し上げたい。そして本書の出版自体にも京都大学経済学会の出版助成による資金的支援を受けており，これにも深謝申し上げる。出版過程においては，京都大学学術出版会の國方栄二氏，高垣重和氏にひとかたならぬお世話を頂いた。國方・高垣両氏はプロの編集者として，単著出版初心者である著者を正しく指南された名トレーナーである。

　本書の各章の多くはすでに発表された学術誌論文から筆者担当分を抽出し加筆・修正したものである。未発表のものも含めた個別の論文が，本書の基礎となった研究である。既発表のものは初出一覧を下に記しておく。

第1章：Shiraishi, Maho and Go Yano (2010), "Trade credit in China in the early 1990s.", *Economic Change and Restructuring*, Vol. 43 No. 3, pp. 221-251 (doi: 10.1007/s10644-010-9086-4).

第2章：白石麻保・矢野剛 (2011)「中国企業金融における企業間信用の利用実態—蘇南企業調査を中心に—」,『アジア経済』第52巻第10号 (2011年10月号), pp. 2-35.

第3章：白石麻保・矢野剛 (2013)「中国企業間信用のメカニズム分析—蘇南地域の企業聞き取り調査より—」『中国経済研究』第10巻第2号, pp. 21-43.

第4章：Yano, Go and Maho Shiraishi (2012), "Efficiency of Trade Credit Finance in China.", *Comparative Economic Studies*, Vol. 54 No. 1, pp. 203-225 (doi: 10.1057/ces.2011.30).

第5章：Yano, Go, Maho Shiraishi, and Haiqing Hu, (2012), "Property rights, trade credit and entrepreneurial activity in China.", *Journal of the Asia Pacific Economy*, Vol. 18 No. 1, pp. 168-192 (DOI: 10.1080/13547860.2012.742712).

　これらの論文をこのようなかたちで本書に収録することを許可して下さった初出誌出版社に謝意を表したい。

参考文献

＜外国語文献＞

Acemoglu, D. and Johnson, S., 2005. Unbundling institutions. *Journal of Political Economy* 113(5): 949−995.

Aghion, P, Fally, T and Scarpetta, S., 2007. Credit constraint as a barrier to the entry and post entry growth of firms. *Economic Policy* 22 (52): 731−779.

Allayannis, Y., and Muzomdar, A., 2004. The impact of negative cash-flows and influential observations on investment–cash flow sensitivity estimates. *Journal of Banking and Finance* 28(5): 901−930.

Allen, F., Qian, J., and Qian, M., 2005. Law, finance, and economic growth in China. *Journal of Financial Economics* 77(1): 57−116.

Alti, A., 2003. How sensitive is investment to cash flow when financing is frictionless. *Journal of Finance* 58(2): 707−722.

Arellano, M. and Bond, S., 1991. Some tests of specifications for panel data: Monte Carlo evidence and an application to employment equations. *Review of Economic Studies* 58(2): 277−297.

Ayyagari, M., Demirgüc-Kunt, A., and Maksimovic, V., 2010. Formal versus informal finance: Evidence from China. *Review of Financial Studies* 23(8): 3048−3097.

Boyreau-Debray, G., 2003. Financial intermediation and growth: Chinese style. World Bank Policy Research Working Paper No. 3027. World Bank.

Bai, C., Du, J., Lu, Y., and Tao, Z., 2009. Property rights, finance, and reinvestment: Evidence from China's private enterprises. Working Paper (http://ssrn.com/abstract=1495682).

Biais, B. and Gollier, C., 1997. Trade credit and credit rationing. *Review of Financial Studies* 10(4): 903−937.

Blundell, R. and Bond, S., 1998. Initial conditions and moment restriction in dynamic panel data models. *Journal of Econometrics* 87(1): 115−144.

Brandt, L. and Li, H., 2003. Bank discrimination in transition economies: Ideology, information, or incentives? *Journal of Comparative Economics* 31(3): 387−413.

Bond, S., Elston, J., Mairesse, J., and Mulkay B., 2003. Financial factors and investment in Belgium, France, Germany and the United Kingdom: A comparison using company panel data. *Review of Economics and Statistics* 85(1): 153−165.

Burkart, M. and Ellingsen, T., 2004. In-kind finance: A theory of trade credit. *American*

Economic Review 94(3): 569–590.

Cheng, X. and Degryse, H., 2007. The impact of banks and non-bank financial institutions on local economic growth in China. BOFIT (Bank of Finland) Discussion Papers 22/2007.

Copeland, T. and Khoury, N., 1980. Analysis of credit extension in a world with uncertainty, in Keith V. Smith ed. *Readings on the Management of Working Capital*. West Publishing, St. Paul: 323–330.

Coricelli, F., 1996. Finance and Growth in Economics in Transition. *European Economic Review* 40(3–5): 645–653.

Cull, R. and Xu, L., 2005. Institutions, ownership, and finance: The determinants of profit reinvestment among Chinese Firms. *Journal of Financial Economics* 77(1): 117–146.

Cull, R., Xu, L., and Zhu, T., 2009. Formal finance and trade credit during China's transition. *Journal of Financial Intermediation* 18(2): 173–192.

Cummins, J., Hassett, K., and Oliner, S., 2006. Investment behavior, observable expectations, and internal funds. *American Economic Review* 96(3): 796–810.

Delannay, A., and Weill, L., 2004. The determinants of trade credit in transition countries. *Economics of Planning* 37(3–4): 1–24.

Demirgüc-Kunt, A. and Maksimovic, V., 2001. Firms as financial intermediaries: Evidence from trade credit data. World Bank Policy Research Working Paper No. 2696. World Bank.

Djankov, S., Qian, Y., Roland, G., and Zhuravskaya, E., 2006. Who are China's entrepreneurs? *American Economic Review* 96(2): 348–352.

Diamond, D., 1989. Reputation acquisition in debt markets. *Journal of Political Economy* 97(4): 828–861.

Du, J., Lu, Y., and Tao, Z., 2012. Bank loans vs. trade credit: Evidence from China. *Economics of Transition* 20(3): 457–480

Duenwald, C. and Aziz, J., 2003. The growth-financial development nexus. in Tseng W and Rodlauer, M eds. *China: Competing in the Global Economy*. International Monetary Fund, Washington: 52–67.

Emery, G., 1984. A pure financial explanation for trade credit. *Journal of Financial and Quantitative Analysis* 19(3): 271–285.

Emery, G., 1987. An optimal financial response to variable demand. *Journal of Financial and Quantitative Analysis* 22(2): 209–225.

Emery, G., 1988. Positive theories of trade credit. *Advances in Working Capital*

Management 1: 115–130.

Fabbri, D. and Klapper, L., 2008. Market power and the matching of trade credit terms. World Bank Policy Research Working Paper No. 4754.

Fafchamps, M., 2004. *Market Institutions in Sub-Saharan Africa: Theory and Evidence*. MIT Press, Cambridge (Massachusetts)/London.

Firth, M., Lin, C., Liu, P., and Wong, S., 2009. Inside the black box: Bank credit allocation in China's private sector. *Journal of Banking and Finance* 33 (6): 1144–1155.

Fisman, R. and Love, I., 2003. Trade credit, financial intermediary development, and industry growth. *The Journal of Finance* 58(1): 353–374.

Fisman, R. and Raturi, M., 2004. Does competition encourage credit provision? Evidence from African trade credit relationships. *Review of Economics and Statistics* 86(1): 345–352.

Gomes, J., 2001. Financing investment. *American Economic Review* 91(5): 1263–1285.

Garnaut, R., Song, L., Yao, Y., and Wang, X., 2001. *Private enterprises in China*. Asia Pacific Press and China Center for Economic Research, Canberra/Beijing.

Ge, Y. and Qiu, J., 2007. Financial development, bank discrimination and trade credit. *Journal of Banking and Finance* 31(2): 513–530.

Guiso, L., Sapienza, P., and Zingales, L., 2004. The role of social capital in financial development. *American Economic Review* 94(3): 526–556.

Harrison, A., Love, I., and McMillan, M., 2004. Global capital flows and financing constraints. *Journal of Development Economics* 75(1): 269–301.

Hasan, I., Wachtel, P., and Zhou M., 2009. Institutional development, financial deepening and economic growth: Evidence from China. *Journal of Banking and Finance* 33(1): 157–170.

Hericourt, J. and Poncet, S., 2009. FDI and credit constraints: Firm-level evidence from China. *Economic Systems* 33(1): 1–21.

Hyndman, K. and Serio, G., 2010. Competition and inter-firm credit: Theory and evidence from firm-level data in Indonesia. *Journal of Development Economics* 93(1): 88–108.

Ingves, S., 1984. *Aspects of Trade Credit*. The Economic Research Institute, Stockholm School of Economics.

Johnson, S., McMillan, J., and Woodruff, C., 2002a. Property rights and finance. *American Economic Review* 92(5): 1335–1356.

Johnson, S., McMillan, J., and Woodruff, C., 2002b. Court and relational contracts.

Journal of Law, Economics, and Organization 18(1): 221-277.

Kaplan, R., 1967. New technique for optimising-credit risks and opportunities. *Harvard Business Review* 65(2): 83-88.

Kaplan, S. and Zingales, L., 2000. Investment-cash flow sensitivities are not valid measures of financing constraints. *Quarterly Journal of Economics* 115 (2): 707-712.

Karacadag, C., 2003. Financial system soundness and reform. in Tseng W and Rodlauer, M eds. *China: Competing in the Global Economy*. International Monetary Fund, Washington: 149-172.

La Porta, R., Lopez-de-Silanes, F., Shleifer, A., and Vishny, R., 1998. Law and finance. *Journal of Political Economy* 106(6): 1113-1155.

Li, H., Meng, L., Wang, Q., and Zhou, L., 2008. Political connections, financing and firm performance: Evidence from Chinese private firms. *Journal of Development Economics* 87(2): 283-299.

劉国光主編 2001,『中小企業融資』民主与建設出版社.
(Liu, Guoguang, 2001. *Loans for Small and Medium-Sized Enterprises* (zhongxiao qiye rongzi). minzhuyujianshechubanshe, Beijing (Chinese).)

Long, M., Malitz, I., and Ravid, S., 1993. Trade credit, quality guarantees, and product marketability. *Financial Management* 22(4): 117-127.

Love, I., 2003. Financial development and financing constraints: International evidence from the structural investment model. *The Review of Financial Studies* 16(3): 765-791.

Lu, S. and Yao, Y., 2009. The effectiveness of law, financial development and economic growth in an economy of financial repression: Evidence from China. *World Development* 37(4): 763-777.

McMillan, J. and Woodruff, C., 1999a. Interfirm relationships and informal credit in Vietnam, *Quarterly Journal of Economics* 114(4): 1285-1320.

McMillan, J. and Woodruff, C., 1999b. Dispute prevention without courts in Vietnam, *Journal of Law, Economics, and Organization* 15(3): 637-658.

McMillan, J. and Woodruff, C., 2002. The central role of entrepreneurs in transition economics, *Journal of Economic Perspectives* 16(3): 153-170.

Nadiri, M., 1969. The determinants of trade credit in the US total manufacturing sector. *Econometrica* 37(3): 408-423.

Neale, C. and Shipley, D., 1985. An international comparative study of credit strategy. *European Journal of Management* 19(6): 24-38.

Nilsen, J., 2002. Trade credit and the bank lending channel of monetary transmission. *Journal of Money, Credit, and Banking* 34(1): 226−253.

Ng, K., Smith, J. and Smith, R., 1999. Evidence on the determinants of credit terms used in interfirm trade. *Journal of Finance* 54(3): 1109−1129.

Olley, S. and Pakes, A., 1996. The dynamics of productivity in the telecommunications equipment industry. *Econometrica* 64 (6): 1263−1297.

Park, A. and Sehrt, K., 2001. Test of financial intermediation and banking reform in China. *Journal of Comparative Economics* 29 (4): 608−644.

Pei, M., 2001. Does legal reform protect economic transactions? Commercial disputes in China in Murrel, Peter ed. *Assessing the Value of Law in Transition Economies*. University of Michigan Press, Ann Arbor: 180−210.

Petersen, M. and Rajan, R., 1994. The benefits of lending relationships: Evidence from small business data. *Journal of Finance* 49(1): 3−37.

Petersen, M. and Rajan, R., 1997. Trade credit: Theories and evidence. *Review of Financial Studies*, 10(3): 661−691.

Poncet, S., Steingress, W., and Vandenbussche, H., 2010. Financial constraints in China: Firm-level evidence. *China Economic Review* 21(3): 411−422.

Rajan, R. and Zingales, L., 1998. Financial dependence and growth. *American Economic Review* 88 (1): 559−586.

Roodman, D., 2008. How to do xtabond2: An introduction to difference and system GMM in Stata. Working Paper No.103, Center for Global Development.

Schwartz, R., 1974. An economic model of trade credit. *Journal of Financial and Quantitative Analysis*, 9(4): 643−657.

Schwartz, R. and Whitcomb, D., 1978. Implicit transfer in the extension of trade credit. in Boulding, Kenneth E. and Wilson, Thomas F. eds., *Redistribution through the Financial System: The Grants Economics of Money and Credit*, Praeger Special Studies, New York: 191−208.

Smith, J., 1987. Trade credit and informational asymmetry, *Journal of Finance* 42(4): 863−872.

Vandenberg, P., 2003. Adapting to the financial landscape: Evidence from small firms in Nairobi. *World Development* vol. 31(11): 1829−1843.

Van Horen, N., 2004. Trade credit as a competitiveness tool; Evidence from developing countries. MPRA Paper 2792.

White, H., 1980. A heteroskedasticity-consistent covariance matrix estimator and a direct test for heteroskedasticity. *Econometrica* 48(4): 817−838.

Windmeijer, F., 2005. A finite sample correction for the variance of linear two-step GMM estimators. *Journal of Econometrics* 126(1): 25-51.

＜日本語文献＞
陳玉雄 2007.「企業間信用と産業集積―国有企業による「三角債」と民間の企業間信用との比較―」渡辺幸男編『日本と東アジア産業集積研究』同友館　301-317.

索　引

あ行

アンバランスなパネルデータ　209
暗黙の利子　25
域内総生産（gross regional product：GRP）　173
1段階GMM推定・2段階GMM推定　145
インフォーマル金融　4
売上促進要因　203
売掛　3, 13
売掛債権の毀損　211
売掛債権の毀損部分（坏帐）　209
売掛ストック対GDP比　101, 102
オルタナティブ金融　5, 57

か行

買掛　3, 13
外生変数　146
外部資金　27, 141, 197
価格差別　25, 26, 104
川上企業・川下企業　76
関係的契約（relational contract）　105
監視費用　106, 127
企業価値　195
企業間情報流通網　126
企業間信用　3
企業間信用からの資金流入のネット量　205
企業間信用与受信関係の流動性　124, 125
企業間での信用創造／現物での信用創造　201, 214
企業間の信頼　194, 200
企業の誤差修正的行動／投資の誤差修正項　204, 206
企業レベルマイクロ（パネル）データ　34, 150, 208
規模以上企業　66, 150
逆の因果関係（reverse causality）　144, 145
キャッシュオンデリバリー　4, 65
銀行間手形割引市場　112
銀行借款　28, 69, 140, 164, 193
銀行引受手形（銀行承兌匯票）　111, 112, 130-132, 134
銀行保証　112, 131
金融深化　167, 188, 189
金融仲介経路　3
金融摩擦　196
金融抑圧　168
グロス量・ネット量（企業間信用）　205, 215
滚动（gundong）　65, 85, 199
経営目的　25, 71
経済普査（センサス）　61, 177, 207, 208
契約履行保証／契約履行強制　106, 128, 164, 211
限界的な借り手　189
減価償却　32, 149, 204
減価償却基金　26
減価償却率　196
恒久棚卸し法　148
郷鎮企業　46
公的制度　111
小切手・手形制度　112
顧客　3
顧客信用管理　116
国有支配企業（国有控股企業）　172, 208
固定効果（fixed-effects）　179
固定資産取得額　148
個別企業情報の流通（評判効果）　112, 129

さ行

サイト（融資期間） 59, 71, 72, 85
債務不履行 65, 128
サプライヤー 3
三角債 17, 59
3段階最小二乗法（3SLS） 177
サンプリングバイアス 2, 153, 154
私営企業 64, 85, 172
時間割引因子／割引ファクター 123, 196
資金制約 27
資金調達上の動機 19
自己回帰検定 147
市場の競争性 3, 21, 46, 175, 182, 231
自助的な（Self-help；self-helping）行動 106, 111, 126
システムGMM推定 144, 206
支払い遅延 8-10, 58, 70, 79, 96, 109, 116, 123, 133
資本の廃棄率（スクラップ率） 172, 203
集団所有 19, 66, 148
主管部門 30
受信 24
受信者 3, 4
純利潤 26, 31, 204
商業引受手形 130
省レベル集計パネルデータ 176, 231
除外変数 176
所有権の法的保護 163
新規資金調達のプレミアムコスト 196, 197
人民銀行による手形再割引 112
ストックデータ・フローデータ 144
正規金融 1
全企業間信用債務項目 143
先決変数 146
全要素生産性（TFP） 147
総資産利益率（ROA） 145, 147
訴訟実行可能性 128, 130
その他買掛 144
粗利潤 26, 31

た行

ダイナミックパネル推定 207
多重共線性 46
脱落変数（omitting variable）問題 145, 170
短期銀行借款 204
短期その他借款 204
中国人民銀行 174
長期銀行借款 205
長期その他借款 205
長期取引関係 25, 78
低質な法システム 17
手形 3, 58, 69
手形振出 69, 87, 130, 205
手形割引 111, 112, 132, 134
デフォルト 70, 78, 107, 200, 211
投資関数 202
投資機会 32, 198
同時推定バイアス 187
投資のキャッシュフローに対する感応度 198, 199
投資の調整費用 196
取引関係の長期化・固定化 10, 99, 134
取引関係の流動性 10, 125, 134, 229
取引関係への投資 105
取引継続年数 125
取引上の動機 19

な行

内生性 26, 144, 164
内生変数 32, 146, 206
内部資金 26
日常操業関数（設備稼働率関数） 202
農村企業 46, 150
農村工業 66, 150

は行

排除性制約 176
配当の非負性制約 196

パネル Tobit 推定　39
バランスしたパネルデータ　35, 151
販売促進　20, 74, 76, 109
低い減価償却率　22
ビジネス上の優位性　74
分割表における独立性の χ^2 検定　90, 114
分散不均一の下でも一致性をもつ（heteroscedasticity-consistent）標準誤差　42, 44, 49, 51
変量効果（random effects）　179
法―金融―経済成長　57
報表　34
ホールドアップ問題　47, 105, 110

ま行

前受金　4, 13, 198
前払金　4, 13
民営企業　66
モニタリング　123, 188, 228

や行

融資上の評判　11, 153, 158, 162, 228

融資割当　168
与信　24
与信者　3, 4
弱い操作変数の問題（weak instrument problem）　145

ら行

利潤の再投資　165
流動性　26
流動比率　27
留保利潤　26, 149
老客戸　120
ロールオーバー　65, 199

A－Z

Fisher の直接確率法　114
Hausman 検定　40
Hansen の過剰識別制約検定　147, 212
Sargan 検定　40
Windmeijer (2005) の有限サンプル補正　145

著者

矢野　剛（やの　ごう）

1970 年	京都市生まれ
1994 年	京都大学経済学部卒業
1996 年	京都大学大学院経済学研究科博士前期課程修了，修士（経済学）
1999 年	京都大学大学院経済学研究科博士後期課程満期退学
1999 年	徳島大学総合科学部専任講師
2001 年	徳島大学総合科学部助教授，博士（経済学）号取得（京都大学大学院経済学研究科博士後期課程修了）
2007 年	徳島大学総合科学部准教授
2010 年	京都大学大学院経済学研究科准教授（現在に至る）

主要著作

"Efficiency of Chinese Township and Village Enterprises in the 1990s Based on Micro Data for Wuxi City, 1991-97", *The Developing Economies*, 2004（白石麻保と共著）

"Factors in the Development of Trade Credit: Case Study of Provinces in China", *Emerging Markets Finance and Trade*, 2014（白石麻保と共著）

"Two Forms of Trade Credit Finance in China", *Comparative Economic Studies*, 2015（白石麻保と共著）

など

中国の企業間信用 ── 経済発展とオルタナティブ金融

2015 年 11 月 10 日　初版第一刷発行

著　者　矢　野　　　剛
発行者　末　原　達　郎
発行所　京都大学学術出版会

京都市左京区吉田近衛町69番地
京都大学吉田南構内（〒606-8315）
電　話　075-761-6182
Ｆ Ａ Ｘ　075-761-6190
振　替　01000-8-64677
http://www.kyoto-up.or.jp/

印刷・製本　㈱クイックス

ISBN978-4-87698-888-4　　　　定価はカバーに表示してあります
Printed in Japan　　　　　　　　　　　　© Go YANO 2015

本書のコピー，スキャン，デジタル化等の無断複製は著作権法上での例外を除き禁じられています．本書を代行業者等の第三者に依頼してスキャンやデジタル化することは，たとえ個人や家庭内での利用でも著作権法違反です．